LA FRANCE

EN L'ANNÉE 1848.

LA FRANCE

EN L'ANNÉE 1848.

SAINT-CLOUD. — IMPRIMERIE DE Mme Ve BELIN.

LA FRANCE

EN L'ANNÉE

1848

ESSAI HISTORIQUE

PAR

ALBERT ARNOUL,

AVOCAT A LA COUR IMPÉRIALE DE PARIS.

*« Quis nescit, primam esse
historiæ legem ne quid falsi
dicere audeat. »*

(CIC.)

PARIS,

CHEZ GARNIER FRÈRES, LIBRAIRES,

RUE DES SAINTS-PÈRES, 6, ET PALAIS ROYAL, 215.

1862

LA FRANCE

EN L'ANNÉE

1848

LIVRE PREMIER.

—

SOMMAIRE.

Introduction. — La réforme électorale. — Les banquets. — Le droit de réunion. — Le banquet du XIIᵉ arrondissement. — Journées des 22, 23, 24 février. — Abdication du roi. — Régence. — Départ du roi et de la reine. — La duchesse d'Orléans. — Séance de la Chambre des députés. — Retraite de la Chambre. — Gouvernement provisoire. — Départ de la famille royale. — Dévastations, incendies. — Observations sur le règne de Louis-Philippe.

I. — Les grandes scènes de la vie des peuples n'ont jamais manqué d'historiens. Déjà celles que je veux décrire ont été racontées par d'éminents écrivains. Mais l'esprit de parti, qui corrompt tout, s'est glissé dans leurs récits. Il est même arrivé que ceux qui avaient pris la plus grande part aux événements n'ont pas dédaigné d'en faire l'apologie. Je sais qu'en van-

tant certains faits et certains hommes, je puis plaire
à quelques esprits passionnés ; mais on ment quand
on flatte, et de plus on est dangereux. Témoin des
faits étranges que j'entreprends de retracer, l'adula-
tion et le dénigrement sont aussi loin de ma pensée
que l'admiration et la haine sont loin de mon cœur.
Ennemi des violences, je sais subir les gouvernements quand ils sont mauvais et m'attacher à eux
quand ils sont bons. J'écris sans passion ; trop obscur
pour rechercher les honneurs, ou pour les mériter,
aucun besoin d'ambition ne me presse, nul intérêt de
reconnaissance ne m'anime, et je n'apporte à l'étude
de ce temps si troublé qu'un amour sincère de la
vérité. Sans chercher à plaire à mes contemporains,
c'est pour nos enfants que j'écris : je veux leur en-
seigner surtout à s'attacher à la Liberté sans se
laisser tromper par ce qui n'en est que la fausse
image ou l'abus.

Lorsque sera passé, pour le plus grand nombre, le
souvenir de tout ce que nous avons vu, lorsque la
poussière du temps aura recouvert à demi tous ces
restes, il se rencontrera sans doute encore de ces
écrivains trop ardents à la recherche d'une popularité périlleuse, qui se font complices de l'erreur en
s'en faisant les admirateurs passionnés, sans avoir
pour eux l'excuse de l'entraînement de l'action.
Alors, mes récits resteront comme une protestation, comme une arme dans les mains des défenseurs de l'éternelle tradition du vrai. Je veux donc,
avec le courage qu'on met à une œuvre de conscience, fixer aujourd'hui la valeur de ce qui fut

pour beaucoup un objet d'effroi, pour quelques-uns d'espérances ou de regrets, pour tous de trouble et de misère.

II. — La révolution de 1848 fut soudaine, inattendue. Cependant quelques signes, précurseurs ordinaires des calamités profondes, n'ont pas manqué. Il y eut des procès flétrissants, des vices et des défaillances morales venant de trop haut pour n'être pas divulgués à grand bruit, sous un régime de liberté où rien ne se cache, des scandales vrais ou supposés exploités, envenimés par une presse sans retenue dont l'hostilité et la violence renaissaient chaque jour, une tribune retentissante, pleine de défis ou d'ambitions mal déguisées sous un prétexte de bien public. Dix-huit années de paix et de prospérité semblaient peser sur la France. Une sorte de lassitude du bien-être qui appelle les nouveautés, tout ce qui peut énerver, ébranler l'ordre politique le plus solide, menaçaient une monarchie affaiblie, attaquée même par ses amis, abandonnée de tous et prête à s'abandonner elle-même.

Cette époque restera comme l'un des plus singuliers phénomènes que l'histoire offre à la méditation des penseurs. Un pouvoir qui tombe presque sans secousse et sans bruit. L'introduction nouvelle du règne populaire et des vertus civiques dans un temps d'appétit général et violent de richesses et de jouissances; bientôt, à l'aide d'une liberté sans limites, les idées les plus extravagantes propagées sans contrôle, accueillies par un peuple bon mais trop crédule; enfin, les complots, les séditions, une guerre civile atroce. Je rechercherai les causes de ces événements si dramatiques, bien tristes à raconter, si l'on ne trouvait pour se reposer de ces lamentables images et se consoler de bien des bassesses, des caractères fermes, à la hauteur des plus hautes situations, de beaux exemples de courage et de devoir, et la religion honorée par l'un des plus sublimes sacrifices dont l'histoire fasse mention.

III. — En l'année 1847, avant la réunion des Chambres, un grand mouvement se produisit en France. A l'instigation des journaux et des députés de l'opposition, des banquets patriotiques furent organisés dans tous les départements. Il y a dans toutes les villes des esprits agités, turbulents, inquiets, impatients de renommée, incapables d'atteindre par les moyens honnêtes le but de leurs ambitions; ils gênent, dérangent la marche régulière de l'administration, font obstacle jusqu'à ce qu'ils aient obtenu par la brigue ou la violence ce que les gens de bien n'obtiennent que par leur vertu. Partout, ces hommes étaient à la tête du mouvement. Ils préparaient la réunion; les députés de l'opposition prêtaient leur éloquence et les mille voix des journaux applaudissaient. Tantôt les discours restèrent dans les limites d'une réforme sage et modérée; le plus souvent ils prirent un caractère révolutionnaire.

Quoi qu'il en soit, et dans l'ordre des règles constitutionnelles de l'époque, ces banquets étaient licites,

mais les discours, les excitations à la révolte ne l'é-
taient pas : le Gouvernement devait respecter la liberté et réprimer le délit. Duvergier de Hauranne,
Odilon Barrot, les deux grands agitateurs du moment, sont trop honnêtes pour être accusés d'avoir
voulu provoquer des embarras et se rendre nécessaires. Ils avaient à cœur d'obtenir la réforme électorale, l'abaissement du cens et l'adjonction des
capacités. L'opinion publique était avec eux. Mais
Ledru-Rollin, Flocon et leurs amis, dans les banquets de Dijon, de Lille, de Châlons et d'autres, pro-
fitant de l'occasion, allaient à leur but en provoquant
non pas une amélioration, mais un renversement. La
question se posait entre une monarchie ultra-consti-
tutionnelle et quelque chose de plus encore, mais
qu'on ne nommait pas. Les journaux *le National*, *la
Réforme*, rédigés par Armand Marrast et Flocon,
étaient les organes des opinions les plus avancées.
Attentifs au mouvement, ils le propageaient et le devançaient.

IV. — Les Chambres furent convoquées. Le roi,
dans son discours à la Chambre des députés, qua-
lifia d'aveugles et d'ennemis les auteurs de ces dangereuses manifestations. La réponse au discours du
roi ne fut pas discutée sans vivacité.

Le conseil des ministres du roi était présidé par
Guizot. Homme d'un esprit supérieur, Guizot a vu
le danger ; habitué aux grands drames de l'histoire,
son âme haute et fière a puisé dans leur étude une
force supérieure ; historien des révolutions d'Angle-

terre, il sait que les monarchies se perdent par la faiblesse et se sauvent plus souvent par la fermeté; que si la réforme électorale est possible, les banquets et les discours qui s'y tiennent sont intolérables; qu'enfin, il y a plus de péril à faire des concessions à la violence qu'à y résister.

Le président du conseil maintint avec force le droit de la couronne. Les chefs de l'opposition soutinrent la légalité de leurs actes. Il ne s'agissait déjà plus de la réforme électorale, mais du droit même que les citoyens peuvent avoir de se réunir. L'opposition convint de transporter le théâtre de ces réunions à Paris. C'était préparer un incendie.

V. — Dès le commencement du mois de février, des députés, des journalistes s'occupèrent de l'organisation du banquet du XIIe arrondissement de Paris. Le 19 on s'était réuni. Les plus prudents reconnurent que toute provocation devenait un danger. Le peuple n'était pas prêt à l'action. Hasarder une collision était téméraire. Le triomphe des idées serait reculé de cinquante ans. Toute entreprise qui provoque la guerre est imprudente si l'on n'est pas le plus fort. Il suffisait de faire constater légalement le droit de réunion. Cet avis prévalut. Le jour fut fixé au 22. Un programme pacifique mais légal est rédigé : on avertira le commissaire de police, procès-verbal sera dressé, les tribunaux jugeront.

Le conseil des ministres s'assembla le lendemain sous la présidence de Guizot. Le droit de réunion devant se réduire à un simple simulacre, toute inquiétude disparaissait. Rien ne pouvait désormais troubler l'ordre. Le ministre s'applaudissait le soir de cet arrangement, lorsqu'il apprit, qu'un manifeste révolutionnaire paraîtrait, le lendemain, dans le journal *le National*. Armand Marrast n'acceptait pas la transaction.

VI. — Le manifeste du *National* est en effet publié le 21 février. Marrast s'empare du mouvement, le dirige, le coordonne. Voici ce manifeste : « Comme il est naturel de prévoir que cette protestation publique peut attirer un concours considérable de citoyens, comme on doit présumer aussi que les gardes nationaux de Paris, fidèles à leur devise de *liberté, ordre public*, voudront, en cette circonstance, accomplir ce double devoir ; qu'ils voudront défendre la liberté en se joignant à la manifestation, protéger l'ordre et empêcher toute collision par leur présence ; que, dans la prévision d'une réunion nombreuse de gardes nationaux et citoyens, il nous semble convenable de prendre des dispositions qui éloignent toute cause de trouble et de tumulte ; la commission a pensé que la manifestation devait avoir lieu dans un quartier de la capitale où la largeur des rues et des places permît à la population de s'agglomérer sans qu'il en résultât d'encombrement.

» A cet effet, les députés, les pairs de France et les autres personnes invitées au banquet, s'assembleront mardi prochain 22 à onze heures, au lieu ordinaire des réunions de l'opposition parlementaire, place de la Madeleine, n° 2.

» Les souscripteurs du banquet qui font partie de la garde nationale, sont priés de se réunir devant l'église de la Madeleine et de former deux haies parallèles entre lesquelles se placeront les invités.

» Le cortége aura en tête les officiers supérieurs de la garde nationale, qui se présenteront pour se joindre à la manifestation.

» Immédiatement après les invités et les convives, se placera un rang d'officiers de la garde nationale.

» Derrière ceux-ci, les gardes nationaux formés en colonnes, suivant les numéros des légions.

» Entre la troisième et la quatrième colonne, les jeunes gens des écoles, sous la conduite de commissaires désignés par eux.

» Puis les autres gardes nationaux de Paris et de la banlieue, dans l'ordre désigné plus haut.

» Le cortége partira à onze heures et demie et se dirigera, par la place de la Concorde et les Champs-Élysées, vers le lieu du banquet.

» La commission, convaincue que cette manifestation sera d'autant plus efficace qu'elle sera plus calme, d'autant plus imposante qu'elle évitera même tout prétexte de conflit, invite les citoyens à ne pousser aucun cri, à ne porter ni drapeau ni signe extérieur; elle invite les gardes nationaux qui prendront part à la manifestation à se présenter sans armes; il s'agit ici d'une protestation légale et pacifique, qui doit être surtout puissante par le nombre et l'attitude ferme et tranquille des citoyens.

» La commission espère que, dans cette occasion, tout homme présent se considérera comme un fonctionnaire chargé de faire respecter l'ordre ; elle se confie à la présence des gardes nationaux ; elle se confie aux sentiments de la population parisienne, qui veut la paix publique avec la liberté, et qui sait que pour assurer le maintien de ses droits elle n'a besoin que d'une démonstration paisible, comme il convient à une nation intelligente, éclairée, qui a la conscience de l'autorité irrésistible de sa force morale, et qui est assurée de faire prévaloir ses vœux légitimes, par l'expression légale et calme de son opinion. »

Le ministère déclare que le banquet sera défendu. Des mesures militaires sont prises. On appelle les garnisons des villes voisines pour le lendemain. L'effectif des troupes est porté à quarante-cinq mille hommes. La loi contre les attroupements est affichée. Des proclamations invitent les bons citoyens à éviter les rassemblements, font appel à leur patriotisme, à leur raison, au nom des institutions, du repos public, des plus chers intérêts de la cité : des journalistes ont osé, en violation des lois, convoquer les gardes nationaux ; les lois les plus claires, les mieux établies, sont méconnues ; ne sont-elles pas le fondement et la garantie de l'ordre ? le gouvernement saura les faire respecter.

VII. — Le 22, dès le matin, les journaux, les nouvelles se répandent dans Paris. La population descend dans les rues et sur les places ; abandonnant les quartiers les plus éloignés, elle afflue vers le centre, aux lieux indiqués pour la réunion. Hommes, femmes, enfants ont quitté leurs logements, leurs ateliers, et inondent, comme un flot mouvant et grossissant toujours, les boulevards, la rue Saint-Honoré, la place de la Concorde et les Champs-Élysées. Des gardes nationaux en uniforme, des ouvriers, des étudiants sillonnent ces foules en chantant des refrains patriotiques et criant : Vive la réforme électorale ! Dans cette ville si étendue, peuplée de plus d'un million d'habitants, la foule appelle la foule ; il est plus facile de l'ameuter que de la dissiper. Vainement l'autorité fait-elle usage des moyens légaux. La garde municipale à cheval manœuvre pour rompre et disperser ces masses compactes. Elles s'ouvrent, laissent passer et se reforment aussitôt. Dans ces rapides mouvements, les cavaliers sont hués, insultés, des chevaux blessés, des coups sont donnés et reçus. L'irritation commence.

VIII. — Ces scènes de tumulte qui précèdent les crises violentes, se passaient à quelques pas du palais du roi et sous les yeux des députés qui se rendaient à la chambre. Les députés reprirent la suite des travaux commencés la veille. Ils avaient appris que les commissaires du banquet, après bien des délibérations, avaient renoncé à tout projet de réunion ; on supposait que l'agitation de la rue ne tiendrait pas longtemps et se dissiperait d'elle-même, en présence du déploiement des forces militaires commandées pour la réprimer. Les esprits se calmaient, lorsqu'Odilon Barrot monte à la tribune et dépose un acte d'accusation signé par cinquante-trois de ses collègues. Il accuse le ministère :

« 1° D'avoir trahi au dehors l'honneur et les intérêts de la France ;

» 2° D'avoir faussé le principe de la Constitution,
violé les garanties de la liberté, attenté aux droits des
citoyens ;

» 3° D'avoir, par une corruption systématique,
tenté de substituer à la libre expression de l'opinion
publique, les calculs de l'intérêt privé, et de pervertir
ainsi le Gouvernement représentatif ;

» 4° D'avoir trafiqué, dans un intérêt ministériel,
des fonctions publiques, ainsi que de tous les attri-
buts et priviléges du pouvoir ;

» 5° D'avoir, dans le même intérêt, ruiné les finances
de l'État et compromis les forces et la grandeur nationales ;

» 6° D'avoir violemment dépouillé les citoyens d'un
droit inhérent à toute constitution libre et dont
l'exercice leur avait été garanti par la Charte, par les
lois et par les précédents ;

» 7° D'avoir, enfin, par une politique ouvertement
contre-révolutionnaire, remis en question toutes les
conquêtes de nos deux révolutions, jeté dans le pays
une perturbation profonde. »

On rapporte, qu'après le dépôt de cette pièce, Guizot
se dirigea vers la tribune, pour en prendre communication, et qu'après sa lecture, il haussa les épaules et
revint à sa place, sans manifester d'autre émotion.

Quoi qu'il en soit, ces reproches généraux et vagues
d'actes et de direction politique, dont la grande majorité de la chambre était au moins complice, avaient
surtout un tort grave, c'était d'être inopportuns. Le

moment était mal choisi de demander compte au ministère de toute sa politique, à l'instant où grondait l'émeute ; et, sans rechercher si le ministère était alors dans son droit constitutionnel, on peut dire que l'acte d'accusation, loin de porter remède, ne pouvait qu'aigrir le mal, et que son auteur, placé assez haut dans la politique pour voir loin, aurait dû s'apercevoir que pendant qu'il débattait vainement le droit, la violence allait bientôt en avoir raison dans la rue.

IX. — L'ordre public était profondément troublé. La foule, toujours aussi compacte, aussi bruyante le 23, est plus animée. Les orateurs des rues commencent à haranguer les groupes. On entend partout des chants, des cris de rébellion. Des barricades s'élèvent. Les troupes dispersent des foules sans cesse renaissantes. La garde nationale s'assemble et parcourt ses quartiers. Elle s'interpose entre les soldats et l'émeute et crie : Vive la réforme ! A bas Guizot ! Les émeutiers, non combattus, prennent courage, pillent les magasins d'armes, s'organisent derrière les barricades, s'emparent des petits postes des soldats et les désarment. C'était triste de voir ces braves gens se répandre dans Paris sans armes, honteux d'un pareil traitement, n'osant retourner près de leurs camarades après un tel affront.

Guizot annonce à la Chambre des députés que le roi a fait appeler Molé pour le charger de composer un nouveau ministère. Cette nouvelle rassure la Chambre et se répand dans la ville, à la grande joie des habitants. Ils espèrent que le calme va renaître, et le soir même ils illuminent les maisons en signe d'allégresse.

Le mouvement de la rue n'avait pas cessé. Les promenades, les chants, les cris retentissaient de toutes parts. Les boulevards surtout étaient le théâtre de ces scènes tumultueuses.

Il était neuf heures du soir. Un bataillon d'infanterie faisait de vains efforts pour dissiper la foule qui stationnait près du ministère des affaires étrangères, alors situé sur le boulevard des Capucines, lorsqu'un coup de pistolet retentit. Aussitôt, les soldats se croyant attaqués ripostent. Plusieurs personnes sont atteintes. Les cris : « Aux armes ! » retentissent. La foule se disperse épouvantée. Un groupe d'hommes fait approcher un tombereau, qui n'était sans doute pas là par hasard, y charge les cadavres, se rend aux bureaux de *la Réforme* et du *National* et parcourt, à la lueur des torches, le boulevards, les quartiers populeux de la ville, aux cris de : « Vengeons nos frères ! »

X. — La nouvelle de ce sinistre événement jeta le roi dans une profonde anxiété. La joie qu'il avait éprouvée en apprenant le bon accueil fait au changement de ministère, avait été de courte durée. Molé avait proposé à Dufaure, Passy et Rémusat, de composer ensemble le ministère projeté. Ceux-ci avaient refusé. Molé lui-même se retira. Le roi se décide enfin à faire appel à Thiers, pour lequel il n'avait pas de sympathies ; mais, dans le danger, on accepte même le secours d'un ennemi. Thiers, sincèrement dévoué au régime constitutionnel, se prépara courageusement à lutter contre des périls qu'il n'avait pas suscités. Il fallait se disposer à combattre. L'événement de la soirée faisait assez présager la bataille du lendemain.

On décida qu'il y avait lieu de concentrer le pouvoir militaire, et de confier à un chef habile et intrépide le commandement de l'armée de Paris et de la garde nationale. On choisit le maréchal Bugeaud. Ce ne fut pas sans difficultés. Le roi, doux et humain, craignait les effets de l'énergie du maréchal.

Dans la même nuit, à deux heures du matin, le maréchal est mandé au palais. Ses services étaient tardivement réclamés, mais il ne pouvait les refuser. Le commandement général lui fut remis. Rien n'était fait encore. Le maréchal trouvait des troupes démoralisées, le soldat, fatigué d'un stationnement de soixante heures dans la boue, épuisé de privations et de froid, incertain devant l'émeute, assistant à toutes les scènes de désordre, à tous les discours des harangueurs de carrefour, ne faisant rien, n'empêchant rien, regardant faire, humilié d'abandonner son roi, ne sachant s'il doit combattre, et cherchant à régler, sur une garde nationale irrésolue ou factieuse, une attitude qu'il a cessé de trouver dans la discipline et dans l'exécution du commandement militaire qui fait défaut.

XI. — Le maréchal emploie le reste de la nuit à former son plan et disposer ses troupes. Avant le jour, l'armée est divisée en trois colonnes. La première, sous le commandement du général Sébastiani, se dirige sur l'Hôtel de Ville en parcourant les quartiers du Palais-Royal, de la Banque, les rues Montmartre, Poissonnière, Saint-Denis et Saint-Martin. La seconde, sous les ordres du général Bedeau, se rend à la Bastille par les rues Richelieu, la Bourse, la rue Montmartre et les boulevards. Le maréchal se réserve le commandement de la troisième, qui doit manœuvrer derrière les premières et sur les ailes pour empêcher les barricades de se reformer. Une quatrième colonne se rend au Panthéon, pour renforcer le corps du général Renaud. Des troupes de réserve restent sur la place du Carrousel, sous les ordres du général Rulhières. Le général Regnault de Saint-Jean-d'Angely était à la tête de la cavalerie.

Le 24, de grand matin, les colonnes sont en marche. Sur quelques points, dans les rues Saint-Denis, Saint-Martin, Saint-Honoré, elles sont arrêtées par des barricades; ailleurs, elles ne trouvent d'autre obstacle à leur marche que la foule. Heureuses quand il y a résistance, elles peuvent vaincre; quand il n'y en a pas, elles sont vaincues, mais vaincues sans combat, par malice et par fraude. La garde nationale et la multitude crient : Vive la ligne! le soldat crie: Vive la garde nationale! tous ensemble crient : Vive la Réforme! à bas Guizot! Presque tous ignorent ce que ces mots signifient, peu importe. Les soldats sont abordés, pressés par la foule qui entre dans les rangs, les officiers séparés de leurs pelotons, les pelotons eux-mêmes divisés, méconnaissables. Les tambours ne parlent plus ; les signaux sont muets ; les chefs de la garde nationale entourent les officiers supérieurs ; on s'explique, on parlemente, on les supplie de ne pas continuer leur marche : il ne faut pas irriter l'émeute par la violence ; la garde nationale suffit à tout, apaisera tout. La voix des chefs cesse de se faire entendre ; quand on l'entend on ne peut plus lui obéir. Toute troupe qui se laisse aborder est perdue. Divisés, isolés les uns des autres, les soldats sont désarmés, ou bien, pour imiter la garde nationale, on leur fait porter la crosse en l'air ! Cette indignité n'a pas touché l'honneur de l'armée française, bien autrement cher à la nation que le droit prétendu de réunion.

XII. — Cependant, Thiers propose au roi de confier le portefeuille de l'intérieur à Odilon Barrot. Le roi consent. Odilon Barrot mit pour condition le rappel du maréchal Bugeaud et son remplacement par le maréchal Gérard. Le roi consent encore. Ce fut le grand tort de cette journée : nos fautes donnent plus de prise contre nous que les efforts de ceux qui savent en profiter. Odilon Barrot vint apporter au maréchal l'ordre, de la part du roi, de faire rentrer les troupes dans leurs quartiers et de n'employer que la garde nationale. Le maréchal résista d'abord, tant il croyait que l'énergie seule pouvait sauver ce que la mollesse allait perdre. Obéissant à son génie, il lui paraissait honteux de céder devant une émeute. L'honneur de l'armée était engagé, il ne voulait pas le mettre en péril et voyait, dans son action déjà victorieuse en beaucoup d'endroits, la dernière ressource de la monarchie, sa perte dans la retraite. Il ne voulait pas céder devant ces injonctions malencontreuses. Il fallut qu'un des fils du roi, le duc de Nemours, vînt en personne lui transmettre les ordres du roi. Il fait donner l'ordre de retraite à onze heures.

Cette mesure augmenta l'émeute de toute la force qu'elle enlevait à l'armée. Les troupes reprennent le chemin de leurs quartiers, tristes et découragées. C'était plus qu'une bataille perdue, c'était une défaite sans combat.

XIII. — On se perd souvent par les moyens qu'on avait jugés le plus propres à vous sauver. Les concessions faites successivement au désordre, devaient en entraîner bien d'autres et transformer cette émeute en révolution. A partir de la retraite des troupes, le tumulte grandit d'heure en heure. L'agitation déborde de toutes parts. Tous les postes de la garde municipale et de la gendarmerie, défendus par de faibles détachements de ces troupes d'élite, sont attaqués et succombent vaillamment sous le nombre des assaillants. Sur la place du Palais-Royal, une lutte très-sérieuse s'engagea. Les lieutenants Peresse et Audouy, du 14ᵉ de ligne, s'y couvrirent de gloire. Ils commandaient deux pelotons de leur régiment chargés de la garde du poste du Château-d'Eau. Ce poste s'élevait alors en amphithéâtre à l'extrémité de la place, devant la façade du Palais-Royal. Le lieutenant Peresse fut sommé de se rendre et de livrer ses armes. Il ne voulait sortir qu'avec les honneurs de la guerre.

Attaqué par un feu partant des barricades élevées à l'entrée des rues qui aboutissent sur la place, il se défendit longtemps avec le courage du désespoir, supporta et repoussa plusieurs assauts. Enfin, l'émeute attaqua par le feu ces hommes que les armes ne pouvaient vaincre. On fit rouler une voiture en flammes sous les fenêtres du poste. L'incendie se communique. Ceux qui restaient, aimant mieux mourir en soldats que d'être brûlés vifs, se précipitent au dehors. On entre, on éteint l'incendie, et l'on trouve près de moitié de l'effectif blessé ou tué. Parmi eux Audouy blessé; Peresse était à terre, mourant, frappé de quinze blessures.

XIV. — Ce long combat avait lieu à peu de distance du château des Tuileries, d'où la famille royale assemblée pouvait entendre le bruit des armes et la lutte qui s'approchait. Autour du roi l'inquiétude augmentait, et comme il arrive toujours en ces extrémités, ce n'étaient qu'ordres et contre-ordres aussitôt révoqués que donnés ; les conseils, les avis se croisaient ; les nouvelles de plus en plus désespérantes arrivaient de la ville ; on préparait des proclamations, l'instant d'après on trouvait qu'elles viendraient trop tard ; des ministres succédaient à d'autres ministres en projet. C'était la confusion des situations désespérées. Les uns voulaient une lutte : tout n'était pas perdu ; avec de pareils soldats, on pouvait reprendre l'offensive ; pourquoi n'avoir pas laissé agir de suite la force publique ? le trône n'abrite-t-il pas la nation ? que deviendra la société si la monarchie est perdue? D'autres, plus irrésolus ou plus timides, trouvaient la lutte inutile ou trop périlleuse. L'opposition a commencé le mal, la garde nationale l'a aggravé, tant pis pour elle. Une couronne serait un trop cruel fardeau, s'il fallait la défendre par les armes et la ramasser dans le sang.

XV. — La reine Marie-Amélie, noble et digne femme, montra dans ces derniers moments une présence d'esprit, une grandeur qui honorent son sexe autant que son rang. Elle soutenait le courage du vieux roi, le fortifiait de ses conseils et l'aidait, au milieu de ces tristes perplexités, à conserver cette dignité, dernière vertu du malheur. Le roi, sur son conseil, passe en revue les troupes qui remplissaient la place du Carrousel et qui n'avaient pas encore été en contact avec l'émeute. Il se présente devant le front de l'armée qui l'acclame avec chaleur. Deux bataillons de garde nationale se trouvaient sur les lignes que le roi parcourait. Au moment du passage du roi, ils poussèrent avec énergie le cri d'opposition : Vive la Réforme! à bas Guizot ! Cet acte d'insubordination, ce cri injurieux et révolutionnaire tout à la fois dans un pareil moment, jetèrent le découragement dans l'âme du monarque. Il fallait que l'émeute fût bien forte pour oser l'insulter hautement à la porte du palais, sous les yeux de sa famille, au milieu de ses généraux et de l'armée fidèle. Il rentre au château le cœur navré. Tous ceux qui l'entourent sont consternés. Après toutes ses concessions, il n'y avait plus rien à faire. On lui conseille de sauver la couronne à son petit-fils en abdiquant. Le roi écrit donc : « J'abdique cette couronne que la voix nationale m'avait appelé à porter, en faveur de mon petit-fils le comte de Paris. Puisse-t-il réussir dans la grande tâche qui lui échoit aujourd'hui. »

Comme il arrive toujours dans les temps de révolution, les événements vont plus vite que les conseils : les exaltés devancent les sages, les fous devancent les exaltés. Il n'était déjà plus temps de proposer la régence. Il fallait aller plus loin. La république courait les rues et s'apprêtait à s'asseoir sur les débris de la monarchie libérale.

XVI. — Cependant, après la prise et l'incendie du poste du Château-d'Eau, la rébellion se rapprochait du palais des Tuileries. La famille royale dut pourvoir à sa sûreté. Elle se retira en désordre. Louis-Philippe, accompagné de Marie-Amélie, de la duchesse de Nemours, du duc de Montpensier, après un court séjour aux châteaux de Saint-Cloud et de Trianon, arriva le soir à Dreux. Là se trouvaient les sépultures du duc d'Orléans, de madame Adélaïde et de la princesse Marie. Louis-Philippe se flattait encore, que son abdication calmerait tout et qu'il allait apprendre l'acceptation de la régence; Marie-Amélie ne semblait pas se faire d'illusions, mais elle ne pouvait se résoudre à quitter la France pour toujours sans revoir les sépultures de ses morts chéris et leur dire un dernier adieu.

La duchesse d'Orléans, ses deux jeunes enfants et le duc de Nemours qui, dans ce danger, ne voulut pas abandonner la veuve de son frère, sortirent enfin du palais, accompagnés d'un de ces rares et fidèles amis qu'on est sûr de trouver à ses côtés aux jours de malheur. Dupin aîné la conduisait à la chambre des députés.

XVII. — La chambre des députés, alors présidée par Sauzet, était en séance. La duchesse d'Orléans, vêtue de noir, tenant le comte de Paris d'une main et le duc de Chartres de l'autre, entre dans la salle, entourée d'un cortége peu nombreux d'officiers et d'amis. La résolution de cette princesse avait transpiré. Les chefs du parti violent sont prêts à la combattre. Triste et émouvant spectacle qu'une femme faible et timide faisant effort sur elle-même pour sauver les droits de ses jeunes enfants, et venant, avec un courage viril, affronter le terrible danger des passions populaires.

De vives acclamations accueillent la princesse : Vive la duchesse d'Orléans ! Vive le comte de Paris ! Vive le roi ! Vive la régente !

Dupin aîné est appelé à la tribune. Il montre la situation de la capitale, les manifestations qui ont eu pour résultat l'abdication de Sa Majesté le roi Louis-Philippe. Le roi a déclaré qu'il déposait le pouvoir et le laissait à sa libre transmission sur la tête du comte de Paris avec la régence de Madame la duchesse d'Orléans. Les cris de vive le comte de Paris ! vive la régente ! recommencent : « Ces acclamations, reprend l'orateur, ne sont pas les premières qui l'aient saluée, elle les a déjà entendues sur tout son chemin. Elle y répondait

en exprimant le vœu de n'administrer qu'avec le sentiment profond de l'intérêt public, du vœu national, de
la gloire et de la prospérité de la France. Je demande,
en attendant que l'acte d'abdication soit apporté, qu'il
soit fait mention au procès-verbal des acclamations
qui ont accompagné et salué le comte de Paris comme
roi des Français, et madame la duchesse d'Orléans
comme régente sous la garantie du vœu national. »

XVIII. — Marie prend la parole : « Dans la situation où est Paris, dit-il, vous n'avez pas une heure
perdre pour prendre des mesures qui puissent avoir
autorité sur la population. Depuis ce matin, le mal a
fait d'immenses progrès. Quel parti prendre ? on vient
de proclamer la régence de madame la duchesse d'Orléans ; mais vous avez une loi qui nomme régent
monsieur le duc de Nemours. Vous ne pouvez pas aujourd'hui faire une régence. Il faut que vous obéissiez
à la loi. Cependant il faut aviser. Il faut à la tête de
la capitale, comme la tête de tout le royaume, d'abord
un gouvernement imposant. Je demande qu'un Gouvernement provisoire soit institué. Il avisera, concur-
remment avec la chambre, et il aura autorité sur le
pays. Ce parti pris, il faut en instruire à l'instant
Paris. C'est le seul moyen d'y rétablir la tranquillité.
Il ne faut pas, dans un pareil moment, perdre son
temps en vains discours. Je demande qu'un gouvernement provisoire soit organisé. »

Crémieux insiste : « En 1830, dit-il, nous nous
sommes trop hâtés. Nous voici, en 1848, obligés de
recommencer. Nous ne voulons pas nous hâter au-

jourd'hui. Nous voulons procéder régulièrement, légalement, fortement. Le gouvernement provisoire que vous nommerez ne sera pas seulement chargé de maintenir l'ordre, mais de nous apporter des institutions qui protégent toutes les parties de la population : ce qui avait été promis en 1830 et ce qui n'a pas été tenu. Quant à moi, je vous le déclare, j'ai le plus profond respect pour madame la duchesse d'Orléans. J'ai conduit tout à l'heure, j'ai ce triste honneur, la famille royale jusqu'aux voitures qui l'emportent dans son voyage. Je n'ai pas manqué à ce devoir. Mais maintenant, la population, la garde nationale, ont manifesté leur opinion; eh bien ! la proclamation de la régence que l'on vous propose en ce moment, violerait la loi déjà portée : nommons un gouvernement provisoire. Qu'il soit juste, ferme, vigoureux, ami du pays auquel il puisse parler. Nous voici arrivés aujourd'hui à ce que la révolution de Juillet devait nous donner. Profitons des événements. Ne laissons pas à nos fils le soin de renouveler cette révolution. Je demande un gouvernement provisoire composé de cinq membres. »

De Genoude, type honorable et trop rare de fidélité politique, n'a jamais varié dans ses sympathies ouvertement déclarées pour la branche aînée des Bourbons; il s'écrie que : « les députés ne peuvent faire ni un gouvernement provisoire, ni une régence; qu'il faut que la nation soit convoquée, que rien de solide ne se fera sans le consentement du peuple.

XIX. — La séance prend alors une tournure plus

dramatique. Odilon Barrot, ce ministre dévoué d'un jour, mais du jour qui appartient aux plus honnêtes et aux plus courageux, Odilon Barrot monte à la tribune : « Jamais, dit-il, nous n'avons eu plus besoin de sang-froid et de prudence. Puissiez-vous être tous unis dans un même sentiment : celui de sauver le pays du plus détestable des fléaux, la guerre civile! Les nations ne meurent pas! mais elles peuvent s'affaiblir dans les dissensions intestines, et jamais la France n'eut plus besoin de toute sa grandeur et de toute sa force! Notre devoir est tout tracé. Il a heureusement cette simplicité qui saisit toute une nation; il s'adresse à ce qu'elle a de plus généreux et de plus intime, son courage et son honneur. La couronne de Juillet repose sur la tête d'un enfant et d'une femme. C'est au nom de la liberté politique, c'est au nom des nécessités de l'ordre surtout, au nom de notre union et de notre accord, dans des circonstances si difficiles, que je demande à tout mon pays de se rallier autour de ses représentants, de la révolution de juillet 1830. Plus il y a de grandeur et de générosité à maintenir et à relever ainsi la pureté et l'innocence, et plus mon pays s'y dévouera avec courage. Quant à moi, je serai heureux de consacrer mon existence, tout ce que j'ai de facultés dans le monde, à faire triompher cette cause qui est celle de la vraie liberté. »

De Larochejacquelein, dont les opinions légitimistes sont héréditaires, interrompt l'orateur pour demander la parole. « Est-ce que, par hasard, poursuit Odilon Barrot, on prétendrait remettre en question ce que nous avons décidé par la révolution de Juillet? La circonstance est difficile, j'en conviens; mais il y a dans le pays de tels éléments de grandeur, de générosité et de bon sens, que je suis convaincu qu'il suffit de leur faire appel pour que la population de Paris se lève autour de cet étendard. Il y a là tous les moyens d'assurer toute la liberté à laquelle ce pays a le droit de prétendre, de la concilier avec toutes les nécessités de l'ordre qui lui sont si nécessaires, de rallier toutes les forces vives de ce pays et de traverser les grandes épreuves qui lui sont réservées. Ce devoir est simple, tracé par l'honneur, par les véritables intérêts du pays. Si nous ne savons pas les remplir avec fermeté, persévérance, courage, je ne sais quelles peuvent en être les conséquences. Mais soyez convaincu que celui qui a le courage de prendre la responsabilité d'une guerre civile au sein de notre noble France, celui-là est coupable au premier chef, celui-là est criminel envers son pays, envers la liberté de la France et du monde entier. Quant à moi, je ne puis prendre cette responsabilité. La régence de Madame la duchesse d'Orléans, un ministère pris dans les opinions les plus éprouvées, vont donner plus de gages à la liberté; et puisse un appel au pays, à l'opinion publique, dans toute sa liberté, se prononcer alors et se prononcer sans s'égarer jusqu'à des prétentions rivales de la guerre civile, se prononcer au nom des intérêts du pays et de la vraie liberté. Voilà mon avis, voilà mon opinion. Je ne pourrais pas prendre la responsabilité d'une autre situation. »

XX. — De Larochejacquelein s'élance à la tribune :
« Nul plus que moi, dit-il, ne respecte et ne sent
profondément ce qu'il y a de beau dans certaines
situations. Je n'en suis pas à ma première épreuve.
Je répondrai que je n'ai pas la folle prétention d'é-
lever ici des prétentions contraires à celles auxquelles l'orateur qui descend de cette tribune a fait
allusion. Non, mais je crois qu'il n'a pas servi
comme il aurait voulu les servir les intérêts qu'il a
voulu sauver en s'avançant autant qu'il l'a fait. Il
appartient peut-être à ceux qui, dans le passé, ont
toujours servi les rois, de parler maintenant au
pays, de parler au peuple : » et mettant dans son
attitude, dans son geste, dans sa puissante voix,
toutes les passions qui l'animent : « Aujourd'hui,
vous n'êtes rien ici, vous n'êtes plus rien ! Je dis
qu'il faut convoquer la nation... » Il parlait encore
lorsque la porte ébranlée à coups répétés vole en
éclats. Une foule d'hommes armés, ouvriers, étudiants, gardes nationaux, inonde la salle en un instant et la remplit de confusion, de cris et de tumulte.
Au milieu du bruit on distingue ces mots : Nous
voulons la déchéance du roi ! Un homme de la foule
propose à la tribune, que la duchesse d'Orléans et
son fils se rendent avec confiance au milieu du peuple et de la garde nationale. A ce moment une voix
crie : Vive la République !

XXI. — Du fond de cette foule et de ce tumulte,
Ledru-Rollin, l'un des orateurs les plus passionnés
des banquets et des mesures extrêmes, parvient enfin

à faire entendre sa voix. On écoute : « Au nom du peuple en armes, dit-il, au nom du peuple maître de Paris, quoiqu'on fasse, je viens protester contre l'espèce de gouvernement qu'on est venu proposer à cette tribune. Je ne fais pas comme vous une chose nouvelle; car en 1842, lors de la discussion de la loi de Régence, seul, dans cette enceinte, j'ai déclaré que cette loi ne pouvait être faite sans un appel au pays. Depuis deux jours, nous nous battons pour le droit; eh bien! si vous résistez, si vous prétendez qu'un gouvernement par acclamation, un gouvernement éphémère qu'emporte la colère révolutionnaire existe, nous nous battrons encore au nom de la Constitution de 1791 qui plane sur le pays, qui plane sur notre histoire. Pas de régence possible d'une façon usurpatrice. Je proteste, au nom du peuple, contre cette usurpation. Vous parlez d'ordre, d'effusion de sang? Ah! l'effusion du sang nous touche, car nous l'avons vue d'aussi près que personne. » « Pressez la question, lui crie Berryer, et concluez à un gouvernement provisoire. » Ledru-Rollin continue et cite les abdications de Napoléon et de Charles X. « Concluez donc, lui crie de nouveau Berryer, nous connaissons l'histoire. » « Je demande donc, reprend Ledru-Rollin, pour me résumer, un gouvernement provisoire et un appel immédiat à une convention nationale qui régularise les droits du peuple. »

XXII. — Lamartine monte enfin à la tribune. Le silence s'établit : « Je partage aussi profondément

que qui que ce soit parmi vous, dit-il, le double sentiment qui a remué tout à l'heure cette enceinte, en
voyant un des spectacles les plus touchants que puissent présenter les annales humaines, celui d'une
princesse auguste dans son malheur se couvrant de
l'innocence de son fils, et venant se jeter, du sein d'un
palais envahi et abandonné, dans le sein de l'asile de
la représentation du peuple. Je ne distingue pas
entre cette représentation nationale présente en
nous et cette représentation du peuple de Paris mêlé
à nous sur ces bancs. C'est le moment de l'égalité, et
cette égalité, j'en suis sûr, ne servira qu'à faire reconnaître volontairement en nous, par ce peuple, le
droit de rétablir la concorde et la paix publique.
Mais, si je partage cette émotion qu'inspire l'atten-
drissant spectacle des plus grandes catastrophes humaines ; si je partage ce respect auquel l'infortune
ajoute encore en nous, quelles que soient nos opinions politiques ; je ne partage pas avec moins de vivacité le respect dû à ce peuple combattant depuis
trois jours pour renverser un gouvernement rétrograde, et pour rétablir sur une base désormais inébranlable l'empire de l'ordre et l'empire de la liberté, et pour cela je ne me fais pas à moi-même l'il-
lusion qu'on se faisait tout à l'heure à cette tribune.
Je ne me figure pas qu'une acclamation momentanée,
arrachée par une honorable émotion à une assemblée attendrie par un sentiment naturel, puisse fonder un gouvernement solide et incontesté pour
trente-six millions d'hommes. Je sais que ce qu'une
acclamation apporte, une autre acclamation peut

l'emporter. Je sais que, quelle que soit la nature de gouvernement qu'il convienne à la sagesse et aux intérêts du pays de se donner pour sortir de la crise où nous sommes, il importe à tout ce peuple, à toutes les classes de la population, à ceux-là surtout qui ont versé quelques gouttes de leur sang dans cette lutte, il leur importe d'avoir cimenté de ce sang non un gouvernement éphémère, mais un établissement stable, national, populaire, inébranlable enfin.

XXIII. — « Comment y parvenir? Comment trouver un gouvernement parmi les éléments flottants de ce naufrage, dans cette tempête où nous sommes tous emportés, où une vague populaire vient grossir à chaque minute, jusque dans cette enceinte, la vague qui nous a submergés? Comment trouver cette base inébranlable? Comment? en allant jusqu'au fond du peuple et du pays. En allant extraire du droit national ce grand mystère de la souveraineté universelle d'où sortent tout ordre, toute liberté, toute vérité. C'est pour cela que loin d'avoir recours à ces subterfuges, à ces surprises, à ces émotions du moment, à ces fictions dont un pays, vous le voyez, se repent tôt ou tard quand ces fictions s'évanouissent, c'est pour cela que je viens appuyer la double motion qui est faite et que j'aurais faite le premier à cette tribune, la proposition d'abord d'un gouvernement d'urgence, de nécessité, de circonstance, d'un gouvernement qui étanche le sang qui coule, d'un gouvernement qui suspende la guerre civile entre les

citoyens, d'un gouvernement qui éclaircisse le malentendu terrible qui existe depuis quelques années
entre les différentes classes des citoyens, et qui, en
nous empêchant de nous reconnaître et de nous fon-
dre en un seul peuple, nous empêche de nous aimer
et de nous embrasser en une véritable unité. Je demande donc que l'on constitue à l'instant, du droit
de la paix publique, du droit du sang qui coule, du
droit de ce peuple affamé par le glorieux travail qu'il
accomplit depuis trois jours, je demande qu'on ins-
titue un gouvernement provisoire! un gouvernement qui ne préjuge rien ni de nos ressentiments, ni
de nos désirs, ni de nos colères actuelles, sur la nature du gouvernement définitif qu'il plaira à la nation de se donner quand elle aura été interrogée. » Il
est interrompu par la foule qui lui crie : Nommez les
membres du gouvernement. « Attendez, reprend Lamartine, ce gouvernement aura pour première mission d'établir la trêve urgente entre les citoyens.
Secondement, de convoquer le pays électoral tout
entier, et quand je dis tout entier, j'entends tout ce
qui porte dans son titre d'homme, d'être capable
d'intelligence et de volonté, son titre de citoyen. »
Lamartine parlait encore, lorsque le tumulte re-
naît plus fort que jamais. La porte de l'une des
tribunes publiques est violemment enfoncée et
donne passage à de nouveaux assaillants. Ceux-ci
poussent les cris : A bas la Chambre! plus de
députés !

XXIV. — La duchesse d'Orléans et ses fils sortent

par la porte de l'un des couloirs du haut. M. de Mornay les accompagne.

Le président Sauzet réclame le silence. Il agite en vain sa sonnette : « Enfin, puisque je ne puis obtenir le silence, s'écrie-t-il, je déclare la séance levée. » Le président et un grand nombre de députés quittent la salle.

La foule s'empare des siéges vacants. On demande un autre président. Le nom de Dupont de l'Eure est prononcé. Le vénérable vétéran du libéralisme est appelé et monte au fauteuil. Le bruit et le tumulte continuent. Il s'agit de nommer un gouvernement provisoire : des listes circulent. Enfin Ledru-Rollin, du haut de la tribune, lit ces noms qui sont successivement acclamés : Dupont de l'Eure, François Arago, Lamartine, Ledru-Rollin, Garnier-Pagès, Marie, Crémieux. La foule se dissipe peu à peu ; la salle est évacuée. Toute l'attention se porte sur l'Hôtel de Ville, qui devait être le siége du Gouvernement provisoire.

XXV. — La duchesse d'Orléans n'avait quitté qu'à regret et au dernier moment son dernier espoir. Elle prit la route d'Allemagne. Le duc de Nemours et les membres de la famille royale, obligés de se séparer pour échapper plus facilement à des recherches dangereuses, après bien des courses et des angoisses, trouvèrent enfin un asile sur le sol hospitalier de la Grande-Bretagne. On raconte que le vieux roi, l'esprit rempli d'horribles souvenirs lorsqu'il apprit la proclamation de la république, s'exagérant même le péril, couvert d'un déguisement qui le rendait méconnaissable, avait erré pendant plusieurs jours sur les côtes de Normandie.

Le duc d'Aumale était, avant ces événements, gouverneur de l'Algérie. Aux premières nouvelles, il annonça l'abdication du roi son père et la proclamation de la république, et, quelques jours après, apprenant son remplacement par le général Cavaignac, il s'embarque avec le prince de Joinville son frère, qui était près de lui. Grand exemple de modération de la part de ces jeunes princes, chéris de l'armée, et qui pouvaient créer de bien graves embarras au Gouvernement provisoire.

XXVI. — Après le départ du roi, les troupes quittèrent le Carrousel et se replièrent sur la place de la Concorde. La foule avait envahi déjà le Palais-Royal, saccagé, dévasté ses précieuses collections de médailles, de tableaux et d'objets d'art. Elle entre ensuite dans le château des Tuileries; il était abandonné. Le silence régnait seul dans ses vastes appartements. Les premiers qui y pénétrèrent furent frappés d'une sorte de terreur et de respect. Peu à peu, l'audace grandit avec le nombre; la foule augmente et inonde bientôt tout le palais. Des coups de feu sont tirés sur les portraits; les statues, les vases précieux sont brisés; les meubles d'un travail merveilleux, les livres, les papiers, les riches tentures sont mis en pièces, jetés par les fenêtres. Un grand feu est allumé dans la cour. Les caves sont pillées, vidées, et l'on promène en dérision, sur les boulevards de la capitale, le trône des rois de France!

XXVII. — Par un sentiment de respect qui contraste avec ces regrettables désordres, la foule épargna les appartements de la duchesse d'Orléans, et cette chambre, triste témoin de ses douleurs, dans laquelle, depuis le 13 juillet 1842, la princesse infortunée conservait pieusement, chacun à la place où les avait laissés son mari, tous les objets qui avaient servi à cet époux bien-aimé, ravi trop jeune à son amour et à l'affection de la France.

XXVIII. — Les châteaux de Neuilly, de Villiers, du Raincy furent saccagés et brûlés : objets d'art, bibliothèque, mobilier, tout périt. La dévastation du domaine privé fut estimée près de sept millions. On évalue à huit cent mille francs les tableaux et objets d'art détruits ou mutilés : voilà ce qu'ont coûté quelques jours d'orgie ! Des bandes de malfaiteurs se répandirent dans les environs de Paris, incendièrent des ponts et des gares des chemins de fer, brisèrent des machines. A Puteaux, le château de Rotschild, riche habitation, eut aussi son tour de pillage et d'incendie.

Des instruments de vol furent trouvés dans le château des Tuileries; mais il est juste de reconnaître que partout des inscriptions placées sur les murailles, menaçaient les voleurs de châtiments prompts et terribles, et que plusieurs exemples furent faits d'une justice sommaire. Des sommes et valeurs importantes furent portées au trésor; tant il est vrai que dans les plus grands déréglements des masses, circule toujours un sentiment d'honnêteté auquel elles obéissent comme malgré elles.

XXIX. — Ainsi finit la monarchie de la branche cadette des Bourbons, après un règne de dix-huit ans. Charles X, après la Révolution de 1830, qui lui ravit sa couronne, avait été conduit en exil, avec les ménagements et les honneurs dus à son rang, entouré des soldats de sa garde et au milieu d'un appareil militaire; il avait reçu à Cherbourg, sur la flotte royale, la consolation des derniers adieux. L'infortuné Louis-Philippe disparaissait sous un travestissement indigne d'un roi de France, et s'échappait, par une fuite misérable et forcée, dans l'abandon et dans l'oubli!

XXX. — Son règne n'a été qu'une longue paix, achetée quelquefois au prix d'une condescendance plus personnelle que nationale. Il déploya toute son habileté à préserver la nation du fléau de la guerre, et dut craindre qu'une rupture avec les puissances jalouses qui nous environnent, ne mît en péril nos magnifiques possessions d'Afrique, alors mal assurées et d'une conquête trop récente. A l'ombre de ce gouvernement de liberté, la France atteignit un degré de prospérité matérielle sans exemple dans ses annales. Les arts, les sciences, les lettres, la philosophie, tout ce qu'un rayon de liberté sage fait germer et grandir, illustra notre heureux pays. Des écrivains éminents, d'illustres orateurs, de grands poëtes, entretenaient le feu sacré des idées généreuses, lorsque la soif de l'or et la recherche des plaisirs, vices ordinaires des grandes prospérités, pouvaient entraîner la nation hors de ses voies. Si les dernières années de Louis-

Philippe surtout furent sans grandeur politique, son
règne ne fut pas sans éclat et sans gloire militaire :
l'agrandissement et la soumission de l'Algérie, la formation de cette admirable pépinière d'officiers généraux et de soldats que la France trouva bientôt tout
aguerris et prêts pour les plus grandes choses, d'heureux faits de guerres, des expéditions maritimes sous
la conduite d'amiraux, de généraux habiles et des
fils du roi, ont conservé à nos armes leur ancienne
renommée.

XXXI. — Louis-Philippe fut un modèle de toutes
les vertus domestiques. Entouré d'une famille alors
bien chère à la France, son exemple fut d'un bon effet dans un temps où les mœurs pouvaient avoir beaucoup à souffrir. D'un caractère bon et facile, il se
montra doux, humain, et même, après les attentats
si nombreux dirigés contre sa personne, on l'a toujours trouvé plus disposé au pardon qu'à la sévérité.
Esclave de la loi, il resta fidèle au pacte constitutionnel jusqu'à la témérité. Sa couronne ne lui fut pas
ravie, il la quitta pour épargner le sang français.
Louis-Philippe n'apporta pas sur le trône toutes les
grandes qualités d'un roi, mais il n'en eut pas les dé-
fauts et posséda toutes les vertus de l'homme privé.
Il aima la liberté et la fit régner; en un mot, il eût
été le meilleur citoyen de la France, s'il n'en eût pas
été le roi.

LIVRE II.

I. — Pendant cette dernière journée, l'insurrection s'était installée à l'Hôtel de Ville. *Le National* et *la Réforme* y régnaient au milieu du désordre et de la confusion, lorsque, dans la soirée, le Gouvernement provisoire y arriva et avec lui la popularité, la force, qu'il puisait dans le courage de ses membres, dans la nécessité des choses et dans le besoin impérieux qu'on avait de lui. Son installation ne se fit pas sans difficultés et sans violences. Quelle tâche pour ces hommes vaillants ! une population en armes, une ville en feu, un peuple immense en mouvement, les représentants de la nation expulsés, l'autorité publique anéantie, et pour calmer l'agitation et raffermir l'ordre si profondément troublé, un petit groupe de citoyens pleins de zèle, portant le nom fastueux de Gouvernement, suspendu sur le vide de l'inconnu ! Comment défendre les personnes, les biens publics et privés, comment protéger contre l'insulte et le pillage les monuments, les palais, les musées ? La force suprême de la raison, jointe aux efforts d'une incomparable éloquence, put opérer cette merveille que la puissance militaire ne suffit pas toujours à produire.

II. — Les membres du Gouvernement provisoire, se chargeant d'exercer à la fois les pouvoirs exécutif et législatif, commencèrent par diviser les services. Ils honorèrent la vieillesse et l'intégrité de Dupont de l'Eure en le nommant président du Conseil et du Gouvernement. Lamartine fut ministre des affaires étrangères ; Ledru-Rollin, de l'intérieur ; Bethmont, du commerce et de l'agriculture ; Crémieux, de la justice ; Marie, des travaux publics ; François Arago, de la marine ; le général Subervic, de la guerre ; Goudchaux, des finances ; Carnot, de l'instruction publique : Flocon, Louis Blanc et Albert Martin, ouvrier mécanicien, complétèrent le Gouvernement provisoire ; Marrast, Pagnerre en furent les secrétaires ; Barthélemy Saint-Hilaire le secrétaire adjoint. Garnier Pagès devint maire de Paris, et la mairie fut organisée par Buchez et Recurt. De Courtais fut nommé commandant général de la garde nationale de Paris ; le général Bedeau, commandant de la première division militaire; le général Cavaignac, commandant supérieur, gouverneur de l'Algérie; Étienne Arago, directeur général des postes.

Les situations périlleuses appellent le dévouement. A côté de ce gouvernement improvisé, s'étaient rangés des élèves des écoles Polytechnique et de Saint-Cyr, des élèves des écoles normale et d'Alfort. Des hommes de toute condition formaient la phalange de l'ordre, prête à porter partout les commandements des chefs ou la parole de paix. On doit cette justice au peuple de Paris, qu'à part les violences des premiers jours, imputables seulement à un petit nombre de pervers, on s'étonna qu'il n'y eût pas plus de désordre, en l'absence d'un pouvoir régulier, en l'absence de toute police et de toute protection légale.

III. — Dépositaire d'une simple autorité intérimaire, le Gouvernement provisoire ne pouvait imposer à la France une forme de gouvernement. Il choisit la sienne. La régence était déjà bien loin dans l'oubli, une monarchie quelconque impossible. Un seul pouvait tout rallier, celui qui s'appuie sur la raison et sur les bras de tous, celui qu'acclamaient les foules, la République. Le Gouvernement provisoire vota et publia cette adresse au peuple français : « Le Gouvernement vient de s'enfuir, en laissant derrière lui une trace de sang qui lui interdit de revenir jamais sur ses pas. Les membres du Gouvernement provisoire n'ont pas hésité un instant à accepter la mission patriotique qui leur était imposée d'urgence. Quand la capitale de la France est en feu, le mandat

du Gouvernement provisoire est dans le salut public ;
la France entière le comprendra et lui prêtera concours : sous le gouvernement populaire, tout citoyen
est magistrat. Français, donnez au monde l'exemple
que Paris va donner à la France. Préparez-vous, par
l'ordre, aux fortes institutions que vous allez vous
donner. Le Gouvernement provisoire veut la république, sauf ratification du peuple qui sera immédiatement consulté ; il veut l'unité de la nation formée
désormais de toutes les classes de citoyens qui la com-
posent ; il veut le gouvernement de la nation par elle-
même : la Liberté, l'Égalité, la Fraternité pour principes ; le peuple pour mot d'ordre, voilà le régime
démocratique que la France se doit à elle-même et
que nos efforts sauront lui assurer. »

Ce langage si noble fut compris et rallia tous les
esprits. Des courriers furent envoyés dans les départements, et chacun donna bientôt à ce gouvernement
encore mal assuré sur une ruine, la force nécessaire
pour le consolider et l'encourager. Les plus sages,
les plus timides se laissèrent aller à l'espoir : la défiance est plus périlleuse que la crainte. Si le roi a
manqué de force, pourquoi manquerions-nous de
courage ? qu'importe la forme du gouvernement, celui qui s'offre peut être honnête, bon et juste. Le
parti le plus sûr est encore de le soutenir.

IV. — Le Gouvernement provisoire s'adressa également à l'armée : « Généraux, officiers et soldats,
disait-il, le pouvoir, par ses attentats contre la liberté, le peuple de Paris, par sa victoire, ont amené

la chute du gouvernement auquel vous aviez prêté serment. Une fatale collision a ensanglanté la capitale. Le sang de la guerre civile est celui qui répugne le plus à la France. Le peuple oublie tout, en serrant les mains de ses frères qui portent l'épée de la France. Un gouvernement provisoire a été créé; il est sorti de l'impérieuse nécessité de préserver la capitale, de rétablir l'ordre et de préparer à la France des institutions populaires analogues à celles sous lesquelles la République française a tant grandi la France et ses armées. Il faut rétablir l'unité du peuple et de l'armée un moment altérée : Jurez fidélité au peuple où sont vos pères et vos frères; jurez amour à ses nouvelles institutions, et tout sera oublié, excepté votre courage et votre discipline. La liberté ne vous demandera plus d'autres services que ceux dont vous aurez à vous réjouir devant la patrie et à vous glorifier devant ses ennemis. »

V. — Depuis son entrée à l'Hôtel de Ville, le Gouvernement provisoire était nuit et jour aux prises avec la garnison incommode qui l'occupait. Les hommes de l'émeute bivouaquaient en armes dans les cours, étaient campés dans les corridors, avaient pris possession des salles et s'y maintenaient par le droit d'occupation et de la force. C'étaient à chaque instant des rumeurs et des colères subites, des menaces. Pas un moment de trêve; il fallait à tout propos calmer ces hommes turbulents. Lamartine, sans autre autorité que celle de sa parole, accomplit des prodiges, contint cette violence inquiète prête à déborder et qu'aucun frein légal ne retenait.

Informé que des malfaiteurs s'étaient portés sur différents points pour y dévaster les propriétés publiques ou privées, incendier des ponts, couper les grandes voies de communication si nécessaires à l'approvisionnement de Paris, et interrompre la circulation des chemins de fer, le Gouvernement provisoire déclara que les propriétés publiques et privées, les ponts, routes, chemins de fer, monuments étaient placés sous la sauvegarde de la République; que quiconque serait surpris, commettant des dégâts sur la voie publique ou des attentats contre les propriétés, détruisant ou coupant les rails des chemins de fer, dégradant les objets d'utilité publique, serait à l'instant même arrêté, poursuivi et puni conformément aux lois, notamment à la loi sur la police des chemins de fer, avec toute la rigueur que les circonstances autorisaient : « Citoyens, disait-il, la destruction des propriétés est toujours un acte odieux ; dans les circonstances actuelles, c'est une trahison contre la République. Prêtez donc votre concours vigilant, actif : en vous défendant vous-mêmes, vous défendrez encore l'intérêt sacré de la patrie. »

VI. — Jusqu'ici, pressé par la rapidité des événements qui m'entraînaient, j'ai couru à leur suite. Je m'arrête, en présence du redoutable problème posé, au siècle dernier, par la suppression des jurandes et des corporations des arts et métiers. C'est dans les conditions de l'industrie moderne que se trouvent les causes des principales manifestations de l'esprit public en 1848. Je les examinerai, sans m'écarter des règles de la prudence et de la modération que commande un pareil sujet.

Autrefois, lorsque les villes s'affranchirent de la servitude féodale et se formèrent en communes, les citoyens se classèrent par professions et formèrent peu à peu des communautés qui eurent leurs statuts, leurs franchises et priviléges. Ces statuts excluaient du droit d'exercer le métier tous ceux qui ne faisaient pas partie de la communauté des maîtres, et rendaient l'acquisition de la maîtrise d'une difficulté presque insurmontable pour ceux qui n'étaient pas fils de maître. On avait, à cet effet, augmenté les frais et formalités de réception, les difficultés du chef-d'œuvre à produire, la cherté, la durée et la servitude prolongée de l'apprentissage. On excluait même celui qui avait épousé la veuve d'un maître ou les étrangers, c'est-à-dire ceux qui étaient nés dans une autre ville. Ces maîtres, ainsi organisés, pouvaient seuls, à l'exclusion de tous autres citoyens, fabriquer ou vendre les objets du commerce dont ils avaient ainsi le privilége exclusif.

Le nombre des apprentis dans chaque métier était limité. La durée de l'apprentissage variait, suivant les métiers, de deux à dix ans. Tous les apprentis ne devenaient pas maîtres. Ils travaillaient chez les maîtres en qualité de compagnons. Des édits très-sévères défendaient aux compagnons de quitter leurs maîtres sans les avoir avertis dans un temps fixé par les règlements, sans avoir obtenu d'eux un certificat

de congé sur lequel les maitres rendaient compte de
la conduite et du travail de l'ouvrier. Le maitre ne
devait pas refuser le certificat, après l'expiration du
temps de l'avertissement ; en cas de refus, le syndic,
après avoir entendu le maitre, pouvait délivrer au
compagnon la permission d'entrer chez un autre. Il
était défendu aux maitres de recevoir un compagnon
sans certificat de congé. Un autre édit faisait défense
à tous compagnons et ouvriers de s'assembler ou se
réunir en corps, sous prétexte de confrérie ou autrement. Dans la plupart des villes et dans les manufactures, le son de la cloche indiquait l'ouverture et
la clôture du travail, et sa suspension pendant la
durée des offices religieux.

VII. — Telles furent, en résumé, les règles du travail jusque vers la fin du règne de Louis XVI. Les
entraves mises à l'exercice des arts et métiers avaient,
à l'époque où le régime des corporations pesait sur
l'industrie, bien des inconvénients ; surtout ceux
d'occasionner une perte de salaires, de ralentir la
production et de constituer, au profit du petit nombre des privilégiés qui travaillaient et vendaient, un
monopole, au grand détriment du public. Un seul
avantage pouvait en résulter, c'était de faire refluer
sûrement vers l'agriculture et de retenir attachés aux
rudes mais utiles labeurs de la campagne, des bras
que l'industrie n'aurait pu toujours occuper.

Le mémorable édit de Louis XVI de février 1776,
portant suppression des jurandes et communautés
d'arts et métiers, abolit tous ces règlements bizarres

et tyranniques, contraires à l'humanité, tous ces
codes obscurs, rédigés par l'avidité, adoptés sans
examen dans des temps d'ignorance et auxquels il
ne manque, pour être l'objet de l'indignation publique, que d'être complétement connus. Au préambule
de cet édit le roi disait : « Dieu, en donnant à l'homme
des besoins, en lui rendant nécessaire la source du
travail, a fait, du droit de travailler, la propriété de
tout homme, et cette propriété est la première, la
plus sacrée et la plus imprescriptible de toutes. Nous
regardons comme un des premiers devoirs de notre
justice et comme un des actes les plus dignes de notre
bienfaisance, d'affranchir nos sujets de toutes les atteintes portées à ce droit inaliénable de l'humanité.
Nous voulons en conséquence abroger ces institutions arbitraires qui ne permettent pas à l'indigent
de vivre de son travail; qui repoussent un sexe à
qui sa faiblesse donne plus de besoins et moins de
ressources, et semblent en le condamnant à une misère inévitable, seconder la séduction et la débauche;
qui éloignent l'émulation et l'industrie et rendent
inutiles les talents de ceux que les circonstances
excluent de l'entrée dans la communauté; qui pri-
vent l'État et les arts de toutes les lumières que les
étrangers lui apporteraient; qui retardent les progrès des arts, par les difficultés multipliées que ren-
contrent les inventeurs, auxquels différentes communautés disputent le droit d'exécuter des découvertes
qu'elles n'ont pas faites; qui, par les frais immenses
que les artisans sont obligés de payer pour acquérir
la faculté de travailler, par les exactions de toute

espèce qu'ils essuient, par les saisies multipliées pour de prétendues contraventions, par les dépenses et les dissipations de tout genre, par les procès interminables qu'occasionnent, entre toutes les communautés, leurs prétentions respectives sur l'étendue de leurs priviléges exclusifs, surchargent l'industrie d'un impôt énorme, onéreux aux sujets, sans aucun fruit pour l'État ; qui, enfin, par la facilité qu'elles donnent aux membres des communautés de se liguer entre eux, de forcer les membres les plus pauvres à subir la loi des plus riches, deviennent un instrument de monopole et favorisent des manœuvres dont l'effet est de hausser, au-dessus de leur proportion naturelle, les denrées les plus nécessaires à la subsistance du peuple. »

VIII. — Cette tentative de réforme ne réussit pas complétement au gré de son bienfaisant auteur ; sa bonne volonté ne put faire disparaître tous les abus qu'il se croyait la force de détruire. La révolution de 1789 survint. Elle supprima tous les monopoles, toutes les distinctions de castes. Il n'y eut plus que des citoyens libres, égaux en rangs, en droits, en croyances, en dignité, en opinions. Riches ou pauvres, puissants ou faibles, tous furent soumis aux mêmes devoirs, aux mêmes lois, appelés aux mêmes prérogatives. L'égalité succéda aux priviléges, la liberté aux contraintes de toute nature. La révolution passa le niveau sur les jurandes, maîtrises et corporations d'arts et métiers. L'article 7 de la loi du 17 mars 1791 déclara qu'il serait libre à toute personne

de faire tel négoce ou d'exercer telle profession, art
ou métier qu'elle trouverait bon, et la constitution de
l'an III dit aussi qu'il n'y avait ni privilége, ni maîtrise, ni jurande, ni limitation à la liberté du commerce et à l'exercice de l'industrie et des arts de
toute espèce.

IX. — Sous l'influence de la liberté industrielle et
de la paix, l'industrie française prit peu à peu, d'année en année, des développements surprenants.
Toutes les nations de l'Europe suivirent l'impulsion.
D'immenses manufactures s'établirent de toutes
parts; de puissantes machines remplacèrent la main
de l'homme, le marché fut inondé de produits obtenus à bas prix; les petits ateliers, les petites fabriques succombèrent tour à tour. Les grandes usines
firent de nouveaux efforts. Alors s'éleva entre les nations, aussi bien qu'entre les fabricants de produits
similaires, un genre nouveau de luttes et de rivalités : ce fut une guerre acharnée, impitoyable, la
guerre du bon marché. On ne pouvait souvent l'obtenir que par le perfectionnement des machines et la
réduction de la main-d'œuvre. Enfin, la production
excédant, de plus en plus, les besoins de la consomma-
tion, l'insuffisance des débouchés se manifesta. Le
trop plein réagit encore sur la baisse, et l'on aima
mieux produire à vil prix que de ne pas produire du
tout. Cette baisse exagérée tournait au profit de la
masse de la nation sans doute, et le bien-être général
s'établissait, mais enfin elle se faisait en grande partie aux dépens du fabricant et de l'ouvrier industriel.

X. — Il est bien triste d'avoir à le constater, c'est
au milieu du plus puissant essor de l'abondance générale et de la prospérité, que la gêne de l'ouvrier des
grandes villes et des centres manufacturiers se fit le
plus sentir. Plus la richesse publique grandit et plus
sa détresse augmenta. Le travail perfectionné des
machines, l'encombrement autour des manufactures et dans les villes d'une population ouvrière sura-
bondante, la concurrence étrangère et nationale, produisant la réduction successive des salaires, amenèrent
la pauvreté, et cette pauvreté était encore augmentée
par la hausse toujours croissante des choses nécessaires à la vie. L'ouvrier gagnait moins et dépensait
davantage.

L'élévation progressive des salaires et les séductions
d'une vie plus douce avaient appelé les ouvriers des
campagnes dans les manufactures et dans les villes.
Devenus trop nombreux, ils étaient ainsi, en partie,
la cause et devinrent les victimes innocentes de
l'abaissement de la main-d'œuvre, toujours plus avilie
quand elle est plus offerte. Les manufactures et les
villes leur refusaient un salaire que leur premier état
ne leur aurait pas marchandé. La terre est dure à
remuer, mais elle n'est point avare à celui qui la
cultive avec ardeur. Aux champs, dans l'immense
atelier de la nature, on n'a pas à craindre l'encombrement des produits, la concurrence et les chômages;
le travail n'y fait pas la guerre au travail, la lutte n'y
fait pas de victimes, et le progrès ne coûte pas de
larmes. L'ouvrier n'y passe pas sa vie au sein d'une
famille attristée, souffreteuse, dans l'air impur d'un

réduit obscur et malsain. Il vit en plein air lui et les siens ; ils ont toujours sous les yeux le beau spectacle de la nature, et, dans leurs salutaires travaux, ils sont sains, vigoureux et libres !

XI. — Ce fut peu avant la Révolution de février que l'industrie nouvelle des chemins de fer s'introduisit en France, dans les environs de Paris. Elle produisit des déplacements considérables d'hommes et de fortunes. Les capitaux abandonnèrent l'industrie et l'agriculture et coururent au-devant d'un placement qui offrait sécurité et facilité. Beaucoup trop de gens apprirent le chemin quelquefois dangereux de la Bourse, qu'ils ignoraient. Les uns y trouvèrent des profits, d'autres y perdirent souvent plus que leur argent en voulant l'augmenter. Les pays traversés par les grandes routes devenues désertes étaient en souffrance. Tous les genres de commerce y étaient frappés : on perdait son état en attendant qu'on pût s'en créer un autre.

XII. — Ces causes de détresse affluaient à Paris. La population ouvrière et la population déclassée y étaient généralement mécontentes au moment de la Révolution. Les ouvriers crurent le moment venu de tout ce que les livres et les journaux répandus avec profusion dans les ateliers, leur annonçaient d'heureux et de prochain : la fin de l'exploitation du travailleur par le capital et l'organisation du travail, formules impossibles qui n'ont jamais pu être expliquées pratiquement, même par leurs auteurs.

XIII. — Le 25 février, du sein du trouble et du désordre, un ouvrier armé d'un fusil et porteur d'une pétition sort de la foule, se présente devant le Gouvernement provisoire et dit : « Je demande le droit au travail, l'organisation du travail dans une heure. C'est la volonté du peuple; il attend! » Il remet une pétition écrite et signée, de la part du peuple; elle émanait de l'un des rédacteurs du journal *la Démocratie pacifique*, organe des opinions fouriéristes. Au milieu de l'embarras du pétitionnaire et du Gouvernement provisoire, Louis Blanc proposa d'adopter un décret. Sa rédaction fut repoussée par les membres du Gouvernement. Lamartine dit que jamais il ne consentirait à fanatiser le peuple avec des prestiges d'idées qui ne portaient aucune vérité, aucune réalité, et ne contenaient que du vent et des tempêtes; qu'il y avait deux choses à distinguer : l'une, illusoire, imaginaire, chimérique, la ruine de tout capital, un attentat à toute société, à la propriété, c'était l'organisation du travail; l'autre, devant laquelle les législateurs humains, consciencieux, de tous les temps, ne devaient' pas reculer, parce qu'elle découlait des droits sacrés, imprescriptibles de l'humanité. Que ces questions seraient examinées; qu'il ne s'agissait pas, par le droit au travail, de conférer à tout citoyen un titre impératif contre le Gouvernement, pour en obtenir la nature de travail et le salaire qui paraîtrait convenable à chacun pour sa profession; que cette mesure était impossible; qu'elle absorberait en quinze mois le revenu et le capital même de la nation; que jamais le Gouvernement ne ferait une pareille folie; qu'il entendait par le droit au travail, le droit, pour tout individu vivant sur le territoire et sous l'empire des lois bienfaisantes de la République, de ne pas mourir de faim; c'était le droit à l'existence, la garantie du droit de vivre, dans le cas de chômage forcé, aux conditions déterminées par l'administration, et dans les limites de ses forces; qu'il comprenait dans les mesures à prendre, une série d'institutions de même nature, des lois pour l'enseignement gratuit des enfants du peuple, pour fournir aux grandes industries, en cas de nécessité, des subventions et des secours, afin de soutenir la vie des ouvriers, lois de secours pour les enfants trouvés, d'assistance pour les vieillards et pour les familles trop nombreuses.

Cependant il fallait calmer les impatiences, et la déclaration suivante fut adoptée : « Le Gouvernement provisoire de la République s'engage à garantir l'existence de l'ouvrier par le travail; il s'engage à garantir du travail à tous les citoyens; il reconnaît que les ouvriers doivent s'associer entre eux pour jouir du bénéfice légitime de leur travail. Le Gouvernement provisoire rend aux ouvriers auxquels il appartient, le million qui va échoir de la Liste civile. » La première partie de cette déclaration fut acceptée; la dernière ne fut pas comprise.

XIV. — Peu après, le flot tumultueux qui remplissait la place montait toujours, lorsqu'une horde de plusieurs milliers de séditieux armés, portant des drapeaux rouges, s'avance en ordre, comme si elle obéissait à des chefs inconnus, fend cette foule, surmonte toutes les résistances, se précipite sur l'Hôtel de Ville, et ne s'arrête que lorsqu'elle en eut rempli les cours et toutes les avenues.

Lamartine, épuisé par les fatigues d'une lutte de dix-huit heures et d'une nuit sans repos, voit et entend acclamer le drapeau rouge. A cette vue, il fit effort avec ses amis pour approcher et put enfin se présenter à la foule. Il parla longtemps avant de pouvoir obtenir du silence; peu à peu, de proche en proche, l'attention s'éveilla. Il parvint à se faire entendre de ce peuple menaçant, mais toujours sensible au charme de la parole, accessible aux grandes inspirations. Les séditieux voulaient que le Gouvernement provisoire arborât le drapeau rouge et se proclamât Gouvernement révolutionnaire : « Citoyens, dit Lamartine, après avoir calmé ce peuple et combattu toutes les raisons qu'on pouvait donner pour un changement de drapeau, citoyens, vous pouvez faire violence au Gouvernement provisoire; vous pouvez lui commander de changer le drapeau de la nation et le nom de la France. Si vous êtes assez mal inspirés et assez obstinés dans votre erreur pour lui imposer une république de parti et un pavillon de terreur, le Gouvernement, je le sais, est aussi décidé que moi-même à mourir plutôt que de se déshonorer en vous obéissant; quant à moi, jamais ma main ne signera ce décret! Je repousserai jusqu'à la mort ce drapeau de sang, et vous devriez le répudier plus que moi! car, le drapeau rouge que vous nous rapportez n'a jamais fait que le tour du Champ-de-Mars, traîné dans le sang du peuple en 91 et 93, et le drapeau tricolore a fait le tour du monde avec le nom, la gloire et la liberté de la patrie! »

Pouvoir suprême de l'éloquence! jamais peut-être la parole humaine n'obtint dans des circonstances aussi graves, aussi critiques, une victoire plus décisive. Ces hommes furieux tout à l'heure, devenus sensibles et doux, sont ralliés ; la colère se calme, les armes leur tombent des mains, le drapeau rouge disparaît, l'enthousiasme de l'orateur les a gagnés. Ils se retirent adoucis, charmés, convaincus et confiants. Le drapeau tricolore fut adopté; la paix était faite et le Gouvernement provisoire cessa d'être assiégé.

XV. — Le 26, en présence d'une foule immense, Lamartine, entouré des membres du Gouvernement provisoire, se présente au balcon de l'Hôtel de Ville, d'où sa voix pouvait s'étendre au loin. A sa vue le silence s'établit et il parla ainsi : « Citoyens, le Gouvernement provisoire de la république prend le peuple à témoin de sa reconnaissance pour ce magnifique concours national qui vient accepter ces nouvelles institutions. Le Gouvernement provisoire de la république n'a que d'heureuses nouvelles à annoncer au peuple assemblé. La royauté est abolie. La république est proclamée. Le peuple exercera ses droits politiques. Des ateliers de travail nationaux sont ouverts pour les ouvriers sans salaire. L'armée se réorganise. La garde nationale s'unit indissolublement avec le peuple pour fonder promptement l'ordre, de la même main qui vient de conquérir la liberté. Enfin, le Gouvernement provisoire a voulu vous apporter lui-même le dernier des décrets qu'il vient de délibérer et de signer dans cette mémorable séance : l'abolition de la peine de mort en matière politique. C'est le plus beau décret qui soit jamais sorti de la bouche d'un peuple le lendemain de sa victoire. C'est le caractère de la nation française qui échappe en un cri spontané de l'âme de son gouvernement. Nous vous l'apportons ; je vais vous le lire ; il n'y a pas de plus digne hommage au peuple que le spectacle de sa propre magnanimité :

« Le Gouvernement provisoire, convaincu que la grandeur d'âme est la suprême politique, et que chaque révolution opérée par le peuple français doit au monde la consécration d'une vérité philosophique de plus ; considérant qu'il n'y a pas de plus sublime principe que l'inviolabilité de la vie humaine ; considérant que, dans les mémorables journées où nous sommes, le Gouvernement provisoire a constaté avec orgueil que pas un cri de vengeance ou de mort n'est sorti de la bouche du peuple, déclare : Que dans sa pensée, la peine de mort est abolie en matière politique, et qu'il présentera ce vœu à la ratification définitive de l'Assemblée nationale. Le Gouvernement a une si ferme conviction de la vérité qu'il proclame au nom du peuple français, que si les hommes coupables qui viennent de faire couler le sang de la France étaient dans les mains du peuple, il y aurait à ses yeux un châtiment plus exemplaire à les dégrader qu'à les frapper. » Ce décret fut accueilli avec faveur ;

on y trouvait un gage contre les excès et les horreurs
d'un autre temps.

XVI. — Un des premiers actes du Gouvernement
provisoire fut d'ordonner la formation de vingt-quatre
bataillons de garde nationale mobile, à raison de deux
par arrondissement. Les volontaires devaient être âgés
de vingt à trente ans. Ils devaient signer un engagement d'un an, recevaient une solde de un franc cinquante centimes par jour. Les officiers étaient nommés à l'élection aussi bien que la moitié des sous-officiers, l'autre moitié était empruntée momentanément
à l'armée. Les sergents-majors, les fourriers, les ca-
pitaines adjudants-majors, le payeur, l'adjudant
sous-officier, pivot du service, étaient pareillement
empruntés à l'armée, pour organiser l'instruction
militaire et administrative. Les chefs de bataillon
étaient nommés à l'élection du bataillon. Le général
Duvivier fut chargé du commandement en chef.
On disciplinait ainsi cette partie de la population
jeune, inquiète, aimant le bruit et la lutte, et l'on faisait tourner à la défense de l'ordre, l'élément le plus
disposé à le troubler.

XVII. — Le Gouvernement provisoire avait, par
un premier décret, délié tous les fonctionnaires publics du serment qu'ils avaient prêté à la royauté;
loin de leur en demander un nouveau, il abolit complétement le serment politique par un décret motivé
sur ce que, depuis un demi-siècle, chaque nouveau
gouvernement qui s'était élevé, avait exigé et reçu

des serments remplacés par d'autres à chaque changement politique ; que tout républicain avait pour
premier devoir le dévouement sans réserve à la République, et que tout citoyen qui, sous le gouvernement de la République, acceptait des fonctions publiques, ou continuait à les exercer, contractait plus
spécialement encore l'engagement sacré de la servir
et de se dévouer pour elle. Ce beau langage contenait
plutôt un blâme contre les hommes que des motifs
suffisants pour condamner une institution bonne en
elle-même, si les hommes ne s'en étaient fait un jeu.

XVIII. — Dans les premiers jours, tous les bons
citoyens comprirent que ce gouvernement improvisé
avait besoin de puiser en eux une force qui lui manquait. Aussi se hâtèrent-ils de lui porter leurs adhé-
sions. Les départements, les villes, les campagnes, les
corporations, les corps judiciaires et administratifs,
les généraux, les chefs des armées, des gardes nationales, le clergé, par des protestations de dévouement
et des visites à l'Hôtel de Ville, communiquèrent au
Gouvernement provisoire, en lui révélant les sources
véritables de sa puissance, une généreuse impulsion.
Toutes les opinions, tous les partis confondus sem-
blèrent avoir tacitement fait une trêve et ne plus s'occuper que de la France.

XIX. — On vit, à ce moment, reparaître les représentants d'un grand nom qui avait tant illustré la
France ; il devait bientôt jeter sur l'Europe un nouvel éclat. Les exilés de 1815 vinrent offrir au Gouver-

nement provisoire des services qu'il n'entrait pas dans son rôle d'accepter. C'étaient, le fils de Jérôme Bonaparte et ce dernier, frère de l'Empereur ; Pierre-Napoléon Bonaparte, fils de Lucien, et Louis-Napoléon Bonaparte, fils de Louis. Celui-ci accourut d'Angleterre, et le 26 écrivit au Gouvernement provisoire: « Le peuple de Paris ayant détruit par son héroïsme les derniers vestiges de l'invasion étrangère, j'accours de l'exil pour me ranger sous le drapeau de la République qu'on vient de proclamer, sans autre ambition que celle de servir mon pays ; je viens annoncer mon arrivée aux membres du Gouvernement provisoire et les assurer de mon dévouement à la cause qu'ils représentent, comme de mes sympathies pour leurs personnes. »

Le Gouvernement provisoire avait à lutter contre trop de complications pour n'en pas craindre une nouvelle. Il le pria de s'éloigner. Louis-Napoléon partit en adressant au Gouvernement provisoire cette nouvelle lettre : « Après trente-trois ans d'exil et de persécutions, je croyais avoir acquis le droit de retrouver un foyer sur le sol de ma patrie. Vous pensez que ma présence à Paris est maintenant un sujet d'embarras. Je m'éloigne donc momentanément ; vous verrez dans ce sacrifice la pureté de mes intentions et la sincérité de mon patriotisme. »

XX. — Le Gouvernement provisoire voulut obtenir aussi l'adhésion publique et commune de la population. Il avait besoin de la consécration de la place publique, en même temps que la manifestation de

l'unanimité, frappant les yeux du peuple, rejaillirait
sur lui-même et serait la preuve de l'expression de
son pouvoir. Il était bon de montrer aux factieux,
qui se comptaient et s'unissaient déjà, la garde nationale nouvelle, son accord, sa bonne volonté, sa
force. Il annonça pour le 27 que « le Gouvernement
provisoire partirait de l'Hôtel de Ville pour se rendre
à la colonne de Juillet où serait inaugurée devant la
garde nationale et le peuple fraternellement unis, la
grande date de la liberté reconquise. » Ce jour-là,
à deux heures, le cortége quitta l'Hôtel de Ville, ayant
à sa tête le vénérable Dupont de l'Eure, escorté et
suivi de tout le gouvernement, entouré des élèves des
écoles d'état-major de Saint-Cyr et Polytechnique.
Une acclamation immense les accueillit et les accom-
pagna jusqu'à la Colonne. Là se trouvaient réunis
sur une estrade, les membres de la cour de cassation,
de la cour d'appel, du tribunal de première instance,
les commandants et officiers généraux des armées de
terre et de mer, les principales autorités du département. Après quelques chaleureuses paroles de François Arago, le vénérable Dupont de l'Eure dit : « Nous
comptons toujours sur votre patriotique concours
pour la consolidation du gouvernement républicain
que le peuple français vient de conquérir au prix de
son sang, pour le maintien de l'ordre social et pour
l'affermissement de toutes nos libertés. » Il finissait
de parler lorsque François Arago s'écria en montrant
le vieillard : « Citoyens, ce sont quatre-vingts ans
d'une vie pure et patriotique qui vous parlent! » Les
acclamations redoublèrent, l'émotion gagna tous les

cœurs. Cette belle journée dépassait les espérances, et l'on vit défiler cent vingt mille gardes nationaux au milieu des cris enthousiastes de cette population si bonne et si facile à conduire, quand elle obéit à ses propres instincts et qu'elle ne se laisse pas entraîner par les excitations mauvaises et intéressées.

XXI. — Le travail, source de vie, avait cessé. Les ateliers, les fabriques et manufactures se fermèrent. Les ouvriers inoccupés couvraient les rues. Les chants patriotiques, les promenades continuaient. La faim pressait. La foule ignorante des motifs de la cessation du travail qu'elle causait elle-même en partie, commençait à murmurer. Le Gouvernement provisoire faisait d'impuissants efforts pour rétablir la reprise des travaux. La confiance est le fruit du calme, du repos et de la sagesse d'un peuple. Pour soulager la détresse, les maires de la ville distribuèrent des secours en argent. On en vint à la création d'ateliers de travaux. Le Gouvernement provisoire ordonna, le 26 février, « l'établissement immédiat d'ateliers nationaux. » Le ministre fit afficher : « Que partout les travaux reprennent leur activité. Ouvriers! après la victoire, le travail : c'est encore un bel exemple que vous avez à donner au monde, et vous le donnerez! »

C'est à tort que la malveillance a imputé à Louis Blanc la formation des ateliers nationaux. L'inimitié ne dispense pas d'être juste. La formation de ces ateliers est due à une pensée d'humanité; son organisation, à la nécessité d'y établir l'ordre et le contrôle.

Emile Thomas, chargé de ce soin, forma militairement les ateliers nationaux, qui n'avaient d'abord
entre eux aucune connexité. Voici sur quel plan :
la brigade était composée de cinquante hommes ; le
chef était élu au suffrage direct des ouvriers la com-
posant. Le brigadier recevait trois francs par jour.
La brigade était divisée en cinq escouades. Le chef
était élu par l'escouade, il touchait deux francs cinquante centimes par jour. Dix hommes formaient
l'escouade, leur solde était de un franc par jour.
Quatre brigades formaient la lieutenance ; quatre
lieutenances, la compagnie. Trois compagnies obéis-
saient à un chef de service. Les lieutenants, les chefs
de compagnie et les chefs de service étaient nommés
par l'administration. La brigade avait son guidon ;
la compagnie, son drapeau ; le service, son étendard.
L'effectif s'éleva en peu de temps à cinquante mille
hommes.

XXII. — Un décret abolit tous les anciens titres de
noblesse, interdit les qualifications qui s'y rattachaient, et fit défense de s'en servir publiquement ou
dans les actes, comme contraires à l'égalité.

Un autre décret annula toutes condamnations pour
faits politiques et pour faits de presse, prononcées
sous le dernier règne ; abolit toute poursuite commencée et prescrivit la mise en liberté immédiate de
tout détenu pour faits de cette nature. On institua
même, au profit des anciens condamnés, une Commission de récompenses nationales. C'était aller trop loin
que de tirer d'un fait répréhensible un titre à la fa-

veur, encourager à un délit qui, d'ordinaire, trouve plutôt sa punition que sa récompense auprès de celui qui succède.

XXIII. — Le **28** février, des ouvriers revinrent en grand nombre à l'Hôtel de Ville. Ils demandaient l'organisation du travail et la création d'un ministère du progrès. Cette idée appartenait à Louis Blanc, qui s'en fit, devant ses collègues, l'ardent défenseur. Plusieurs députations d'ouvriers vinrent successivement devant le Conseil au soutien des opinions du maitre sur sa fameuse utopie de l'organisation du travail. Une discussion violente s'éleva et dura plusieurs heures. Louis Blanc fit effort pour obtenir une satisfaction quelconque ; les ouvriers insistaient : « Non, s'écria Lamartine, je ne signerai pas ce décret. Après vingt ans de réflexions et d'études des conditions de la société industrielle, il m'a été impossible de comprendre ces deux mots réunis, dont l'un exclut l'autre. Je ne signe pas ce que je ne comprends pas. Que si nous vous promettions l'organisation du travail, nous vous promettrions ce qu'aucune puissance humaine ne pourrait vous tenir. Je ne signe que les engagements que je puis tenir au peuple. »

Louïs Blanc menaça de donner sa démission. Une scission, dans un pareil moment, pouvait avoir ses dangers, et le Gouvernement adopta ce décret rédigé par Louis Blanc, dont la portée fut immense : « Considérant que la révolution faite par le peuple doit être faite pour lui ; qu'il est temps de mettre un terme aux longues et iniques souffrances des travailleurs ;

que la question du travail est d'une importance suprême ; qu'il n'en est pas de plus haute, de plus digne
des préoccupations d'un gouvernement républicain ;
qu'il appartient surtout à la France d'étudier ardem-
ment et de résoudre un problème posé aujourd'hui
chez toutes les nations industrielles de l'Europe, qu'il
faut aviser sans le moindre retard à garantir au peuple les fruits légitimes de son travail ; le Gouvernement provisoire arrête : Une commission permanente
qui s'appellera Commission de Gouvernement pour
les travailleurs, va être nommée avec mission ex-
presse et spéciale de s'occuper de leur sort. — Pour
montrer quelle importance le Gouvernement provisoire de la République attache à la solution de ce
grand problème, il nomme président de la Commission de gouvernement pour les travailleurs un de ses
membres, M. Louis Blanc, et pour vice-président un
de ses membres, M. Albert, ouvrier. — Des ouvriers
seront appelés à faire partie de la Commission. — Le
siége de la Commission est au palais du Luxembourg. »

XXIV. — Quelle que fût l'apparente utilité du marchandage, en ce qu'il permettait à l'ouvrier intelligent,
économe et laborieux de se procurer un capital et de
s'élever à des entreprises importantes en commen-
çant par les plus petites, le marchandage était condamné par ceux qui paraissaient être le plus inté-
ressés à sa conservation. Le marchandeur était
détesté ; il réduisait les ouvriers à travailler au taux
le plus bas, c'était la condition d'une sous-entreprise,

et la nécessité de son existence ; il démoralisait les ouvriers et pesait sur eux : pour en tirer un plus grand profit, il en faisait de véritables machines. Les ouvriers insistaient pour obtenir sa suppression. Ils demandaient aussi avec instance la diminution de la durée de la journée de travail. Ils disaient qu'un travail manuel trop prolongé ruinait la santé du travailleur, et l'empêchant de cultiver son intelligence, portait atteinte à la liberté de l'homme. C'était une énorme question dont il est permis de croire que le Gouvernement provisoire n'aperçut pas toute la portée, lorsqu'il décréta, le 2 mars, que la journée de travail était diminuée d'une heure. Qu'en conséquence, à Paris, où elle était de onze heures, elle était réduite à dix, et dans les départements, où elle avait été jusqu'alors de douze heures, elle était réduite à onze. Que l'exploitation des ouvriers par des sous-entrepreneurs ou marchandage était abolie. Le décret ajoutait qu'il était bien entendu que les associations d'ouvriers qui n'ont point pour objet l'exploitation des ouvriers les uns par les autres, n'étaient pas considérées comme marchandage.

XXV. — La commission du Luxembourg fut constituée le 10 mars. On y avait d'abord appelé les ouvriers, qui nommèrent dans chaque industrie des délégués chargés de les représenter. Lorsqu'on s'aperçut qu'il était nécessaire aussi d'appeler les patrons, ceux-ci nommèrent des délégués. La tendance opposée apparut et l'antagonisme se manifesta. Louis Blanc rapprocha et concilia beaucoup ; mais les impatiences croissaient en raison des efforts tentés pour les satisfaire, et Louis Blanc adressa ces conseils aux ouvriers : « La commission du gouvernement instituée pour préparer la solution des grands problèmes qui vous intéressent, s'étudie à remplir sa mission avec une infatigable ardeur. Mais quelque légitime que soit votre impatience, elle vous conjure de ne pas faire aller vos exigences plus fort que ses recherches. Toutes les questions qui touchent l'organisation du travail, sont complexes de leur nature; elles embrassent une foule d'intérêts qui sont opposés les uns aux autres, sinon en réalité, du moins en apparence. Elles veulent donc être abordées avec calme et approfondies avec maturité. Trop d'impatience de votre part, trop de précipitation de la nôtre, n'aboutirait qu'à tout compromettre. L'Assemblée nationale va être incessamment convoquée. Nous présenterons à ses délibérations les projets de loi que nous élaborons en ce moment, avec la ferme volonté d'améliorer moralement et matériellement votre sort; projets de loi d'ailleurs sur lesquels vos délégués vont être appelés à donner leurs avis. Or, cette Assemblée nationale ne sera plus une chambre des privilégiés; elle sera, grâce au suffrage universel, un vivant résumé de la société tout entière. Donc, ayez bon courage et bon espoir ; mais, dans votre intérêt même, ne mettez pas obstacle à l'action de ceux qui sont bien décidés à faire triompher la cause de la justice ou à mourir pour elle. » Louis Blanc avait fait des livres, sa théorie plaisait jusqu'au fanatisme; obligé de payer en discours éloquents ceux qui attendaient des actes, ses utopies échouèrent sans ressource devant la réalité.

XXVI. — Dans les centres principaux de l'industrie et dans les grandes villes, l'attitude des différentes parties de la population se calquait sur celle de Paris. On imitait ce qu'on n'aurait pas osé entreprendre. A Lyon seulement, la Révolution prit une teinte locale, s'y installa et régna en maîtresse presque absolue, sans exercer toutefois d'influence extérieure. La ville de Lyon suivit à sa manière, avec la vivacité propre au caractère de sa population, le mouvement donné par la capitale. Emmanuel Arago, commissaire du gouvernement, fit de louables efforts pour diriger les effets d'une effervescence qu'on n'eut pas besoin d'exciter et qu'il ne fut pas toujours au pouvoir du représentant de l'autorité de dominer.

XXVII. — La garde nationale devait désormais se composer de tous les citoyens âgés de vingt à cinquante-cinq ans. Le commandant général de Courtais pressait la nouvelle organisation de cette milice. De cinquante mille hommes qui la composaient, elle fut portée à deux cent mille hommes; dans le mois de mars, cent cinquante mille fusils lui furent remis. Le Gouvernement provisoire reconnut que l'uniforme était indispensable pour faire disparaître toute marque d'inégalité dans ses rangs, et décréta qu'il serait pourvu à l'habillement et à l'équipement des citoyens sans ressources, par des souscriptions volontaires faites dans les compagnies et, en cas d'insuffisance, par les municipalités. Il fixa le jour des élections des officiers et sous-officiers au 18 mars.

XXVIII.—L'institution de la contrainte par corps est depuis bien longtemps l'objet des attaques des meilleurs esprits. Ils considèrent que l'homme ne peut être mis au rang des choses et se donner en gage, comme une vile marchandise; que l'engagement de la liberté donné comme équivalent d'une dette pécuniaire est un reste de l'antique barbarie; qu'on ne doit pas sacrifier la liberté d'un homme à l'aisance d'un autre, ni tolérer qu'un citoyen dispose avec autant de facilité de son corps que de sa bourse; que l'emprisonnement pour dettes, en séparant violemment les époux de leurs femmes, les pères de leurs enfants, brise la famille et favorise les mauvaises mœurs; que son utilité est au moins contestable, puisqu'elle ne sert guère que de moyen financier aux plus vils usuriers, aux acquéreurs de créances douteuses qui, spéculant sur la compassion, font monnaie des sentiments du cœur.

Mais dans un temps où il est possible d'être millionnaire et de n'avoir aucun bien saisissable, d'étaler un luxe insultant, sans cesser d'être légalement insolvable, comment atteindre la fraude? Au siècle éclairé où nous vivons, n'est-il pas étrange qu'on n'ait pas trouvé le moyen de punir le débiteur de mauvaise foi, le moyen de frapper avec énergie tous ces vicieux sans foi, sans moralité, qui évitent prudemment dans leurs actes ce qui prendrait le caractère punissable de l'escroquerie ou de l'abus de confiance? Ceux qui sachant duper à force de mensonges et de fraudes, jouissent de l'impunité, parce qu'ils ne sont pas assez coupables pour mériter la peine de la loi et sont trop immoraux pour craindre celle de la honte? Insensibles au mépris public, ils échapperaient à toute répression, si la contrainte par corps manquait.

Ainsi considérée, la contrainte par corps ne punit que la fraude commerciale, lorsque toute fraude devrait être réprimée; elle met à la disposition d'un citoyen le pouvoir de répression qui ne doit pas sortir de la main de l'autorité, elle frappe trop souvent d'honnêtes pères de famille plus malheureux que coupables, incapables d'un acte d'indélicatesse, encore moins de fraude ou de friponnerie.

Il y avait là, pour le Gouvernement provisoire, l'occasion d'une sage et utile réforme. La moralité publique aurait gagné en valeur beaucoup plus que la circulation commerciale n'aurait perdu en sécurité. Comme principal élément de cette réforme on eût pu donner aux tribunaux, en matière civile et de commerce, la faculté de prononcer la peine de l'emprisonnement dans certains cas, surtout dans ceux de fraude et de mauvaise foi, d'attacher ainsi la contrainte par corps, moins à la nature de la dette, qu'à la moralité de l'acte.

Le Gouvernement provisoire se contenta, par arrêté du 19 mai, de suspendre l'effet de la contrainte par corps, jusqu'à ce qu'il en eût été autrement ordonné par l'Assemblée nationale. Il eût fait encore mieux de ne pas confier aux incertitudes de l'avenir une solution qui n'aurait pas du moins troublé l'ordre social.

XXIX. — Cependant, le Gouvernement provisoire, voulant remettre, le plus tôt possible, aux mains d'un gouvernement définitif, le pouvoir qu'il exerçait, avait chargé deux savants jurisconsultes du soin de préparer le décret relatif aux élections. Cormenin, nouvellement élu membre du conseil d'État, et Isambert préparèrent ce projet; il fut converti en décret le 5 mars. Les assemblées électorales de canton étaient convoquées au 9 avril pour élire les représentants du peuple à l'Assemblée nationale chargée de décréter la Constitution. Le nombre total des représentants du peuple serait de neuf cents, élus par le suffrage direct et universel. Étaient électeurs tous les Français âgés de 21 ans, résidant dans la commune depuis six mois et non judiciairement privés ou suspendus de l'exercice des droits civiques. Tout Français âgé de 25 ans était éligible. Les électeurs devaient voter au chef-lieu de canton par scrutin de liste. Chaque représentant du peuple recevrait une indemnité de vingt-cinq francs par jour, pendant la durée de la session. L'Assemblée constituante était convoquée pour le 20 avril. Le suffrage universel, en donnant aux citoyens le moyen de manifester pacifiquement leurs vœux, enlevait tout prétexte à la violence. C'était le plus large mode d'expression de la volont nationale.

XXX. — Ce jour-là fut adressée par Lamartine,

ministre des affaires étrangères, une circulaire aux agents diplomatiques de la république, qui produisit, en France comme à l'étranger, un grand et heureux effet. La nation avait un interprète digne d'elle : « Vous connaissez, dit-il, les événements de Paris, la victoire du peuple, son héroïsme, sa modération, son apaisement; l'ordre rétabli par le concours de tous les citoyens, comme si, dans cet interrègne des pouvoirs visibles, la raison générale était, à elle seule, le gouvernement de la France. — La révolution française vient d'entrer ainsi dans sa période définitive. La France est république : la république française n'a pas besoin d'être reconnue pour exister; elle est de droit naturel, elle est de droit national; elle est la volonté d'un grand peuple qui ne demande son titre qu'à lui-même. Cependant, la république française, désirant entrer dans la famille des gouvernements institués comme une puissance régulière, et non comme un phénomène perturbateur de l'ordre européen, il est convenable que vous fassiez promptement connaître au gouvernement près duquel vous êtes accrédité, les principes et les tendances qui dirigeront désormais la politique extérieure du Gouvernement français.

» La proclamation de la république française n'est un acte d'agression contre aucune forme de gouvernement dans le monde. Les formes de gouvernement nt des diversités aussi légitimes que les diversités de caractère, de situation géographique, de développement intellectuel, moral et matériel, chez les peuples. Les nations ont, comme les individus, des âges différents. Les principes qui les régissent ont des phases successives. Les gouvernements monarchiques, aristocratiques, constitutionnels, républicains sont l'expression de ces différents degrés de maturité du génie des peuples. Ils demandent plus de liberté à mesure qu'ils se sentent capables d'en supporter davantage; ils demandent plus d'égalité et de démocratie à mesure qu'ils sont inspirés par plus de justice et d'amour pour le peuple. Question de temps. Un peuple se perd en devançant l'heure de cette maturité, comme il se déshonore en la laissant échapper sans la saisir. La monarchie et la république ne sont pas, aux yeux des véritables hommes d'Etat, des principes absolus qui se combattent à mort; ce sont des faits qui se contrastent, et qui peuvent vivre face à face en se comprenant et se respectant. »

XXXI. — Le ministre explique ensuite que la république ne veut pas la guerre, qu'elle ne la craint pas si on la contraint de grandir en force et en gloire. Il déclare que les traités de 1815 n'existent plus en droit; que la France ne fera pas de propagande sourde ou incendiaire chez ses voisins; qu'il n'y a de libertés durables que celles qui naissent d'elles-mêmes sur leur propre sol : « La république, dit-il en terminant, a prononcé en naissant et au milieu de la chaleur d'une lutte non provoquée par le peuple, trois mots qui ont révélé son âme et qui appelleront sur son berceau les bénédictions de Dieu et des hommes : Liberté, égalité, fraternité. Elle a donné, le lendemain, par l'abolition de la peine de mort en matière

politique, le véritable commentaire de ces trois mots
au dedans ; donnez-leur aussi leur véritable commentaire au dehors. Le sens de ces trois mots appliqués
à nos relations extérieures est celui-ci : affranchissement de la France des chaînes qui pesaient sur son
principe et sur sa dignité ; récupération du rang
qu'elle doit occuper au niveau des grandes puissances
européennes ; enfin, déclaration d'alliance et d'amitié
à tous les peuples. Si la France a la conscience de sa
part de mission libérale et civilisatrice dans le siècle,
il n'y a pas un de ces mots qui signifie guerre. Si
l'Europe est prudente et juste, il n'y a pas un de ces
mots qui ne signifie paix. »

LIVRE III.

—

I. — L'homme est né libre. Sa liberté fait son mérite et son danger : trop comprimée, elle éclate ; trop dilatée, elle périt dans le vide. Comme toutes les choses humaines, elle doit donc être réglée, contenue, et la grande science de ceux qui ont autorité sur les hommes, sera toujours de saisir le point précis où cette règle salutaire peut être placée, suivant l'état de la société, le plus près de la nature et le plus loin possible de la tyrannie. Le jour où elle tint la porte ouverte à la liberté de tout dire, la République fut perdue. Le Gouvernement provisoire crut ne pouvoir contester ni restreindre le droit de réunion au lendemain d'une révolution qui avait pour prétexte sa conquête. De là vinrent les clubs, ces réunions politiques qui avaient exercé déjà la plus fâcheuse influence sur la première république.

Il y a toujours eu et toujours il y aura, dans le sein de la société, des hommes qui n'acquièrent d'importance que dans les temps de trouble. On ne les remarque alors que parce qu'ils sont dangereux. Esprits incomplets, talents fourvoyés, ce n'est pas le peuple qu'ils aiment, c'est la domination par le peuple, et alors, pour plaire au plus grand nombre, ils flattent le pauvre, accusent le riche, entassent les lieux communs vides de sens mais pleins de menaces; d'autres se groupent autour des premiers, les dépassent souvent par une ardeur empruntée que l'effroi leur inspire : peureux, ils font trembler. Ils manquent des qualités qui font l'honnête homme, les premiers de bon sens ou de conscience, les seconds de courage. Quand l'autorité veille, ces agents de trouble et de terreur semblent disparaître, et les gens de bien respirent. Mais dans les révolutions, ils se donnent carrière et dominent.

II. — Dans les réunions des clubs, les faux talents se développent bien vite. Ils s'animent au contact de la foule, au son de leur voix, au bruit des applaudissements. Là tout devient matière à discussion. Les traditions les plus éprouvées du passé sont méconnues; les mœurs, les lois, les impôts, l'histoire, tout est contesté, tout est nié; on met en question la religion, la morale, la famille, la propriété, on parle sur l'économie politique surtout, sans en connaître les éléments. Les systèmes, les nou-

veautés, les utopies fiévreuses, les espérances, les
ambitions, les choses impossibles, le vrai, le faux,
tout est bon; l'ignorance, l'ineptie, l'orgueil et la
fureur s'attaquent à tout. Là régnaient les réformateurs, les rêveurs, les prétendus philosophes, les in-
sensés; c'était le chaos. A ces réunions, on admettait
tout le monde. Un public assidu, passionné, composé
de femmes, d'hommes jeunes et vieux, amateurs
d'un spectacle qui parfois les faisait trembler, venait
écouter les violences de langage d'orateurs en délire
qui lançaient à cette foule émue des flammes et des
poignards.

Le droit de réunion avait créé la révolution; la
révolution devait périr par son abus. Les clubs ont
préparé tous les mouvements, favorisé toutes les fol-
les idées qui ont successivement amené la chute de
la République de 1848.

Les clubs se multiplièrent; il y en eut même pour
toutes les nations : il y eut le club des Nationalités
étrangères, de l'Association nationale italienne, le
club des Allemands, des Polonais, des Belges, des
Savoisiens, des Irlandais, des Grecs, des Moldaves.
Quelques-uns appelèrent bientôt sur eux l'attention :
le club de la Société fraternelle centrale ou des Réunions icariennes, de Cabet, rêveur pacifique; le club
des Amis du peuple, présidé par Raspail, et celui de
la Société républicaine centrale, présidé par Blanqui, réformateurs radicaux; le club des Droits et des
Devoirs, réuni bientôt au club des Droits de l'homme,
société toute militaire qui obéissait à Villain, composé
de tout ce qu'il y avait de plus exaltés révolutionnaires.

Dans les premiers jours de mars, le nombre des clubs s'élevait à soixante-treize ; ce nombre, augmentant chaque jour, monta bientôt à deux cent trente-sept.

III. — La presse aussi, livrée à des mains impures, sort de son rôle de modération et de concorde, et marche au combat, divise les esprits et, par une polémique ardente, exaspère ceux que les clubs n'avaient fait qu'irriter. Les journaux se crient sur la voie publique, et les marchands d'idées anarchiques poursuivent, à prix réduit, ceux qui tentent d'échapper à leurs passions malsaines. Les premiers venus se posaient en éditeurs ou défenseurs des plus détestables mensonges, allumaient, excitaient les convoitises, les espérances chimériques, exposaient sur la suppression totale de la misère et l'utopie d'un bien-être général, des projets qu'ils savaient impossibles, et signalaient aux vengeances les gens sincères et de bon sens qui les accusaient de mensonge ou de fausseté.

Les plus mauvais clubs eurent leurs journaux et les esprits novateurs leurs organes. Il en naissait chaque jour. Soir et matin, des écrits incendiaires semaient la défiance ou la haine : *La République,* rédigé par Bareste ; *la Vraie république,* par Thoré, Pierre Leroux ; *l'Ami du peuple,* par Raspail ; *la Commune de Paris,* par Sobrier et Cahaigne ; *le Représentant du peuple,* par Proudhon ; *le Peuple constituant, le Populaire, l'Organisation du travail, la Tribune des Sans-Culottes, le Robespierre, le Bonnet rouge, le*

Père Duchesne. Il se fonda jusqu'à cent quarante-deux journaux nouveaux dans la ville de Paris.

De ces excès sont nés deux courants contraires : celui de la résistance honnête et celui de la haine et de l'envie; de tous les sentiments bas et vils qui s'accumulent et fermentent en des âmes corrompues, soulèvent les colères de ceux qui souffrent, et doivent éclater un jour en violences et en crimes, deux courants d'où sortira la plus impitoyable des guerres civiles.

IV. — Il est plus facile de suivre le bon ou le mauvais exemple que de le donner. Les départements, toujours disposés à imiter la capitale, eurent bientôt leurs clubs, leurs journaux; mais avec cette différence que, dans les villes et les campagnes, on se connaît; l'opinion met un frein aux écarts par trop saillants, et celui que ne retient pas la considération de soi, est retenu par la considération des autres. On sait les hommes sincères et honnêtes, et l'on connaît, l'on montre du doigt ceux qui voudraient cacher sous des ruines une moralité entachée ou des affaires en désordre. Dans les départements, excepté dans quelques grandes villes, les chimères et les utopies, les exagérations et les violences eurent peu de succès, les clubs furent nuls ou inoffensifs. A Paris, au contraire, les opinions anonymes se produisent sans risque pour leurs auteurs, les hommes n'y sont pas connus, leur vie est ignorée; la parole peut facilement mentir, et l'on met, dans un sordide intérêt personnel, au service des plus vils projets, des facultés qu'un citoyen honnête doit consacrer à l'honneur de la liberté, des devoirs privés et publics et de la gloire de la patrie!

V. — A cette époque fut imaginé un mot qui peignait une chose nouvelle dans l'histoire. La république, proclamée par le Gouvernement provisoire, acceptée par la France, était bien une république démocratique. La démocratie n'est pas une découverte, elle date, en France, de 1789; elle est née de l'abolition du régime féodal, de l'établissement de l'égalité civile et de la liberté. Les exaltés, qui se disaient républicains d'ancienne date, les anciens condamnés politiques, étonnés d'entendre dire que la république était le gouvernement de tout le monde, et de se trouver, pour la première fois, dans le sentier battu de la politique générale, proclamèrent bien vite qu'ils étaient d'une autre république : la leur avait une autre signification. Leur république, c'est un état violent, dans lequel chacun est maître, chacun peut tout, sans respect des lois, ni des droits des autres, sans respect de personne ni de soi-même. Il fallait donc un mot nouveau; ce mot fut : la république sociale, terme inconnu jusqu'alors, mystérieux, dont le sens vague et caché se prêtait à toutes les combinaisons possibles d'esprits en délire.

La république sociale devint alors le cri de ralliement des nouveaux et plus dangereux ennemis du gouvernement républicain. Il signifiait généralement pour eux, la modification perpétuelle de la société française, sa destruction d'abord et des changements sans fin, sans trêve, sans repos, la révolution en permanence. La république sociale de Barbès n'était pas celle de Blanqui, ni celle de Raspail, ni celle de Pierre Leroux, ni celle de Cabet, ni celle de Considérant, ni celle de Proudhon, ni celle de tous les autres. Autant de clubs, autant d'hommes, autant de systèmes; autant de républiques sociales; chacun avait la sienne : celle-là seulement était la bonne, la vraie, la seule qui pût conduire le peuple au bonheur : tous avaient la prétention d'établir le bonheur universel.

VI. — Il s'éleva bientôt un nouveau genre d'émulation, et ces hommes devinrent intolérants. Ce fut un titre à la considération d'avoir été poursuivi ou condamné pour crime ou délit politique ou de presse. Heureux alors ceux qui pouvaient revendiquer l'honneur d'avoir trempé dans les séditions ou rapporter la preuve d'actes de rébellion contre l'autorité : on se vantait et l'on faisait vanité de ce qui offense la loi, et de ce que, d'ordinaire, on prend tant de peine à cacher!

Les vétérans de la république, bien peu nombreux au premier jour, ne souffraient pas qu'on pût aimer le gouvernement nouveau et le protéger précisément contre leurs entreprises, et l'on vit, spectacle singulier, la majorité d'une nation, obligée de défendre contre une imperceptible minorité, un gouvernement que cette minorité même lui avait imposé.

VII. — Les agents politiques de la haute administration départementale avaient été changés; le Gouvernement provisoire avait envoyé, pour remplacer les préfets, des commissaires du Gouvernement chargés, eux-mêmes, du soin de remplacer les sous-préfets dans les arrondissements et les maires des communes : les choix étaient généralement bons. Le ministre de l'intérieur, Ledru-Rollin, communiquait avec eux par des instructions, des circulaires indiquant la pensée du gouvernement ou les siennes, leur servant de guide de conduite. Ces circulaires étaient affichées dans les communes. Une première circulaire, du 9 mars, adressée directement aux maires, leur expliquait leurs nouveaux devoirs; elle ne fournit l'occasion à aucune critique. Une seconde circulaire, adressée aux commissaires du Gouvernement, à la date du 12 mars, contenait ce passage : « Vos pouvoirs sont illimités. Agents d'une autorité révolutionnaire, vous êtes révolutionnaires aussi. La victoire du peuple vous a imposé le mandat de faire proclamer, de consolider son œuvre. Pour accomplir cette grande tâche, vous êtes investi de sa souveraineté, vous ne relevez que de votre conscience; vous devez faire ce que les circonstances exigent pour le salut public. » Ces paroles produisirent le plus fâcheux effet. Les modérés se troublent, les exaltés se réjouissent. Voilà donc enfin les proconsuls révolutionnaires; encore un pas, c'est la terreur.

VIII. — Il est un homme dont le nom acquit une grande notoriété à cette époque : c'est Marc Caussidière. Né à Lyon, il avait conspiré pendant toute la durée du règne de Louis-Philippe. Compromis, en 1834, dans l'insurrection de Lyon; condamné plusieurs fois pour crimes ou délits politiques; hardi, courageux, c'était l'un des hommes d'action du parti républicain. Fin, souple et rusé, c'était aussi un homme de conseil et de tête. A la révolution de Février, il s'installa à la préfecture de police, organisa autour de lui une garde qui prit le nom de Montagnards, au nombre de près de trois mille hommes; composée des combattants de novembre 1831, juin 1832, avril 1834 et mai 1839, cette troupe était vêtue de blouses bleues, bien armée, décidée et n'obéissant qu'à lui seul. Le Gouvernement provisoire essaya vainement de lui retirer un poste qui lui fut laissé parce qu'on ne se crut pas assez fort pour l'en arracher. Caussidière, dès les premiers jours, parvint à rétablir la circulation et la sécurité des rues; et si, dans ce grand désordre, on vit l'ordre se rétablir promptement, Paris en fut redevable à son activité, à sa vigilance. Il semblait protéger les clubs, même les plus violents, mais il les surveillait, suivait le progrès des actes, et suspendit souvent le glaive menaçant de leurs membres. C'était, de tous ses anciens amis, le plus près de la discipline.

Caussidière avait pris avec lui, à la préfecture, en qualité de secrétaire général, Lucien Delahodde, ancien compagnon des sociétés secrètes et des conspirations. Un jour, un dossier de police tombe dans les mains de Caussidière. Il croit y trouver la preuve de la trahison de Delahodde. Cet ami si cher n'était autre qu'un agent de la police du gouvernement déchu qui, chargé de le surveiller, aurait rendu compte jour par jour de ses projets et de ses actes. Caussidière réunit ses compagnons dans la chambre d'Albert, au Luxembourg, s'y rend avec Delahodde qui ne sait rien encore. Là, en présence des amis communs, Caussidière le couvre de confusion, lui remet une arme et lui donne un quart d'heure pour se tuer. Il se garda bien d'obéir. Caussidière le fit mettre en prison comme prévenu, depuis le 24 février, de correspondances secrètes avec le pouvoir déchu.

IX. — Le Gouvernement provisoire, voulant effacer toute marque d'inégalité dans la garde nationale et ranger tous les citoyens de la même milice sous le même uniforme, crut devoir, le 14 mars, décréter la suppression des grenadiers et des voltigeurs. L'utilité de cette mesure était contestable; c'était pousser bien loin la susceptibilité d'une égalité mal comprise. Ces compagnies étaient d'une organisation plus forte; il y existait plus de discipline et d'esprit de corps. Elles s'étaient toujours montrées plus solides et plus courageuses devant l'émeute. Quelques compagnies protestèrent et firent appel à leurs camarades : « Organisées depuis dix-huit ans, elles avaient appris à se connaître. Brusquement, violemment réparties dans les bataillons, elles ne pouvaient conserver l'influence qui leur appartenait dans les élections. Un élément nouveau, jeté dans les compagnies, amènerait des luttes. Cette mesure désorganisatrice atteignait plus de deux mille hommes par légion, plus de vingt-quatre mille hommes à Paris. Elles repoussaient toute idée de distinction spéciale, mais elles voulaient rester unies en faisceau, comme elles l'avaient toujours été, e choisir leurs chefs parmi les plus dignes et les plus énergiques. » Elles demandaient la révocation de l'arrêté du ministre de l'intérieur, invitant leurs camarades à se rendre, le lendemain, près du Gouvernement provisoire pour l'obtenir.

C'était le 16 mars. Plus de vingt mille hommes répondirent à l'appel. Ils partirent de leurs lieux de réunion et se rendirent à l'Hôtel de Ville en uniforme et sans armes. Le ministre de l'intérieur se présenta et fut accueilli par les cris de: « A bas Ledru-Rollin! » Les mesures avaient été prises pour entraver cette manifestation qui n'avait, d'ailleurs, rien de redoutable. Les masses avaient été mandées; elles occupaient la place de l'Hôtel de Ville et barraient le chemin. Les délégués de la députation furent seuls admis près du Gouvernement provisoire qui, par la bouche de François Arago, blâma leur démarche.

X. — Cette entreprise favorisa les désirs des clubs et leur offrit, à propos, une occasion d'agir. Depuis le 7 mars, les clubs étaient unanimes pour demander l'ajournement des élections de la garde nationale fixées au 18 mars, par le décret du 8, et celles de l'Assemblée constituante fixées, par le décret du 5 mars, au 9 avril. Déjà, le 10 mars, une députation des clubs était venue demander l'éloignement des troupes de Paris. Les 11 et 12 mars, le club Blanqui formula une adresse au Gouvernement provisoire pour lui reprocher le choix déplorable des commissaires du Gouvernement envoyés dans les départements, accusés de modérantisme; le maintien de la magistrature, l'éloignement systématique des vrais patriotes, le désarmement des combattants des barricades, l'appel à Paris de troupes soldées, la formation d'une garde urbaine, la réorganisation de la garde municipale, la convocation précipitée des comices électoraux.

Pendant la soirée du 16 mars, des démarches très-actives furent faites dans les faubourgs, dans les ateliers; il s'agissait de prêter appui au Gouvernement provisoire. Cet appel au peuple fut placardé : « Le peuple a été héroïque pendant le combat, généreux après la victoire, magnanime assez pour ne pas punir... Il est calme parce qu'il est fort et juste... Que les mauvaises passions, que les intérêts blessés se gardent de le provoquer!... Le peuple est appelé aujourd'hui à la haute direction morale et sociale!... Il est de son devoir de rappeler fraternellement à l'ordre ces hommes égarés qui tenteraient encore de se maintenir en corps privilégiés dans le sein de notre égalité!... On voit d'un œil sévère ces manifestations contre celui des ministres qui a donné tant de gages à la révolution. Que le peuple se rassemble donc aujourd'hui, à dix heures, sur la place de la Révolution, qu'il imprime sa volonté! »

XI. — Le 17 mars, dès le matin, cent cinquante mille hommes se réunissent, se rangent, et s'avancent en bon ordre. La marche de cette foule est recueillie, silencieuse, solennelle. Pour elle, cette promenade n'était ni séditieuse, ni insultante. Mais bientôt, à son insu, quelques milliers d'hommes les plus exaltés

des clubs ont pris la tête. C'est là que siégent en apparence la pensée et la volonté de cette multitude.

On arrive à l'Hôtel de Ville. Les chefs sont intro-
duits. Ils demandent, au nom du peuple, qui les suit,
l'éloignement des troupes; l'ajournement au 5 avril,
des élections de la garde nationale; l'ajournement
au 31 mai, des élections à l'Assemblée constituante.
Dans la députation se trouvaient de Flotte, Cabet,
Raspail, Barbès, Blanqui, leurs amis, et une centaine
d'orateurs ou de chefs de clubs, paraissant d'accord
pour les mesures révolutionnaires, mais se surveillant
et se contenant l'un l'autre par leurs inimitiés personnelles; jaloux de la tyrannie qu'ils exercent au nom
du peuple et chacun d'eux la voulant sans partage.

La conférence se passa en discours tout pleins de
colères mal déguisées. Ils se retirèrent sans avoir rien
entrepris. Le défilé commença et se prolongea jusque
dans la soirée. Le Gouvernement provisoire délibéra.
Les élections de la garde nationale furent prorogées
au 5 avril, celles de l'Assemblée nationale au 23 ; la
réunion de l'Assemblée fut fixée au 4 mai.

XII. — Les troubles, les agitations, les menaces portaient leurs fruits bien amers ; tout travail était arrêté
dans Paris, et l'activité surprenante de cette cité suspendue. Le crédit était éteint. L'or se cachait. On n'osait
pas encore ordonner l'ouverture de la Bourse, dans
la crainte d'augmenter les alarmes, par la révélation
de la dépréciation des valeurs. Sur la proposition de
Goudchaux, ministre des finances, le Gouvernement
provisoire, pour rétablir la confiance, autorise le

4 mars le payement immédiat des rentes à échoir le 22. Goudchaux, effrayé d'une responsabilité trop lourde, se retira le 5 mars. Garnier Pagès, qui fut remplacé à la mairie de Paris par Armand Marrast, prit courageusement possession du ministère des finances. Le Gouvernement fit un appel énergique aux citoyens en les engageant à verser, par anticipation, ce qui restait dû sur les contributions de l'année. Le Gouvernement était en présence d'une somme de trois cent dix-huit millions de bons du trésor et de trois cent cinquante-cinq millions de dépôts aux caisses d'épargne à rembourser. Ainsi qu'il devait arriver dans une pareille crise, les capitalistes ne prenaient plus de bons du trésor ; ils exigeaient le remboursement de ceux dont ils étaient porteurs. On n'apportait plus d'argent aux caisses d'épargne, les porteurs de livrets exigeaient leurs dépôts. Les receveurs généraux ne pouvaient plus faire d'avances, plus de versements des particuliers, plus de dépôts à la caisse des consignations, plus de fonds des communes, plus de droits d'enregistrement : on retirait l'argent, il n'en rentrait pas ; les recettes étaient taries. Si les finances de l'Etat étaient en péril, celles des particuliers n'étaient pas dans une situation meilleure. A Paris, la détresse était générale. Le Gouvernement provisoire avait reculé, par un décret, la date des échéances commerciales et renouvelé cet expédient. Dans les départements, la panique fut moins sensible, mais les suspensions de payement, les faillites déclarées, la ruine imminente des maisons de banque, tout annonçait une souffrance pro-

fonde, la confiance perdue. Enfin, le mal était si grand, si visible, qu'il valût mieux ne pas paraître en cacher une partie : la Bourse fut ouverte le 7 mars, il s'y manifesta une baisse de quarante et un francs sur le cinq pour cent et vingt-six francs sur le trois pour cent, et une dépréciation équivalente de toutes les valeurs.

XIII. —Garnier Pagès, aidé de Duclerc qui lui fut adjoint en qualité de sous-secrétaire d'État, fit tête à l'orage. Dans un rapport sur la situation financière, il crut devoir résumer ainsi son opinion sur l'état des finances : » Oui, citoyens! proclamons-le avec bonheur, avec orgueil : à tous les titres qui recommandent la République à l'amour de la France et au respect du monde, il faut ajouter celui-ci : La République a sauvé la France de la banqueroute. » Cet aveu était bien voisin de l'imprudence. Peut-être son auteur ne tenait-il pas assez compte de l'effet même opéré par la Révolution sur la fortune publique et privée, et des exigences dont elle animait les créanciers de l'État. Quoi qu'il en soit, l'effet était produit, il fallut aviser. Le ministre créa, dans toutes les villes industrielles, des comptoirs d'escompte et des magasins généraux de marchandises, dont les récépissés étaient négociables; il facilita ainsi par cette mesure, d'une ressource bien précaire, la négociation du papier et l'écoulement des produits. On s'occupa du remboursement des bons du trésor et des dépôts de caisses d'épargne.

Le cours forcé des billets de la banque de France et des banques de quelques villes fut décrété. Par un arrêté du 19 avril, on établit une contribution directe sur les créances hypothécaires, résultant soit d'obligations, soit de constitutions de rentes foncières, perpétuelles ou viagères, soit de jugements ou arrêts. Cet impôt fut fixé à un pour cent du capital. Ces mesures furent complétées et facilitées par la création d'un impôt de quarante-cinq centimes sur les quatre contributions directes; ce dernier, d'une ressource plus efficace et d'un revenu plus facile, devait produire cent quatre-vingt-douze millions, sur lesquels soixante millions devaient être répartis entre les banques d'escompte.

Cette détresse du trésor public, bien constatée, donna naissance à une souscription volontaire, à laquelle riches et pauvres portèrent leur patriotique offrande.

XIV.—Toute l'Europe ressentit le contre-coup de la Révolution de février. Une commotion soudaine ébranla tous les pouvoirs. Dans la Grande-Bretagne, l'Irlande s'agite. En Italie, la Sicile chasse les soldats du roi de Naples et se proclame indépendante. A Naples, le peuple s'insurge. A Rome la révolution commence son œuvre. Venise voit renaître son antique république; Modène, Parme et Plaisance, la Toscane entière suivent l'exemple donné par Venise; Milan, toute la Lombardie, secouent le joug de l'Autriche. Le roi de Sardaigne se met à la tête du mouvement de l'Italie septentrionale et commence sa belle campagne de l'indépendance italienne. La Hongrie, la Bohême se détachent de la couronne d'Autriche; l'Empereur se vit ravir sa capitale par une insurrection. Presque au même moment, de sanglantes émeutes éclatent à Berlin ; le roi de Prusse enraye prudemment une révolution qui commence. Dans tous les États, royaumes et duchés qui touchent à l'est de la France, les souverains arrêtent ou dirigent eux-mêmes les exigences de la liberté. Plus heureux que nous, puisqu'ils ont la sagesse de n'en point excéder la mesure, et savent au moins profiter de l'exemple, pour ne pas tomber dans les mêmes excès.

XV. — Paris renfermait un grand nombre d'ouvriers et surtout de réfugiés politiques étrangers ; l'exaltation les avait gagnés. Ils désiraient l'intervention directe et armée du Gouvernement provisoire dans les affaires de leurs pays. Ils sollicitaient par les journaux, les clubs, les manifestations. Toutes leurs tentatives échouèrent. Le Gouvernement provisoire fut inébranlable. Lamartine resta fidèle à son programme. Le ministre de l'intérieur seul paraissait vouloir les seconder.

Le 25 mars, deux mille Belges environ partent enfin par les voies rapides, en plusieurs colonnes, pour délivrer leur pays. L'une de ces colonnes est conduite à Quiévrain ; elle est composée d'ouvriers, de Français et de repris de justice. Elle est arrêtée, sans coup férir, par les autorités belges : les premiers sont renvoyés à leurs domiciles, les seconds en France, les derniers en prison. L'autre colonne trouve sur son chemin des caisses d'armes que lui a procurées Delécluse, commissaire de la république dans le département du Nord, passe la frontière, est reçue par la force armée belge qui la met en déroute au lieu dit Risquons-Tout.

XVI. — L'expédition savoisienne s'organise à Lyon le 27 mars, publiquement, quoique à l'insu du Gouvernement. Des bandes mêlées de Savoisiens, de Suisses, de Piémontais, de Polonais, au nombre de trois à quatre mille hommes, dont une grande partie est armée, se mettent en marche aux acclamations du peuple lyonnais et vont camper près de Chambéry. A l'arrivée des envahisseurs en vue de la ville, les autorités sardes se retirent. Maîtres de la cité, ils désarment la garde civique et proclament la république. Le lendemain, à cette nouvelle, les campagnes se lèvent et marchent sur la ville. Une lutte s'engage. Les républicains sont mis en fuite, l'ancienne municipalité et les autorités, à la tête de quelques milliers de soldats, rentrent dans Chambéry et rétablissent le pouvoir légitime de leur souverain Charles-Albert qui, dans le même moment, se battait généreusement, dans les champs de la Lombardie, pour l'indépendance de son pays.

XVII. — L'expédition allemande, formant environ deux mille hommes, Allemands et Polonais, quitta Paris le 30 mars, sans armes, en deux colonnes se dirigeant sur le duché de Bade. Elle trouva du renfort à la frontière et se perdit dans l'obscurité de tentatives avortées. Le duché de Bade était précisément l'Etat allemand où les institutions libérales avaient fait le plus de progrès. Dans les premiers jours d'avril, Hecker et Struve tentaient un mouvement républicain dans le cercle du Lac. Ils se retirent pour descendre, de deux côtés, dans la vallée du Rhin et renforcer les bandes arrivant de Paris et d'Alsace. Un corps franc de cinq cents hommes commandé par Weisshaar traverse Schaffouse, pour se joindre à Hecker. Un combat eut lieu à Kandern, entre les bandes d'Hecker et les troupes badoises et hessoises commandées par le général Gagern. Les troupes furent victorieuses, mais le général tomba victime du devoir. Quelques jours après, une nouvelle bande de douze cents hommes traverse le Rhin près de Rhemiveiler, et prend le chemin des montagnes pour rejoindre Hecker qu'on disait être dans la forêt Noire à la tête de trente mille hommes. Il s'était au contraire réfugié en Alsace. Cette bande erra de ville en ville et fut dispersée par des troupes wurtembergeoises. Ceux qui furent pris furent traduits devant le tribunal supérieur de Fribourg, chargé de juger les auteurs et complices des actes de haute trahison commis dans le duché de Bade.

Ces rassemblements sur la frontière, devenant un sujet d'alarmes et un prétexte d'armement pour les États voisins, une cause de malentendu entre l'Allemagne et la France, le Gouvernement provisoire jugea qu'il ne pouvait dépendre, de la volonté de quelques étrangers armés de dénaturer les sentiments de la France, et prescrivit la dispersion des bandes menaçantes pour la sécurité des États allemands.

XVIII. — Pendant que ces événements se passaient aux frontières, le ministre de l'intérieur envoya dans les départements des commissaires extraordinaires avec des pouvoirs supérieurs. S'il y eut, parmi eux, quelques bons choix, il y en eut aussi de déplorables. Dans beaucoup de villes où régnaient l'union et la concorde, ces missionnaires de l'agitation portèrent le trouble et le désordre. Leur arrivée à Périgueux, à Troyes, à Besançon, à Valence, à Bordeaux, à Beauvais, à Amiens, causa des conflits, quelquefois des émeutes.

XIX. — Les départements paraissaient trop sages. Ils avaient accueilli tous les changements avec calme; il fallait les agiter. Le club des clubs, nouvellement formé, sous la présidence de Huber, de tous ceux que la révolution avait tirés des prisons ou rappelés de leur exil ou de leur ban, parvint, au moyen de délégués de tous les clubs, à centraliser l'action générale de ces associations. Un comité révolutionnaire central, formé dans son sein, se mit à la tête de la propagande révolutionnaire. Il conçut le projet d'envoyer des émissaires chargés spécialement de révolutionner les départements. La proposition fut soumise au ministre de l'intérieur. Ledru-Rollin l'approuva et la fit adopter par le Gouvernement provisoire. On choisit trois cents hommes dévoués du club des clubs. Parmi eux, d'anciens militaires se chargèrent des régiments. Révolutionnez, révolutionnez, leur avait-on dit. Ils se répandirent dans les villes et près des casernes, et firent de la propagande parmi les ouvriers et les sol-

dats. L'ordre public et la discipline militaire ressen-
tirent partout la présence de ces dangereux émissaires, auxquels l'argent ne manquait pas. Leurs
commissions les rendaient presque inviolables. L'influence qu'ils exercèrent fut plus fâcheuse à la république qu'elle ne lui profita.

XX. — On commençait à examiner de plus près
ces agents de trouble que le Gouvernement dépêchait
aux villes tranquilles. Comment! n'avaient-elles pas
tout accepté jusque-là sans murmurer? On avait
renversé le Gouvernement traditionnel qui régissait
la France : les départements avaient laissé faire. On
avait acclamé un gouvernement provisoire : les départements l'avaient accepté. On avait proclamé la
république sans les consulter : les départements n'a-
vaient pas réclamé. On éditait, chaque jour, des décrets nouveaux d'une utilité, d'une urgence contestables, on créait des impôts : les départements ne
protestaient pas et payaient. On venait maintenant
porter l'incendie dans les villes et dans les campagnes; le Gouvernement, qui doit protéger les citoyens
tranquilles et de bonne volonté, envoyait lui-même
des missionnaires de désordre et d'anarchie. Ils annonçaient que « la république n'était pas un gouvernement mais un moyen; que la réforme politique
n'était que l'instrument de la réforme sociale. » Dès
ce jour, eurent lieu bien des ruptures secrètes qui devaient se révéler plus tard dans le mystère des scrutins électoraux où la liberté pouvait du moins se produire.

XXI. — Au milieu de toutes ces causes d'agitation le Gouvernement apprit que la seule puissance de l'Europe que le souffle révolutionnaire de Février avait laissée intacte, se disposait à la guerre. L'empereur de Russie mettait ses armées de terre et de mer sur le pied de guerre. Il concentrait ses troupes dans la Pologne méridionale, sur les frontières de la Silésie et de la Bohême. La garde devait suivre ce mouvement; l'empereur avait même félicité ses officiers sur la campagne prochaine. « Après une paix longue et heureuse, disait un ukase du 28 mars, l'ouest de l'Europe est tout à coup agité par des troubles qui menacent de renverser les pouvoirs légaux et tout ordre social. Après avoir éclaté d'abord en France, la révolte et l'anarchie ont gagné promptement l'Allemagne. » Il engageait son peuple à être prêt, fidèle à la religion, à son Empereur, à la patrie.

Le Gouvernement provisoire n'avait pas attendu ces provocations pour se disposer à repousser toute attaque, toute coalition étrangère. Il avait décrété déjà la formation de quatre armées d'observation : l'armée du Nord, l'armée des Pyrénées, l'armée du Rhin, l'armée des Alpes, couvraient les frontières. L'effectif s'élevait à trois cent cinquante mille hommes et devait être porté bientôt à quatre cent mille hommes et soixante mille chevaux. Les généraux les plus courageux et les plus habiles ne lui manquaient pas.

XXII. — Les clubs connaissaient leur puissance; ils avaient trouvé le secret des manifestations populaires et regrettaient de n'en avoir pas profité le 16 mars. Ils résolurent une tentative irrésistible cette fois. Ils voulaient se défaire, avant la réunion de l'Assemblée nationale, d'un gouvernement qui perdait la révolution en voulant la diriger. Ils organisent un comité directeur à la tête duquel sont placés les plus hardis sous la présidence d'Huber. Leur projet est de constituer un comité de salut public sur les ruines du Gouvernement provisoire. Le jour de l'exécution est indiqué au dimanche 16 avril. Les chefs de club ont le mot d'ordre, les orateurs échauffent les esprits, la colère grandit, les journaux excitent; de jour en jour la menace devient plus redoutable : « Il était urgent de fortifier le pouvoir par l'accession d'hommes énergiques, aimés du peuple. Vit-on jamais révolution plus muette, plus indolente? Elle a peur. Le gouvernement n'a pas su, n'a pas voulu, n'a pas osé. Il a gaspillé deux mois d'une dictature révolutionnaire sans pareille, d'un pouvoir sans précédent, sans frein, sans limites pour le bien qu'il pouvait faire. Ni le travail, ni le capital, ni la propriété ne sont satisfaits. Tout languit, tout s'arrête, tout meurt. » Il s'agissait, en apparence, de porter au gouvernement les vœux du peuple. Les clubs n'ignoraient pas que ce jour-là des élections d'ouvriers avaient lieu au Champ de Mars, et qu'à la suite d'une collecte faite par eux, une députation devait porter à l'Hôtel de Ville l'hommage si touchant du denier du pauvre offert à la patrie. Le rendez-vous fut donc fixé au Champ de Mars, bien disposé pour recevoir les grandes réunions. La veille, le club Blanqui et le club

des clubs se déclarent en permanence, et l'on fait
circuler cet écrit : « Citoyens, la réaction lève la tête.
La calomnie, cette arme favorite des hommes sans
principe et sans honneur, déverse de tous côtés
son venin contagieux sur les véritables amis du peuple. C'est à nous, hommes de la révolution, hommes
d'action et de dévouement, qu'il appartient de déclarer au Gouvernement provisoire que le peuple veut
la république démocratique, que le peuple veut
l'abolition de l'exploitation de l'homme par l'homme,
que le peuple veut l'organisation du travail par l'association. »

XXIII. — Les ouvriers, fascinés par ces mots, dont
un bien petit nombre comprend à peine le sens, dont
aucun n'approfondit la portée, mais dont la signification apparente leur semble favorable, accourent
de tous côtés, sans défiance et dès le matin, au rendez-vous. L'ordre s'établit peu à peu dans cette multitude; elle se met en marche, portant des bannières
qui se trouvèrent toutes préparées, et sur lesquelles
on lisait ces mots : Abolition de l'exploitation de
l'homme par l'homme. Organisation du travail.
Egalité.

Paris s'effrayait de ces masses tumultueuses qui
semblaient maîtresses des rues. Le bruit s'en répand,
et l'annonce de ce mouvement jette partout l'effroi.
Plus on est éloigné, plus la nouvelle grandit et prend
de sinistres proportions. On annonçait déjà qu'on
avait vu partir du Champ de Mars la multitude exas-
pérée des faubourgs; que le Gouvernement provisoire

était renversé ; que les chefs de clubs, dont on connaissait les violences de langage et d'idées, s'étaient emparés du pouvoir : Depuis deux mois, nous souffrons, l'inquiétude est de tous les jours, que sera-ce si les pervers sont maîtres de tout? Ces hommes ne peuvent obéir et tous veulent commander. Ils se disent républicains parce qu'ils sont insubordonnés. Le Gouvernement provisoire anéanti, Paris sera la proie des plus exaltés et n'aura pas même le choix entre les plus méchants. Partout règnent l'inquiétude du présent, la crainte du lendemain. Les maux qu'on appréhende paraissent toujours plus redoutables.

XXIV. — A l'Hôtel de Ville, l'anxiété était extrême. Sur quelle force appuyer la résistance. Un petit nombre d'hommes fidèles pouvait bien succomber avec honneur, mais ne pouvait lutter contre des masses. Devait-on appeler la garde nationale ? Depuis la formation nouvelle, on ne la connaissait pas encore; répondrait-elle? quelle serait son attitude? C'était le dernier jour. Il était facile à des hommes de cœur de trouver dans une suprême catastrophe une fin glorieuse; mais Paris, mais la France seraient livrés à une bande de fanatiques. Lamartine était seul à l'Hôtel de Ville. Le général Changarnier survient, prend des dispositions pour mettre l'édifice à l'abri d'un coup de main, obtient de Lamartine l'ordre de faire battre le rappel des légions et s'éloigne.

XXV. — Une colonne de soixante mille hommes environ avait quitté le Champ de Mars, s'avançait en

bon ordre sur la longue et large voie des quais de la
rive droite de la Seine et la remplissait ; les plus exaltés des clubs, selon l'usage, marchaient en tête ; déjà
elle approchait de l'Hôtel de Ville, lorsque le tambour
se fait entendre : le général Duvivier arrive à la tête
de la garde mobile, Barbès avec la XIIe légion qu'il
commande et le colonel Hingray avec la Xe. Ils couvrent de baïonnettes la place de l'Hôtel de Ville.
Presque au même moment, les légions de la garde
nationale débouchent de toutes les rues aboutissant
aux quais. En quelques instants, cette immense colonne est coupée de toutes parts. Ceux qui la com-
posent hésitent d'abord, et se sentant dans l'impos-
sibilité de se mouvoir, se retirent isolément. L'accord
et le dévouement des chefs, l'habile précision de la
manœuvre, l'intelligente rapidité des citoyens venaient, sans coup férir, de sauver la France du fléau
d'une épouvantable anarchie.

La garde nationale, au nombre de plus de cent
mille hommes, défila jusqu'à onze heures du soir aux
cris de vive le Gouvernement provisoire, à bas les
Communistes !

XXVI. — Pour effacer les traces de ce désordre et
frapper l'esprit du peuple, le Gouvernement provisoire fixa le jour de la fête de la distribution des drapeaux à la garde nationale et à l'armée, et voulut en
faire l'occasion d'une imposante manifestation militaire. Au jour fixé, le 20 avril, le Gouvernement provisoire et les ministres prirent place dès le matin sur
une estrade adossée à l'arc de triomphe des Champs-

Élysées, au bruit d'une salve de vingt et un coups de canon. Des détachements de l'armée, la garde mobile et la garde nationale, dont plusieurs légions ne comptaient pas moins de trente mille hommes, remplissaient l'avenue des Champs-Élysées, la place de la Concorde, les boulevards et les quais.

Les colonels des légions de la garde nationale et des régiments de l'armée, les chefs de bataillon de la garde mobile, accompagnés de leurs porte-drapeaux, étaient rangés près du Gouvernement provisoire. Arago, ministre de la guerre, se lève, et d'une voix énergique, prononce l'allocution suivante : « Colonels, le Gouvernement provisoire va confier ces drapeaux à votre honneur et à l'honneur des citoyens et soldats que vous commandez. Que ces couleurs républicaines, dont l'histoire consacre les glorieux souvenirs, rappellent partout à vos yeux l'image vivante de la France libre et régénérée ! que vos cœurs se pénètrent de la sainte devise de la République devenue désormais l'immortelle foi de la patrie ! Si cette patrie avait besoin de vos bras, que ce drapeau serve de guide à votre courage ! qu'il soit, au sein de la paix, un symbole de discipline et d'ordre, un signe de ralliement pour la défense de ces grands principes que la révolution a proclamés, que la République vivifiera. Citoyens, soldats, soldats citoyens, tous enfants du peuple, également chers au peuple, portez avec orgueil cet emblème de la force et de la grandeur du peuple armé. Il est, pour la République, un gage d'union et de puissance, pour tous les peuples libres une garantie d'alliance et d'amitié, pour les peuples

qui sont opprimés, une espérance d'affranchissement. Colonels, au nom de la République, nous
prenons à témoin Dieu et les hommes que vous
jurez fidélité à son drapeau. » Les colonels répondent, en levant leurs épées : « Nous le jurons! »
A dix heures du matin, le défilé commença. Le canon
tonnait de cinq en cinq minutes. Les chants patriotiques retentissaient. La garde mobile, complète-
ment équipée, fut remarquée et applaudie pour sa
belle tenue et la régularité de ses mouvements. Près
de quatre cent mille hommes défilèrent ainsi devant
le Gouvernement provisoire. La cavalerie passa au
trot, la dernière, à onze heures, aux flambeaux; l'il-
lumination se propagea. Toute la ville, rassurée à la
vue des soldats, fut bientôt toute resplendissante de
joie et de lumières. On appela cette belle journée la
Fête de la Fraternité.

LIVRE IV.

—

I. — Les hommes, voués au travail, ont le droit de s'en approprier les fruits ; de là le droit de propriété, aussi ancien que le monde. Doués de facultés différentes, ils apportent au travail et à la conservation ou l'emploi de ses fruits, des aptitudes diverses ; de là vient l'inégalité dans la possession. Il ne peut y avoir, dans une société libre où règne l'égalité civile, d'autre inégalité que celle-là. Elle est inévitable, elle est inhérente à la nature de l'homme puisqu'elle dérive de ses besoins et de sa liberté. Il en résulte qu'il y aura toujours inégalité de richesse dans le monde, tant que les hommes différeront par les caractères, les intelligences, les goûts, les mœurs, tant qu'il y aura parmi eux des vices et des vertus.

Cette inégalité de possession des fruits du travail

est aussi variée dans la société que le sont les aptitudes de ses membres. Les uns vivent du revenu d'un
capital accumulé par le travail ou du revenu du capital et du travail, d'autres du simple produit d'un
travail journalier. Dans les temps calmes, ceux-là
sont dans l'abondance, ceux-ci se procurent une mo-
deste aisance, quelquefois aussi ils ont à peine le nécessaire. Dans les temps de trouble et de chômage,
les premiers peuvent éprouver une gêne, mais les
derniers manquent de tout.

S'il s'est rencontré des hommes assez pervers pour
tromper les malheureux et prolonger des souffrances, dont ils se faisaient un moyen d'influence, il
s'est trouvé des gens de cœur pour chercher des remèdes, étudier les moyens d'améliorer la condition
du pauvre et réparer, autant qu'on le peut, ce que
cette inégale répartition semble porter d'injustice
apparente avec elle.

II. — Inspirés par un amour sincère de l'humanité, les uns ont pensé qu'il y avait toujours eu et
qu'il y aurait toujours, dans la société, des misères
incurables que les efforts secourables de la charité
et de l'assistance publique seules pouvaient adoucir.
D'autres ont cru que la proclamation d'une fraternité politique, la chimère d'un sentiment imposé par
la loi, ferait plus que les sentiments naturels du
cœur humain. Comment croire qu'une règle de la loi
serait plus forte que les attaches de la nature, et que
la force du droit contraindrait de s'aimer ceux que
les liens du sang ne parviennent pas toujours à tenir

unis? La bonté ne se décrète pas. Enfin, de hardis novateurs imaginèrent des systèmes ou tentèrent de rajeunir et de remettre en circulation des inventions déjà usées depuis des siècles par la pratique, par la discussion et l'examen. Mais, chose bien dangereuse, ils produisirent publiquement ces rêveries dans un temps de détresse générale; ils se sont persuadé, ou bien ils ont voulu faire croire que le changement politique survenu en février était une révolution sociale.

III. — Bien avant la révolution de Février, à mesure que s'étaient développées les conséquences de la liberté du travail, le phénomène inattendu de l'augmentation de la misère des populations ouvrières des grandes villes, se produisant au milieu de la croissance manifeste de l'aisance générale, était devenu le sujet des méditations de tous les amis de l'humanité. Les économistes, les corps savants cherchaient une solution. Partout on étudiait les moyens d'arrêter le paupérisme et la misère. Je ne parle pas de la misère volontaire; de celle qu'engendre le vice; la misère du paresseux, du débauché, de l'ivrogne, du joueur et du prodigue, suite inévitable des passions mal gouvernées; cette misère-là dépend de l'individu et n'est que la conséquence de l'abus de sa liberté morale; il n'y a que deux remèdes pour les infortunés qu'elle affecte : le conseil pour les rendre meilleurs, et la peine s'ils deviennent pires.

Il s'agit de la misère vraiment digne d'intérêt, de celle qui ne vient pas des vices de l'homme, mais des causes de perturbations si fréquentes qui l'assiègent. Pour celle-là, une société chrétienne lui doit un secours efficace et réel. La philanthropie a beaucoup fait sans doute. On a créé les crèches, les salles d'asile pour l'enfance, les sociétés de secours mutuels pour les hommes, les caisses d'épargne et de retraite, les secours à domicile et les hôpitaux. Voilà pour les besoins matériels; les écoles de filles et de garçons, les cours d'adultes, voilà pour les besoins intellectuels et moraux. La religion surtout a multiplié ses pieuses fondations de bienfaisance, et l'élite de la population l'a secondée avec un zèle inépuisable; les familles les plus distinguées se sont vouées, sous ses auspices, au soulagement de misères dont il n'était pas en leur pouvoir de faire cesser les causes. Toutefois, l'expérience en démontrant l'utilité des remèdes employés, a mis leur insuffisance au grand jour.

IV. — Que faisaient cependant les réformateurs sociaux? Voyant que les recherches des économistes étaient sincères, que les discours étaient beaux, mais les résultats presque nuls, ils se mettent à l'œuvre, récherchent et signalent tous les abus. Il n'était pas malaisé d'en trouver. Et voulant remédier à une calamité réelle, ils en créent mille. Pour détruire la cause du mal, ils suppriment la société tout entière et constituent à sa place, chacun à sa guise, des associations de toute sorte. Les efforts de ces novateurs ont porté dans le vide. La société française veut se perfectionner par le progrès raisonné, mais elle ne se précipitera pas dans l'abîme à leur suite. Puis, les réformateurs en-

trèrent en concurrence, s'attaquèrent école contre
école, se réfutèrent, se firent une guerre mortelle.
Ils prouvèrent, par leurs écrits contradictoires, que
leurs plans de rénovation sociale étaient absurdes,
immoraux, impossibles : c'est le seul point sur lequel
ils furent tous d'accord.

Il n'est pas surprenant qu'une cause aussi chère
ait été soutenue avec tant d'ardeur. Ce qu'on reproche
à ses défenseurs, quand ils sont de bonne foi, ce n'est
pas leur amour, c'est d'avoir compromis, par un zèle
trop ardent, les intérêts du pauvre, qu'ils voulaient
sauver, et d'avoir perdu par leurs violences les clients
qu'ils avaient à défendre.

V. — Tous les réformateurs procèdent par l'association. Comme s'il était nécessaire de détruire la société
pour associer les hommes. Tous ont reconnu cette
vérité, que le travail agricole devait être l'objet d'une
prédilection marquée. En cela, ils ont raison. Il faut,
par tous les moyens dont la société dispose, il faut
ramener dans les campagnes la population surabon-
dante des villes. Sans doute, la science peut régler le
cours d'un fleuve, mais elle ne change pas avec autant
de facilité les dispositions du flot des populations.
Malgré tout, l'un des moyens les plus efficaces de la
solution du problème est là; et le Gouvernement qui
par des institutions agricoles destinées à maintenir
chez lui l'habitant des campagnes, combinées avec
des mesures sérieuses, dont l'effet serait de rappeler
aux travaux rustiques les ouvriers qui les ont imprudemment abandonnés, ferait plus pour l'extinction

du paupérisme et la sécurité de la société, que tout ce qui a été tenté ou conseillé jusqu'à ce jour. Pendant que nos villes surabondent, que dans quelques contrées nos campagnes se vident, et que dans certains villages les maisons ne trouvent plus de locataires, l'industrieuse Belgique nous envoie ses ouvriers pour travailler dans nos fermes et peupler nos campagnes.

VI. —Il n'en faut pas douter, ces questions seraient plus près de leur solution si la révolution ne s'en était pas mêlée, si l'on n'avait pas fait d'une simple question économique une machine de guerre; la mesure et la modération seules peuvent assurer le succès que toute violence éloigne. Les théories malfaisantes, enfermées jusque-là dans des livres qu'on ne lisait pas, firent, à cette époque, irruption par le journalisme et par la périlleuse publicité des clubs. Les réformateurs se disputèrent la place, quoique profondément divisés entre eux; ils se dressèrent tous ensemble pour démolir l'édifice qu'ils croyaient avoir ébranlé par trente ans d'attaques; croyant qu'on pouvait refaire de fond en comble une société œuvre des siècles, comme, en un tour de main, on avait changé la constitution politique de l'État, ils réunirent leurs efforts, ils crurent la victoire facile et coururent tous à l'assaut. Ils n'avaient pas calculé la force de résistance qu'une si grande cause donne à ceux qui la défendent. Ils perdirent tout, pour avoir trop osé.

VII. — A Paris, la population ouvrière si intelligente n'a pas accordé grande attention aux immoralités, aux aspirations communistes d'Owen, de Saint-Simon, de Fourier, de Cabet, et ne s'est pas préoccupée du phalanstère ou de l'imaginaire Icarie, de ces prétentieuses et coupables théories qui supprimaient d'un seul coup la famille et la propriété en rendant la femme, les enfants, tous les biens communs à tous; elle n'a certes pas compris les ténébreux écrits de l'auteur de la triade dont la téméraire imprudence aboutit également à la suppression de tout ce que respecte et honore l'humanité. Mais l'erreur exerce plus d'empire sur les esprits mal réglés, que la vérité sur les esprits droits. Si les moyens n'étaient pas bien compris, les généralités de l'attaque ne déplaisaient pas; ce que les pauvres gens désirent, ils le croient facilement : on comprenait qu'il s'agissait de régler le travail sur de nouvelles bases qu'on supposait plus favorables; de frapper, de remplacer le capital et d'offrir à l'ouvrier le moyen de l'obtenir et même de s'en passer tout à fait.

Dans une ville si peuplée, il existe un nombre immense d'hommes avides de nouveautés et du merveilleux, cette foule suit volontiers ce qui l'étonne et s'y attache jusqu'à l'exaltation; des fanatiques voulurent bientôt faire passer dans les faits ce qui n'était que dans les nuages. Le Gouvernement provisoire manquait de force : ne pouvant empêcher, il laissait dire, promettant, accordant ce qui ne lui paraissait pas impossible, ajournant ce qui l'inquiétait le plus, et léguant ainsi aux pouvoirs réguliers qui le remplaceraient les difficultés et les tempêtes.

VIII. — Le plus éloquent et l'un des plus radicaux réformateurs de cette époque, ce fut Louis Blanc. Publiciste distingué, il avait écrit l'histoire et serait demeuré un homme admiré s'il eût connu la règle, s'il n'eût pas mis son génie au service des passions systématiques d'un tribun et mêlé à ses remarquables écrits des théories qui firent de lui un sectaire. Le Gouvernement provisoire en l'admettant dans ses conseils, fournit aux ennemis de la République leurs plus irrésistibles moyens d'attaque. Louis Blanc fit plus de mal au gouvernement naissant par ses discours pacifiques que d'autres par les armes et par la violence. Dévoué aux classes souffrantes, son ambition réfléchissait sur elles, et ce ne fut pas à son profit : s'il a été dupe d'un rêve, il en fut aussi la victime.

Frappé des maux qui affligent l'ouvrier, Louis Blanc en étudie les causes, attaque le principe de la concurrence. Le remède qu'il propose, c'est l'organisation du travail par l'association fraternelle des travailleurs. Il compose, dans ses livres, l'atelier social agricole, l'atelier social industriel et l'atelier d'échange de vente et d'achat. Craignant que l'inégalité des salaires n'engendre l'envie ou la haine, il établit l'égalité des salaires et proclame que le devoir est en proportion des aptitudes et des forces, et le droit en proportion des besoins. Sa règle n'est pas : à chacun selon ses capacités, mais à chacun selon ses besoins. « Le mouvement est donné, il est irrésistible, dit-il, le régime de la concurrence, de l'antagonisme, c'est-à-dire de l'anarchie et de la haine, du désordre et de la guerre, abdique au sein des misères qu'il a produites. »

IX. — L'État, suivant lui, devait arrêter ou diminuer les désastres de l'industrie privée, acheter les usines, créer de nouveaux centres de travail où toute la portion déclassée, inoccupée et nécessiteuse pût être admise immédiatement et trouver bien-être, sécurité, dignité, liberté. Pour répondre à ces besoins, il proposait le rachat des chemins de fer, des canaux, des mines, afin qu'on les transformât aussitôt en ateliers sociaux ou chantiers de la République. Il proposait des entrepôts, des bazars destinés à régulariser les échanges, à introduire la vérité et la sincérité dans les transactions, à simplifier les rouages, à réduire les frais de commerce, à fonder sur de nouvelles bases le crédit industriel, à généraliser l'usage du papier-monnaie. L'État devait assurer les ressources financières de tous les établissements et décréter un ensemble d'institutions ou de combinaisons économiques qui répondissent aux exigences de la situation. Il proposait en conséquence de transformer le système des banques et des assurances en institutions nationales ; d'affecter au budget spécial de l'organisation du travail, tous les bénéfices que l'État retirerait de la création des entrepôts et bazars. Il déclarait qu'il élaborait d'autres conceptions pratiques, notamment celle d'un impôt unique pour compléter, disait-il, cet ensemble de mesures destinées à servir de transition entre l'ancien ordre et l'ordre nouveau.

X. — Il est inutile de discuter ces imaginations déjà réfutées tant de fois, d'une société de trente-six millions d'âmes arrêtant toute son activité, opérant l'abandon volontaire ou forcé de tous ses droits individuels, faisant le sacrifice de sa liberté, d'une liberté qui a coûté tant de sang et tant de travaux, changeant toutes ses conditions d'existence, et pourquoi faire? pour établir ces ateliers fraternels où chacun ne travaillerait plus que par raison, par amour pour ses frères ! Imagine-t-on une société dans laquelle les besoins de l'homme deviendraient la mesure de ses droits? quel régime ! Comprend-on l'État français chargé de tout, comptable de tout, responsable de tout ? l'État rachetant les chemins de fer, les canaux, les mines, les usines, et avec l'argent de qui ? Comprend-on l'État se faisant manufacturier, cultivateur, fabricant, marchand et trafiquant de toutes choses, exerçant l'immense monopole de toute la production? Mais l'État, cet être moral dans lequel se résument tous les droits et intérêts généraux de la nation, l'État n'a pas de capital, il n'a pas d'autre argent que le nôtre, pas d'autre crédit que le nôtre ; l'État, si une faction avait pu, dans un jour de démence, décréter ces erreurs, l'État n'eût été qu'une ruine et la France se fût perdue dans la famine et dans une guerre sociale sans fin !

Quoi qu'il en soit, tout cela était professé hautement dans la tribune officielle du Luxembourg avec insertion au *Moniteur,* et se répétait dans les clubs et les journaux. Tout cela était applaudi, était cru avec autant de bonne foi que le professeur en mettait à le dire. Les ouvriers qui écoutaient, fanatisés par ces erreurs, dont ils n'apercevaient que le côté séduisant, et dont ils ne comprenaient pas les impossibilités, voulaient aider à la liquidation de la vieille société, et pour faciliter la venue de l'ordre nouveau, abandonnaient leurs ateliers et se rendaient aux ateliers nationaux.

XI. — Un homme parut encore dans ce temps. C'est un de ces rêveurs solitaires que les révolutions mettent en évidence. Proudhon discuta, renversa avec une verve incomparable et couvrit de ridicule les théories des réformateurs et surtout celles de Louis Blanc. Il alla plus loin; véritable génie de la destruction, il attaqua tout, frappa et brisa autour de lui, depuis les partisans de l'organisation du travail jusqu'aux républicains politiques, jetant sur les mêmes ruines, communistes et socialistes. Il prouva sans peine que tous ces systèmes étaient désorganisateurs et conduisaient à la misère générale; il les qualifiait de « ramas impurs de turpitudes et d'immoralités; propres seulement à faire des dupes et des escrocs. » Il déclara toutefois qu'il voulait tout changer; que, seul, il se mettait en opposition avec les principes qui avaient prévalu depuis l'origine des sociétés et n'avait d'autre appui que la raison. Jamais, en aucun temps, l'audace d'aucun écrivain n'a tant osé : « Mon système, dit-il, est réfractaire à toute autorité divine et humaine! »

Il change toutes les bases de la société, en crée une nouvelle; substitue le régime économique ou industriel à ce qu'il appelle le régime gouvernemental féodal et militaire ; remplace la hiérarchie des pouvoirs politiques, par l'organisation des forces économiques. Il appelle forces économiques, l'ensemble des moyens nécessaires pour faire un travail parfait, de quelque nature qu'il soit et à un prix inférieur à celui fixé par le commerce actuel. Il liquide l'ancienne société. Adversaire déclaré et violent de Louis Blanc, qui prétendait supprimer la concurrence, source de l'émulation, aiguillon du travail, il se base sur la concurrence et sur la liberté du travail. Personne n'a jamais porté aussi loin l'orgueil du paradoxe et de la négation : Il nie le droit de propriété, il nie les sentiments honnêtes du cœur humain, il nie Dieu ! Je me garderai bien de transcrire, dans un livre sérieux et pacifique, des opinions homicides qui doivent se perdre dans l'oubli et dans l'ombre, pour n'en plus sortir.

XII. — Le jour des élections à l'Assemblée constituante approchait. La France entière se préparait à ce grand acte. Les mauvaises doctrines depuis longtemps ne se cachaient plus ; elles s'étalaient au grand jour. Les clubs prirent alors une importance immense. Transformés en comités électoraux, ils retentissaient de discours. On entendait, on interrogeait les candidats. Des orateurs enseignaient à la foule de prétendus droits ; des devoirs, jamais. Les questions les plus excentriques, subversives de tout ordre politique et social, étaient posées et toujours résolues au gré des auditeurs. On plaçait volontiers le droit des foules au-dessus du droit de l'Assemblée. Le peuple n'était-il pas souverain, et les membres de l'Assemblée, ses délégués? Si l'Assemblée n'agit pas au gré du peuple de Paris, l'insurrection est un devoir sacré, on chassera l'assemblée. Dans ces réunions, quelques hommes, d'une rare énergie, soutinrent avec courage les droits de l'assemblée, aimant mieux s'exposer aux reproches de leurs partisans, qu'à ceux de leur conscience.

XIII. — La société des Droits de l'homme publia son manifeste à l'adresse de la partie éclairée de la population; il se terminait par ces mots significatifs : « Ralliez-vous donc, car vous avez besoin du pardon de ceux que vous avez trop longtemps sacrifiés. Si, maintenant, malgré cette promesse de pardon, vous persistez à vous isoler, pour défendre l'ancienne forme sociale, vous trouverez à l'avant-garde, au jour de la lutte, nos sections organisées, et, ce ne sera plus de pardon que vos frères vous parleront, mais de justice. » Cet écrit était signé par Villain, Napoléon Lebon, Huber, Chippron et Barbès.

XIV. — Un décret du Gouvernement provisoire avait dit : « La pleine liberté de discussion est un élément indispensable de toute élection sincère. La prochaine convocation des assemblées électorales, exige l'expression libre de toutes les opinions, de tous les sentiments, de toutes les idées. » Ainsi encouragés, les journaux et écrits périodiques, exempts de timbre, pullulaient sur la voie publique; les murs de Paris se couvraient de propositions, de projets, d'appels

au peuple, de professions de foi, de promesses aux
électeurs ; on indiquait des moyens heureux et in-
faillibles d'abolir la misère et d'enrichir tout le
monde. Le journal et l'affiche vous arrêtaient dans
la rue et vous parlaient des idées nouvelles, des projets financiers, de conceptions de toute sorte : organisation du travail, association du travail, association du travail et du capital, système Louis Blanc,
systèmes de tant d'autres ; organisation de la société
nouvelle, de la famille républicaine ; moyens de rendre la France riche en huit jours, la vie à bon marché, réformes pour tous, théories de bonheur. Le
gouvernement laissait tout dire, tout écrire, tout
faire : on appelait cela la liberté.

XV. —Les départements, sans être calmes, étaient
moins troublés ; on y sentait la protection de l'autorité. Mais les nouvelles de Paris inquiétaient et ré-
pandaient l'effroi : la presse rapportait tout et l'exa-
gérait. On s'étonnait de cette effervescence, de tous
ces systèmes produits ; on s'effrayait de ces efforts
imprudents qui rendaient plus malheureux encore
ceux dont on se vantait d'améliorer l'état. Eh quoi!
disait-on, ils veulent la république et ne sauraient
pas faire le sacrifice d'un plaisir ou d'un intérêt ; au
lieu d'élever les esprits aux notions du devoir, de la
morale et de la paix publique, ils exaltent les passions, les instincts individuels et les appétits, et ne
parlent que d'aisance et de bien-être. La république
n'est pas faite pour flatter les appétits, elle est le
règne du dévouement, de l'abnégation, du sacri-

fice : tout pour le bien général, rien pour soi. La monarchie, lorsque tous les soucis du pouvoir portent sur un seul, la monarchie peut leur assurer le bien-être. La république, s'ils savent être citoyens, ne leur donnera que la vertu !

XVI. — Au moment des élections, il se passa un fait qui devait réagir contre la république. Carnot, ministre de l'instruction publique, avait adressé aux agents de son administration et aux instituteurs communaux une circulaire dans laquelle il disait « que la plus grande erreur contre laquelle il fallait prémunir la population de nos campagnes, c'était que pour être représentant à l'Assemblée nationale, il fût nécessaire d'avoir de l'éducation ou de la fortune. » On trouva bien étrange que le ministre de l'instruction publique lui-même, le représentant officiel de la France lettrée, parût prôner le règne de l'ignorance. Que deviendrait l'Assemblée si les masses populaires se concertaient dans le but commun de ne la composer que d'hommes illettrés ? On pouvait fermer les écoles, qui font la gloire de notre pays, si la science est prise en défaveur, et si l'ignorance devient un titre à la confiance publique. Que deviendra la France lorsque ses législateurs seront précisément les moins instruits du pays ? Il y en avait aussi qui critiquaient cette sage mesure du suffrage universel encore mal organisé, où les votes se comptent et ne se pèsent pas.

XVII. — Les élections ne se firent pas à Rouen

sans une grave émeute. Dans les clubs de cette ville, une liste de candidats avait été dressée. Elle portait dix noms d'ouvriers sur dix-neuf. La liste opposée ne portait que des noms appartenant à des hommes d'un patriotisme éprouvé. Cette dernière liste avait triomphé. On avait dit aux ouvriers de la ville : si votre liste réussit vous serez heureux; au cas contraire, vous êtes perdus. Ces malheureux, cédant trop facilement aux excitations qui les poussent, se rendent en force sur la place de l'Hôtel de Ville, outragent la garde nationale, lui lancent des pierres, et désarment les gardes nationaux qui rentraient isolément. Dans ces luttes, un garde national est grièvement blessé, un ouvrier est tué. Alors la foule se répand dans les rues en criant : « on massacre nos frères. » Des barricades sont élevées, les insurgés entrent dans les maisons pour y trouver des armes. La générale est battue dans la ville, la garde nationale et la troupe marchent contre les barricades; des sommations furent faites. Le général Gérard s'avance pour essayer d'obtenir par la douceur et le conseil ce que la force peut lui assurer. Tout fut inutile. La lutte s'engage. Trente-sept barricades furent emportées le premier jour, quatre le lendemain. Onze combattants furent tués, vingt-trois blessés; sur soixante, seize succombèrent dans les hôpitaux. Tel fut le résultat de ces malheureuses journées, bien fait pour donner des remords aux agitateurs de la population ouvrière, s'ils savaient se repentir.

XVIII. — C'est au milieu d'un tel désordre, que s'effectuèrent les élections du 23 avril. C'était le jour de Pâques, jour de bon augure, que s'était opéré le premier essai du suffrage universel. Le résultat fut satisfaisant pour le Gouvernement provisoire. Le peuple français avait montré plus de bon sens que ceux qui croyaient le mener. Les hommes sages, éclairés, courageux, reprenaient l'avantage. Un grand nombre de commissaires du gouvernement reçurent, par le suffrage de leurs concitoyens, un témoignage non équivoque de leur bonne administration.

On peut dire que le parti modéré, qui pouvait profiter de toutes les fautes des républicains exaltés et de la déconsidération qu'ils avaient attirée déjà sur eux, se montra sage en appelant à l'assemblée une immense majorité de républicains dévoués à l'ordre et décidés à remplir leur mandat avec la fermeté que les gens de bien apportent à tous les actes importants de la vie. Ils s'offrirent avec dévouement à la grande œuvre de la constitution d'un gouvernement encore possible alors malgré tous les excès commis sous son nom.

Sans doute, on a pu trouver, dans certaines professions de foi, l'expression un peu vive d'un zèle trop nouveau pour ne pas paraître suspect aux hommes voués depuis longtemps aux idées les plus avancées; mais n'était-ce point une grande nouveauté que ce gouvernement inattendu? et pourquoi la France, ayant accepté ce régime, se serait-elle privée des indispensables services d'un grand nombre d'éminents esprits versés dans l'étude et la pratique de ses grands intérêts ; pourquoi ceux-ci, qui n'ont jamais ni conspiré ni trahi, n'auraient-ils pas servi leur pays sous cette forme nouvelle comme ces braves soldats qui combattent sous le drapeau de la France, sans trop s'occuper de celui qui la gouverne ? Enfin, on a déjà vu , et cette histoire montrera encore, que ceux qu'on avait crus le plus dévoués à l'ancienne monarchie, ont mieux servi les vrais intérêts de la république, que les républicains de la veille ; elle montrera que la sage modération des amis peu zélés du gouvernement nouveau, a fait moins de tort à la république que les excès et les violences des républicains trop ardents.

XIX.—Lamartine était élu dans dix départements. A Paris il était sorti le premier, sur la liste des trente-quatre, avec 259,800 voix. Dupont de l'Eure, François Arago, Garnier Pagès, Armand Marrast, Marie, Crémieux venaient ensuite ; puis Carnot, Bethmont, les généraux Cavaignac et Duvivier, Pagnerre, Buchez et Caussidière. Albert venait le 21e, Ledru Rollin le 24e, Louis Blanc le 27e, Flocon, Corbon et Peupin, deux ouvriers, venaient les 19e et 23e. Les chefs socialistes n'étaient pas nommés ; toutefois, Barbès avait obtenu 64,065 voix, Raspail 52,095, Pierre Leroux 47,284, Cabet 20,616, Sobrier 20,403.

Le général Cavaignac, gouverneur général de l'Algérie, fut autorisé à se rendre à Paris. Le général Changarnier, investi de ce commandement à sa place, partit pour l'Afrique.

XX. — La veille du jour fixé pour la réunion de l'assemblée, le Gouvernement provisoire adressa ses adieux à la population de Paris en ces termes : « Demain, s'ouvrira l'assemblée nationale; demain, le Gouvernement provisoire va remettre aux mains des représentants du peuple le pouvoir que l'acclamation du peuple lui avait confié. En déposant nos fonctions, nous voulons vous adresser nos remercîments pour le concours si dévoué que nous a donné votre patriotisme. Nous voulons vous dire pour adieux quelques paroles d'union et de concorde. Vous avez présenté au monde dans ces temps difficiles un grand et beau spectacle! Dans cette immense cité, la paix publique au milieu de la liberté la plus illimitée, le respect constant pour l'autorité du peuple dans la personne des citoyens que le peuple avait proclamés pour ainsi dire sur les barricades, au jour de la grande Révolution! Soyez unis devant l'Assemblée nationale. Notre république vivra par la concorde, par la fraternité. Point de réaction, point de violence; le calme de la force, la majesté de la république! La royauté est à jamais vaincue; plus de priviléges, l'égalité; plus de place aux divisions, la fraternité. Peuple, le Gouvernement de la république est le Gouvernement de tous, entourons-le de notre amour; formons un faisceau de toutes nos volontés. Que le drapeau de la république s'élève pur et glorieux, symbole de concorde pour nous, d'espérance pour tous les peuples. »

XXI. — Le 4 mai, l'Assemblée constituante se

réunit. Audry de Puyraveau, doyen d'âge, présidait. Dupont de l'Eure, au nom du Gouvernement provisoire, prononça le discours suivant : « Citoyens représentants du peuple, le Gouvernement provisoire de la république vient s'incliner devant la nation et rendre un hommage éclatant au pouvoir suprême dont vous êtes investis. Elus du peuple! soyez les bienvenus dans la grande capitale, où votre présence fait naître un sentiment de bonheur et d'espérance qui ne sera pas trompé. Dépositaires de la souveraineté nationale, vous allez fonder nos institutions nouvelles sur les larges bases de la démocratie et donner à la France la seule constitution qui puisse lui convenir : une Constitution républicaine.

» Mais après avoir proclamé la grande loi politique qui va constituer définitivement le pays, comme nous, citoyens représentants, vous vous occuperez de régler l'action possible et efficace dans les rapports que la nécessité du travail établit entre tous les citoyens et qui doivent avoir pour bases les lois de la justice et de la fraternité.

» Enfin, le moment est arrivé, pour le Gouvernement provisoire, de déposer entre vos mains le pouvoir illimité dont la révolution l'avait investi. Vous savez si, pour nous, cette dictature a été autre chose qu'une puissance morale au milieu des circonstances difficiles que nous avons traversées.

» Fidèles à notre origine et à nos convictions personnelles, nous n'avons pas hésité à proclamer la république naissante de Février. Aujourd'hui, nous inaugurons les travaux de l'Assemblée nationale à ce cri qui doit toujours la rallier : *Vive la République !* »

XXII. — Les représentants du département de la Seine proposèrent à l'assemblée nationale, à l'unanimité, la déclaration suivante : « L'assemblée nationale, fidèle interprète des sentiments du peuple qui vient de la nommer, avant de commencer ses travaux, déclare :

« Au nom du peuple français et à la face du monde entier, que la république proclamée le 24 février 1848 est et restera la forme du Gouvernement de la France. La république que veut la France a pour devise : *Liberté, Egalité, Fraternité*. Au nom de la patrie, l'Assemblée conjure tous les Français de toutes les opinions, d'oublier d'anciens dissentiments, de ne plus former qu'une seule famille. Le jour qui réunit les représentants du peuple est, pour tous les citoyens, la fête de la concorde et de la fraternité. Vive la république ! »

Les membres de l'assemblée nationale sortirent ensuite sur le péristyle du palais, et là, en présence de la garde nationale, des troupes et d'une grande foule, Audry de Puyraveau proclama de nouveau la république aux acclamations du peuple et des soldats.

XXIII. — L'assemblée nationale reprit la séance, et le représentant Trélat s'exprima ainsi : « Le plus éclatant témoignage en faveur de la république, dit-il, c'est que de ceux-là même qui protestaient encore, il y a deux mois, contre la république, il n'y en a pas un qui proteste aujourd'hui ; c'est que leurs vœux sont unanimes, et que s'il est ici quelques citoyens qui, dans la sincérité de leur conscience, aient proposé à la nation une autre forme de Gouvernement il y a deux mois, aujourd'hui il n'y a qu'un seul cri, qu'une seule parole, qu'un seul hommage, qu'un seul sentiment au fond de tous les cœurs pour cette république éclairée, préparée, grandie et tellement universalisée qu'elle est partout reconnue, que, comme on l'a dit depuis longtemps en de nobles paroles : la république est comme le soleil ; aveugle, qui ne la verrait pas ! » Des cris répétés de : Vive la république ! éclatent de toutes parts. Ainsi finit la première journée de l'Assemblée.

XXIV. — Le lendemain, l'Assemblée nationale constitua son bureau définitif. Buchez fut élu président ; Recurt, Cavaignac, Corbon, Guinard, Cormenin, Senart, vice-présidents. Elle procéda ensuite à la vérification des pouvoirs. Le Gouvernement provisoire et chacun des ministres rendirent le compte moral de leur administration. Lamartine, au nom du président du Gouvernement provisoire, rendit compte des principaux actes de la révolution. Le trône renversé, la dynastie s'écroulant d'elle-même, le Gouvernement n'avait pas proclamé la république, elle s'était proclamée elle-même par la bouche de tout un peuple, le Gouvernement n'avait fait qu'écrire le cri de la nation. Il rappela la reconnaissance de la république dans les départements, dans les colonies, dans l'Algérie, dans l'armée, le rétablis-

sement de l'ordre et de la sécurité, la chute du drapeau rouge, symbole de menaces et de désordre, l'a-
bolition de la peine de mort en matière politique, la
déclaration faite à l'Europe, que la France considérait comme nuls en fait et en droit les traités de
1815; la formation des quatre armées d'observation,
les épurations destinées à séparer la justice de la politique ; il annonça que la révolution devait organiser
au profit du peuple une série d'institutions frater-
nelles et tutélaires, propres à conférer régulièrement
à tous les conditions de dignité individuelle, d'instruction, de lumière, de salaire, de moralité, d'éléments de travail, d'aisance, de secours et d'avéne-
ment à la propriété qui supprimassent le nom ser-
vile de prolétaire, et qui élevassent le travailleur à la
hauteur de droit, de devoir et de bien-être des pre-
miers-nés à la propriété. Ils ont fondé la république,
ce Gouvernement déclaré impossible en France à
d'autres conditions que la guerre étrangère, la
guerre civile, l'anarchie, les prisons et l'échafaud ;
ils ont montré la république heureusement compa-
tible avec la paix européenne, avec la sécurité intérieure, avec l'ordre volontaire, avec la liberté individuelle, avec la douceur et la sérénité des mœurs
d'une nation pour qui la haine est un supplice, et
pour qui l'harmonie est un instinct national. Ils ont
armé le peuple tout entier dans la garde nationale,
et le peuple tout entier a répondu en vouant l'arme
qui lui a été confiée à la défense unanime de la patrie, de l'ordre et des lois.

« Nous remettons avec confiance, à votre jugement,

tous nos actes, dit-il en terminant, nous vous prions seulement de vous reporter au temps, et de nous tenir compte des difficultés; notre conscience ne nous reproche rien comme intention; la Providence a favorisé nos efforts. Amnistiez notre dictature involontaire! nous ne demandons qu'à rentrer dans les rangs des bons citoyens.

» Puisse seulement l'histoire écrire avec indulgence au-dessous, et bien loin des grandes choses faites par la France, le récit de ces trois mois passés sur le vide entre une monarchie écroulée et une république à asseoir! et puisse-t-elle, au lieu des noms obscurs et oubliés des hommes qui se sont dévoués au salut commun, inscrire dans ses pages deux noms seulement : le nom du peuple qui a tout sauvé, et le nom de Dieu qui a tout béni, sur les fondements de la république! »

XXV. — Le ministre de la guerre, François Arago, annonça dans son rapport que dans quelques jours l'effectif de l'armée atteindrait le chiffre de cinq cent mille hommes et quatre-vingt-six mille chevaux; que deux cents bataillons de garde nationale pouvaient être mobilisés. L'armée des Alpes était organisée sur un effectif de cinquante mille hommes. Elle occupait les vallées de l'Isère, du Rhône, de la Saône; avec une réserve de douze mille hommes des meilleures troupes de l'armée d'Afrique occupant la vallée de la Durance.

XXVI. — Lamartine, ministre des affaires étrangères, fit son rapport sur la situation de l'Europe. Il expliqua d'abord son état avant le 24 février. Il montra partout la liberté partie de France, étendant son lit sur les nations voisines et prenant son niveau : « Ainsi, dit-il, par le seul fait d'un double principe, le principe démocratique et le principe sympathique, la France extérieure, appuyée d'une main sur le droit des peuples, de l'autre sur le faisceau in-agressif mais imposant de quatre armées d'observa-tion, assiste à l'ébranlement du continent sans am-bition comme sans faiblesse, prête à négocier ou à combattre, à se contenir ou à grandir, selon son droit, selon son honneur, selon la sécurité de ses frontières...

» Nous étions trente-six millions d'hommes isolés sur le continent; aucune pensée européenne ne nous était permise, aucune action collective ne nous était possible, notre système était la com-pression, l'horizon était court, l'air manquait comme la dignité à notre politique. Notre système d'aujourd'hui, c'est le système d'une vérité démo-cratique qui s'élargira aux proportions d'une foi sociale universelle; notre horizon, c'est l'avenir des peuples civilisés; notre air vital c'est le souffle de la liberté dans les poitrines libres de tout l'univers. Trois mois ne sont pas écoulés, et si la démocratie doit avoir la guerre de Trente ans comme le protes-tantisme, au lieu de marcher à la tête de trente-six millions d'hommes, la France, en comptant dans son système d'alliés la Suisse, l'Italie et les peuples éman-cipés de l'Allemagne, marchera à la tête de quatre-vingt-huit millions de confédérés et d'amis. Quelle victoire aurait value à la république une pareille confédération, conquise sans avoir coûté une vie d'homme, et cimentée par la conviction de notre désintéressement. La France, à la chute de la royauté, s'est relevée de son abaissement comme un vaisseau chargé d'un poids étranger se relève aussitôt qu'on l'a soulagé.

» Tel est, citoyens, le tableau exact de notre situation extérieure actuelle. Le bonheur ou la gloire de cette situation sont tout entiers à la république. Nous en acceptons seulement la responsabilité, et nous nous féliciterons toujours d'avoir paru devant la représentation du pays en lui remettant la paix, en lui assurant la grandeur, les mains pleines d'alliances, et pures du sang humain. »

XXVII. — Les représentants du peuple Dornès, Trélat et Jean Raynaud proposèrent à l'assemblée de recevoir le dépôt des pouvoirs extraordinaires conférés au Gouvernement provisoire constitué le 24 février, et de déclarer que ce gouvernement, par la grandeur des services qu'il avait rendus, avait bien mérité de la patrie. Ils proposèrent en même temps, attendu que la souveraineté de l'assemblée devait s'exercer par délégation, jusqu'à la mise en vigueur de la constitution qui devait être décrétée par elle, de confier le pouvoir exécutif à une commission composée de cinq membres.

Cette proposition ne souffrait ni doute ni remise. Cependant une discussion s'éleva, et ce qui, dans ce

moment, passionnait le plus les clubs et les journaux radicaux, devait se faire jour dans le sein
même de l'assemblée nationale. Quelques membres
demandent que la proposition soit renvoyée à l'examen des bureaux. Le représentant Bonjean s'y oppose. « Il y a, dit-il, deux choses dans la proposition. Renvoyez la seconde partie, si vous voulez, à
l'examen des bureaux ; quant à la première, il faut
voter : il n'est pas besoin de réflexion pour savoir si
l'on doit remercier les citoyens qui ont sauvé le
pays. »

XXVIII. — Barbès monte à la tribune : « Avant de
laisser mettre aux voix la proposition qui vous est
faite, dit-il, je crois devoir protester au nom du
peuple contre une foule d'actes faits par ce Gouvernement provisoire. Parmi les membres du Gouvernement provisoire, il y a d'excellents citoyens ; mais
sous l'administration de ce gouvernement il s'est
commis des actes antipopulaires. Nous avons à lui
demander compte des massacres commis à Rouen.
Au nom du peuple, nous avons à lui demander
compte des tueries qui ont été faites à Rouen par
les gardes nationaux contre le peuple. Nous avons à
lui demander compte de l'abandon de nos frères
Allemands, Polonais, Italiens, Belges. Nous avons à
lui demander compte de l'abandon de la mission de
la France vis-à-vis de l'Europe. Quand toutes ces
questions auront été vidées, nous pourrons alors
voter les remercîments. »

Senart, représentant nommé dans la Seine-inférieure, l'un des principaux et des meilleurs citoyens de la ville de Rouen, raconta les événements qui y avaient eu lieu ; et l'assemblée déclara que le Gouvernement provisoire avait bien mérité de la patrie.

LIVRE V.

—

I. — La première condition de tout pouvoir, c'est
la force. Il n'y a pas de force sans unité d'action.
Tout pouvoir collectif est faible. L'Assemblée nationale ne l'ignorait pas lorsqu'elle décréta, le 9 mai,
que le pouvoir exécutif était confié à une commission de cinq membres, et qu'elle élut, pour la
composer : François Arago, Garnier Pagès, Marie,
Lamartine et Ledru-Rollin ; mais elle cédait, en nommant les quatre premiers, à une sympathie, et le
dernier, à une concession. La commission exécutive, ainsi formée, devait choisir les ministres hors
de son sein. Elle composa ainsi le ministère : Recurt, à l'intérieur ; Crémieux, à la justice ; le général
Cavaignac, à la guerre ; l'amiral Cazy, à la marine ;
Bastide, aux affaires étrangères ; Trélat, aux travaux

publics; Duclerc, aux finances; Flocon, à l'agriculture et au commerce; Bethmont, aux cultes. Caussidière fut conservé à la préfecture de police.

L'Assemblée réservait à son président une part d'autorité, au dehors; il était chargé du soin de veiller à sa sûreté intérieure et extérieure. A cet effet, un décret lui donna le droit de requérir la force armée et toutes les autorités dont il jugerait le concours nécessaire. Un gouvernement régulier se trouvait désormais constitué et pouvait faire face à tous les dangers.

II. — Louis Blanc demanda la création d'un ministère du travail et du progrès. Il développa sa proposition à la séance du 10 mai : C'est une chose nécessaire et pressante, parce que la situation est terrible. Il a vu de près cette situation; des entrepreneurs ne pouvant pas faire vivre leurs ouvriers, ne pouvant pas employer leur matériel et réclamant à grands cris l'intervention de l'État. Des femmes, au nombre de plusieurs milliers, se partageant, dans la cour du Luxembourg, le pain de l'aumône, et chaque jour un peuple affamé venant dire non-seulement : nous avons faim, mais nous avons faim dans nos femmes et dans nos enfants. La situation était pressante : du travail, au nom du Ciel, du travail et du pain! Il craint que la société actuelle, si on la laisse descendre la pente, ne marche à un abîme... « Il faut, dit-il, que la lumière descende sur cet état de choses; c'est à vous de la faire descendre, et, par là, vous aurez conquis des droits immenses à la reconnaissance du peuple et de la postérité. Vous aurez conjuré des périls dont souvent on ne comprend bien la portée que lorsqu'on les touche de la main. On disait, avant la révolution de Février : Prenez garde à la révolution du mépris. Eh bien ! c'est à nous à rendre impossible, et cela se peut, la révolution de la faim. »

III. — Le représentant Peupin, simple ouvrier, que ses concitoyens de Paris ont appelé de son atelier à l'Assemblée, monte à la tribune : « Je suis venu ici, dit-il, mandataire des ouvriers, et je m'en honore, uniquement pour défendre leurs droits et leurs intérêts, quand ces droits, ces intérêts me sembleraient compromis. Je viens vous demander de vous occuper du sort des travailleurs et, pour cela, de constituer une commission d'enquête. Mais, comme je ne veux pas me lancer dans l'inconnu, je demande aussi que l'on ne constitue pas un ministère du progrès, parce que je ne connais pas de ministère de la routine. Ce qu'on dit au dehors, ne doit pas nous préoccuper. Ce que demandent les ouvriers, c'est du travail, parce qu'avec du travail ils ont du pain. Mais nous comprenons ; je dis nous, parce que je suis ouvrier, que le travail ne peut renaître qu'avec l'ordre et la confiance. L'ordre a été maintenu, j'en rends grâce à ceux qui ont travaillé à son maintien. La confiance dépend de vous, de nous; selon que l'assemblée fonctionnera, la confiance renaîtra. C'est l'assemblée, je l'ai entendu dire, il y a longtemps, aux ouvriers eux-mêmes, du moment où il a été question de la convoquer, c'est l'assemblée qui est l'espérance de tout le peuple. »

Ces paroles, écoutées avec un grand intérêt, furent accueillies par une faveur marquée. Vainement Barbès proposa-t-il de déclarer que Louis Blanc avait bien mérité de la patrie; le représentant Freslon lui répondit qu'il fallait prendre garde de personnifier la question sociale dans un système. Toute idée devait traverser la conscience de tous, et c'est lorsque l'empreinte non d'un homme, mais de l'humanité ou tout au moins de l'élite des hommes, lui a donné son caractère, que cette idée peut devenir pratique et passer, sans violence et sans effusion de sang, dans les mœurs, dans les habitudes, dans les constitutions... « L'assemblée devra, dit-il, ou elle manquerait à sa mission, donner au problème social toutes les solutions que la justice, que la science de notre temps pourront produire. Mais, entreprendre plus, c'est vouloir marcher dans les ténèbres, et précipiter le monde dans le vide; c'est, sous prétexte de progrès, nous conduire au désordre et à l'anarchie. » Les réponses des représentants Peupin et Freslon, chacune à son point de vue, sont, en peu de mots, la condamnation la plus nette et la plus claire des rêveries socialistes de cette époque.

La proposition de Louis Blanc fut rejetée. Celle de Barbès ne fut pas appuyée, et sur celle de Peupin, l'assemblée nomma une Commission de trente-six membres chargée de procéder immédiatement à une enquête sur la situation des travailleurs industriels

et agricoles, et de proposer les mesures destinées à
améliorer leur état.

IV.—Cependant, les élections n'avaient pas calmé
la violence des clubs. La réunion paisible de l'assemblée avait même augmenté leur irritation. La colère
croissait tous les jours. On regrettait d'avoir laissé
les élections se faire, l'assemblée se réunir, se constituer. Au lieu d'un Gouvernement provisoire si fra-
gile, qu'un souffle pouvait renverser, on avait devant soi l'émanation des volontés de la nation, une
autorité régulière, un pouvoir légal, la majesté de la
patrie. Que faire en face d'une assemblée marquée
du sceau de la sainteté du vœu populaire. L'attaquer,
n'était-ce pas un grand crime. Mais quoi! était-il
au pouvoir de l'assemblée d'empêcher le peuple de
Paris de garder la direction du Gouvernement qu'il
avait fait, d'imprimer sa volonté? Le peuple de Paris
avait versé son sang pour la république, la révolution faite par peuple était faite pour lui, avait-on dit
souvent, c'était à lui de la conduire, de la commander. Telle était la doctrine politique des clubs : l'assemblée y était injuriée, menacée, il fallait la dissoudre et la chasser. Les clubs épiaient l'occasion,
les chefs étaient prêts à la faire naître.

V. — Le jour même de la réunion de l'Assemblée,
dans le club de la Société républicaine centrale,
Blanqui excitait l'exaspération des auditeurs par un
discours d'une incroyable perfidie. Il racontait à sa
manière les événements de Rouen : « La contre-ré-

volution, dit-il, vient de se baigner dans le sang du peuple, justice! justice des assassins. Depuis le 2 mai, la bourgeoisie royaliste de Rouen tramait dans l'ombre une Saint-Barthélemy contre les ouvriers.... C'est une insurrection royaliste qui a triomphé.... Et c'est vous, Gouvernement républicain, qui soutenez ces assassins révoltés!... Est-ce trahison ou lâcheté? Etes-vous des soliveaux ou des complices? On ne s'est pas battu, vous le savez bien, on a égorgé! et vous laissez raconter glorieusement les prouesses des égorgeurs! Serait-ce qu'à vos yeux, comme à ceux des rois, le sang du peuple n'est que de l'eau bonne à laver de temps en temps des rues trop encombrées. Effacez donc, effacez de vos édifices ce détestable mensonge en trois mots que vous venez d'y inscrire : *liberté, égalité, fraternité.* »

VI. — Après ces mots prononcés avec une sombre énergie, il propose une pétition, il demande : la dissolution et le désarmement de la garde bourgeoise de Rouen; l'arrestation et la mise en jugement des généraux et officiers de la garde bourgeoise et de la troupe de ligne qui ont ordonné et dirigé le massacre; l'arrestation et la mise en jugement des soi-disant membres de la cour d'appel, séides nommés par Louis-Philippe qui, agissant au nom et pour le compte de la faction royaliste victorieuse, ont emprisonné les magistrats légitimes de la cité (Lemasson et Durand, commissaires du Gouvernement) et rempli les cachots de républicains; l'éloignement immédiat de Paris des troupes de ligne qu'en ce moment

même, les réacteurs dressent, dans des banquets fratricides, à une Saint-Barthélemy des ouvriers parisiens. Cette pétition fut couverte de signatures.

Ces violences et les projets sinistres qu'elles annonçaient attirèrent l'attention du procureur de la république, qui demanda de suite au Gouvernement
l'autorisation d'arrêter Blanqui. Le Gouvernement
refusa son consentement. Il portait si loin l'amour
de la liberté, qu'il ne voulait même pas la défendre contre le péril de ses propres excès, ne son-
geant pas que plus est grande la liberté et plus doit
être prompte et énergique la répression des écarts
qui la compromettent. Le moyen de conserver une
bonne institution, c'est d'en détruire les abus.

VII. — Les chefs de clubs avaient enfin trouvé un
sujet capable d'enflammer et de soulever le peuple.
Depuis dix-huit ans, le nom seul de la Pologne rap-
pelait à la France les malheurs et l'oppression d'un
peuple ami. Les récits des événements récents de
Cracovie et du grand-duché de Posen passionnaient
les amis de cette nation infortunée. On avait beaucoup parlé en faveur de la Pologne; après tant de discours, l'heure de l'action n'était-elle pas venue? Déjà,
pendant le mois de mars, une députation de réfugiés
polonais avait échoué dans ses démarches auprès du
Gouvernement provisoire. Lamartine était resté fidèle à son programme et n'avait pas voulu promettre
ce que la prudence l'aurait empêché de tenir. Les
Polonais songent à s'adresser à l'assemblée nationale. Ils savent que leur cause compte dans son

sein d'éloquents défenseurs. Des pétitions se signent de tous côtés, et sont remises aux représentants. Les clubs résolurent d'en porter une, eux-mêmes, à la barre de l'assemblée.

Le 13 mai, une première tentative échoua. Une foule nombreuse apportait une pétition en faveur de la Pologne. Un représentant de la Seine, Vavin, marcha au-devant de cette manifestation, harangua les chefs. La supplique lui fut remise et la foule se retira. A la séance, les représentants de Montalembert, Peupin, Ollivier, déposent des pétitions sur le même sujet. Les unes s'en rapportent au patriotisme et à la sagesse de l'assemblée nationale, les autres réclament, de la commission exécutive, une intervention en faveur de l'Italie et de la Pologne à la fois; d'autres veulent obtenir une déclaration solennelle à l'Europe et surtout à l'Allemagne, en faveur de la Pologne. L'assemblée remet au 15 pour entendre les développements.

VIII. — Le mouvement était donné, le prétexte bien choisi. Il s'agissait d'en savoir profiter. Tous les clubs acceptent l'indication du jour fixé par l'assemblée. Sans se concerter entre eux, car plusieurs étaient séparés par de profondes inimitiés, ils suivaient les conseils d'une inspiration commune, d'un instinct général produit en eux par les mêmes causes et le même espoir, et, par une secrète émulation, personne ne voulant permettre à un autre d'avoir plus d'ardeur que lui-même, l'impulsion une fois donnée par un club, aucun ne serait resté en

arrière; au contraire, ils poussèrent les uns les autres
à se devancer tous. L'assemblée devait délibérer le
15 mai. Hé bien! le peuple interviendrait et mani-
festerait ses vœux lui-même à son tour. N'y avait-il
pas des précédents? La république de 1793 avait vu
défiler souvent, au sein de la convention, le peuple
de Paris; ces grandes journées étaient bonnes à
imiter. Vainement l'assemblée nationale avait-elle
décrété, le 12 mai, que les pétitions pouvaient être dé-
posées sur le bureau par un de ses membres et qu'il
était interdit de les apporter en personne à la barre.
Le peuple n'était-il pas souverain? Il pouvait tout.
Qui donc lui contesterait le droit de visiter ses man-
dataires?

Des affiches furent placardées dans Paris et les
faubourgs le 14, appelant le peuple à se réunir le
lendemain sur la place de la Bastille, pour porter
pacifiquement, à l'assemblée nationale, une pétition
en faveur de la Pologne. Les sections armées de la société des Droits de l'homme se déclarent en permanence.

IX. — Le 15 mai, dès le matin, le peuple vint à
l'appel des journaux et des clubs. Une colonne immense se forme, se met en marche, aux cris de : Vive
la Pologne! et portant des bannières. Elle suit la
longue ligne des boulevards et grossit à mesure
qu'elle avance. Chemin faisant, de nouveaux groupes
prennent la tête, de nouveaux cris se font entendre :
Vive l'organisation du travail! Blanqui, Raspail, Huber, Sobrier, avec leurs clubs, sont en avant. L'ar-

mée du crime se recrute, son audace augmente avec le nombre.

Dès la veille, l'autorité s'attendait à ce grand déploiement des masses. Le commandant supérieur de la garde nationale, de Courtais, avait commandé un piquet de mille hommes, par légion, dans chaque mairie. Dans la nuit du 14 au 15, sur l'ordre de Charras, sous-secrétaire du ministère de la guerre, les troupes disponibles à Vincennes et à Saint-Denis, quelques bataillons et une batterie d'artillerie, étaient prêts à marcher. Les piquets avaient été renforcés de deux escadrons de cavalerie. Le 15 au matin, des ordres furent envoyés aux garnisons de Versailles, Saint-Germain, Melun, Fontainebleau, Orléans, de marcher sur Paris. A midi, toutes les troupes disponibles furent mises sur pied, le 2ᵉ dragons monta à cheval à la caserne du quai d'Orsay. Quatre bataillons, quatre escadrons, une batterie d'artillerie, vinrent se masser à l'extrémité de l'esplanade des Invalides.

X. — Le président de l'assemblée nationale a lui-même, en vertu de son droit, requis deux bataillons de la garde mobile. Ils sont placés dans le jardin du palais de l'assemblée, un autre vis-à-vis le pont, un quatrième sur l'esplanade des Invalides. Un bataillon de la IIIᵉ légion était de service au palais de l'assemblée, la réserve de mille hommes de la Xᵉ légion est désignée pour le renforcer.

La Iʳᵉ légion devait être chargée d'occuper le pont de la Concorde. Les ordres furent donnés trop tard. On fit avancer la quatrième. Celle-ci se forma, couvrit la chaussée, opposant une masse impénétrable.

XI. — Il était midi, la colonne insurrectionnelle approchait. Au lieu de la tenir à distance, le commandant de Courtais, trop sensible à la popularité, s'approche. On crie vive le général! et soit que les ordres aient été mal donnés ou mal compris, soit que le général ait autorisé la foule à défiler seulement sur le quai d'Orsay comme elle le proposait, pendant que ses délégués se rendraient au palais de l'assemblée; la chaussée est démasquée, les chefs pénètrent, les rangs ne peuvent se refermer, les clubs crient : En avant! la foule suit et franchit le pont. Les autres troupes sont restées à leurs postes, sans ordres.

La force n'a pas manqué. Il y avait assez de troupes pour défendre le passage contre une armée. Mais la direction et le commandement firent défaut. De plus, on commit de nouveau cette faute énorme de ne pas se garder et de se laisser aborder et envelopper par la foule.

XII. — Cependant, l'assemblée nationale, confiante dans sa force et dans la sécurité que devaient lui assurer ceux qu'elle avait chargés de sa garde, avait ouvert la délibération par le nouveau dépôt d'un grand nombre de pétitions en faveur de la Pologne. Le représentant Darragon interpelle le Gouvernement sur les affaires d'Italie. Bastide, ministre des affaires étrangères, lui répond. La parole est ensuite donnée au représentant Wolowski pour les interpellations relatives à la Pologne. Pendant qu'il soutient,

avec chaleur, la belle cause dont il s'est fait le défenseur, l'émeute vient encore perdre l'effet qu'elle veut
produire.

Des cris Vive la Pologne! retentissent. La salle est
envahie par toutes les portes à la fois. Vainement
Lamartine, qu'on retrouve toujours partout où le
danger menace, vainement quelques représentants
avaient-ils employé leur force à couvrir l'assemblée
et à préserver le peuple d'un grand crime; la majesté
des lois et la souveraineté nationale sont violées! Le
questeur Degousée s'élance à la tribune et dit : « Par
votre décret relatif à la sûreté de l'assemblée, vous
avez donné les pouvoirs nécessaires au président et
aux questeurs. Contrairement aux ordres donnés par
nous, le commandant en chef de la garde nationale
a exigé que la garde mobile remît la baïonnette
dans le fourreau. » Des rumeurs couvrent la voix du
questeur. Alors commence une scène aussi peu facile
à décrire qu'à justifier.

XIII. — La salle entière et les tribunes sont rem-
plies d'une foule qui s'agite et qui crie, le tumulte
est au comble. Au milieu de cet effroyable désordre,
les représentants demeurent immobiles sur leurs
siéges, ne répondant que par leur sang-froid et la dignité de leur attitude, aux interpellations provoca-
trices et aux injures dont ils sont l'objet.

Les principaux chefs se disputaient la tribune et
l'assiégeaient. Raspail, d'abord, malgré les protestations de l'assemblée et les efforts du président, lit sa
pétition en faveur de la Pologne. Blanqui parvient à

se faire entendre. Il parle sur la Pologne, puis l'entraînement de la passion l'égare et le conduit sur le sujet des événements de Rouen. Il se croit dans son club et répète ses invectives, ses accusations d'assassinat; que, s'il y a quelqu'un à punir, ce ne sont pas les victimes des massacres, mais leurs auteurs. Il reproche à l'Assemblée, la misère du peuple, l'exclusion de Louis Blanc et d'Albert du Gouvernement.

XIV. — Barbès s'était opposé à la manifestation et n'y avait pris aucune part ; mais quand il voit Blanqui à la tribune, oubliant les services qu'il a rendus à l'ordre le 16 avril, oubliant qu'il est membre lui-même de cette assemblée, cédant à l'entraînement de l'émulation ; et ne voulant pas voir d'autre chef prendre la tête du mouvement, il s'élance à la tribune, invite l'assemblée à décréter que le peuple a bien mérité de la patrie; il ajoute que l'assemblée a le devoir de faire droit aux vœux du peuple, et s'adressant à la foule : « Citoyens, dit-il, je vous félicite d'avoir reconquis le droit de pétition, il ne pourra plus désormais vous être contesté. » Il l'invite à se retirer et à défiler devant l'assemblée.

Raspail, Huber demandent que le peuple défile devant l'assemblée, évacue la salle et laisse les représentants délibérer. Barbès, s'animant de plus en plus et saisi d'un vertige révolutionnaire, demande le départ immédiat d'une armée pour la Pologne et un impôt d'un milliard sur les riches. On a dit qu'à ce moment, une voix s'était écriée : « Non, Barbès, tu te trompes, c'est deux heures de pillage qu'il nous faut ! » On a vainement plus tard, dans le procès criminel suivi contre les auteurs et complices de l'attentat du 15 mai, cherché à constater la certitude de ce fait. Barbès ne voulut pas se défendre lui-même, mais il défendit, avec une énergie sans égale, lui et son parti d'une aussi abominable imputation. Il faut le croire. Quoi qu'il en soit, ce cri a été lancé; *le Moniteur* fait foi. D'ailleurs n'est-ce pas la logique des faits que révélait cette voix mystérieuse? n'est-il pas évident que si, derrière la république de Lamartine, se trouvait celle de Ledru-Rollin, puis la république de Barbès, celle de Blanqui, il n'y avait plus derrière cette dernière que celle du pillage ?

XV. — Un groupe nombreux et sinistre portant les drapeaux des clubs s'agitait autour de la tribune et du siége du président. C'est là que se portaient les efforts des démagogues. Ils montaient les uns sur les autres et se renversaient tour à tour. Du milieu de cette masse confuse et bruyante on entendait sortir des clameurs, des injures, des invectives. Le président était demeuré ferme et digne sur son siége, assailli, surveillé, menacé. On savait qu'il avait le droit de requérir la force. On le contraignit à écrire au commandant de la garde nationale l'ordre de ne pas faire battre le rappel. Il écrivit, pensant bien qu'un ordre aussi singulier déterminerait l'effet contraire; il faisait d'ailleurs, par ses amis, donner aux colonels des ordres précis. Toutefois, les chefs recevant des avis ou des ordres contradictoires, durent prendre conseil du hasard ou de leur courage.

Quoi qu'il en soit, le rappel était battu. Paris, étonné de tant d'audace, s'armait et se levait.

Le tumulte continuait dans la salle, mais l'anarchie demeurait paralysée par son excès. On ne prenait aucune résolution. «Hâtons-nous! s'écrie Huber.» Des listes sont écrites pour désigner les membres d'un nouveau gouvernement provisoire. Ces listes diffèrent. Ce sont les noms de Louis Blanc, de Barbès, d'Albert, de Blanqui, de Raspail, d'Huber, de Caussidière, de Pierre Leroux, de Cabet et de Proudhon qui obtiennent les faveurs de la démagogie.

Huber s'empare une dernière fois de la tribune : « Puisqu'on ne veut pas prendre de décision, s'écrie-t-il, au nom du peuple français, trompé par ses représentants, je déclare que l'assemblée nationale est dissoute! » Puis saisissant le président au collet : « Vous n'êtes plus rien ici, sortez. » Et s'adressant à la foule : « Maintenant, s'écrie-t-il, à l'Hôtel de Ville! »

XVI. — Il était trois heures, le tambour se fait entendre. Le commandant Clary entre dans la salle, à la tête du 2ᵉ bataillon de la garde mobile et des gardes nationaux de la 1ʳᵉ légion, et chasse les restes de l'insurrection. Duclerc, ministre des finances, se place au fauteuil du président absent et s'écrie : « Au nom de l'assemblée nationale qui n'est pas dissoute, au nom du peuple français qu'une minorité infime et infâme ne déshonorera pas, l'assemblée reprend ses travaux.» L'assemblée nationale reprend la séance au bruit des applaudissements et au cri de Vive la

république! Elle se déclare en permanence; vote des
remercîments à la garde nationale, à l'armée; or-
donne la mise en arrestation de de Courtais, de Barbès, d'Albert; nomme commandant général de la
garde nationale Clément Thomas qui déclare que la
garde nationale est décidée à ne pas déposer les
armes tant que la sûreté de l'assemblée sera menacée.

XVII. — Les factieux ont pris le chemin de l'Hôtel
de Ville en deux colonnes. Barbès conduit l'une par
les quais de la rive droite, Albert dirige l'autre
par les quais de la rive gauche. Sur le passage de la
sédition, les magasins d'armes sont pillés. L'Hôtel de
Ville était mal gardé; les factieux y pénètrent et s'y
installent. Barbès et Albert signent un décret ainsi
conçu : « Le peuple ayant dissous l'assemblée nationale, il ne reste plus d'autre pouvoir que celui du
peuple lui-même.

» En conséquence, le peuple ayant manifesté son
vœu d'avoir pour gouvernement provisoire, les citoyens Louis Blanc, Barbès, Albert, Ledru-Rollin, Raspail, Pierre Leroux et Thoré, ces citoyens sont nommés membres de la commission du Gouvernement.

» Le citoyen Caussidière est continué dans les
fonctions de délégué de la république à la Préfecture
de police.

» La garde nationale reçoit l'ordre de rentrer dans
ses quartiers respectifs. »

L'Hôtel de Ville offrait en ce moment le singulier
spectacle de deux autorités ennemies. Armand Marrast, maire de Paris, occupait l'aile gauche du monu-

ment; les factieux avaient pris possession de l'aile droite.

Deux bataillons de la XIe légion occupaient l'Hôtel de Ville. En voyant arriver cette masse de trois ou quatre mille hommes, ils avaient laissé approcher. Les nouveaux venus disaient que l'Assemblée nationale était dissoute, qu'un nouveau Gouvernement provisoire était nommé, qu'il venait prendre possession de l'Hôtel de Ville. Dans cette confusion, ne sachant plus à quelle autorité ils devaient obéir, les gardes nationaux n'avaient opposé aucune résistance et avaient d'abord laissé faire.

XVIII. — Les membres de la commission exécutive Lamartine et Ledru-Rollin, à la tête de la garde nationale et de la troupe de ligne, suivaient les séditieux. Le général Fouché, qui commande, donne ses ordres et l'on s'empare de l'Hôtel de Ville. Barbès, Albert, Bormes et Thomas y sont arrêtés sans résistance. Raspail, Sobrier et Blanqui avaient prudemment pris un autre chemin et furent arrêtés plus tard, ainsi que la plupart des chefs qui avaient activement coopéré à cette triste journée.

Au moment où Barbès se dirigeait vers l'Hôtel de Ville, Quentin se rendit au Luxembourg, siége de la commission exécutive. Il s'adresse à François Arago et lui dit qu'un nouveau gouvernement provisoire est nommé, qu'il vient, en son nom, prendre possession du palais. « Hé bien ! lui dit Arago, au nom de l'ancien, moi, je vous arrête! » Il l'arrêta de sa main et le fit enfermer.

XIX. — Dans la soirée, la garde nationale s'empara de la maison rue de Rivoli qu'occupait Sobrier. Elle y arrêtait Seigneuret, Honneau et un grand nombre d'hommes armés. On trouva dans cette maison cent soixante fusils de guerre, deux barils de poudre, et, parmi de nombreux papiers, cinq projets de décrets proclamant l'un, la dissolution de l'Assemblée, les autres, des mesures anarchiques. C'étaient les chartes de la révolution avortée du 15 mai.

Durant la nuit, Sobrier et Barbès conservaient l'espoir d'être délivrés. Les sections armées de la société des Droits de l'homme dont ils connaissaient la force, étaient prêtes à agir. Ils comptaient sur un soulèvement général. Mais l'énergie de la garde nationale et son grand déploiement firent contremander les ordres ou les rendirent impuissants. La résistance se fit sentir sur un seul point, dans la salle Molière, où Villain avait, le matin même, fait transporter des armes ; la garde nationale y essuya des coups de feu, deux gardes nationaux furent tués, d'autres blessés.

XX. — Avant la fin de la séance, l'assemblée entendit Garnier Pagès, il venait lui rendre compte des mesures prises par la Commission exécutive : « Les clubs qui ont conspiré, sont fermés, dit-il, nous respectons le droit de réunion. C'est au droit de réunion qu'est due la glorieuse révolution de février ; mais des clubs qui menacent sans cesse d'envahir l'assemblée nationale, ceux-là nous les disperserons, nous les poursuivrons. Nous sommes décidés à donner de l'énergie au pouvoir, ou nous donnerons notre démission... Nous avons agi avec énergie, nous conti-nuerons à agir de même. Oui, nous voulons tous une république ferme, honnête, modérée. C'est la république de la France. Elle n'en veut pas d'autre. Oui, nous vous soutiendrons ; oui, nous vous aiderons et nous ferons de la véritable fraternité ; non pas de la fraternité exclusive et qui maudit, mais celle qui contient l'amour de tous au fond du cœur et connaît les véritables intérêts du peuple, qui sont d'abord l'ordre et le travail. »

A la séance du lendemain, le représentant Avond déposa sur le bureau de l'Assemblée les cinq projets de décrets saisis chez Sobrier. Ils étaient significatifs et contenaient un appareil révolutionnaire plus violent que ce qu'on avait vu dans les plus mauvais jours.

XXI. — La conduite de Caussidière, pendant la journée du 15 mai n'avait pas paru exempte de re-proches. Chargé par ses fonctions de veiller à la dé-fense de l'ordre, il avait cessé, depuis le moment où la manifestation s'était réunie, de se mettre en rap-port avec le président de l'Assemblée et la Com-mission exécutive, au sein de laquelle il s'était rendu seulement à minuit. Enfermé dans la préfecture de police comme dans un fort, au milieu de sa troupe dévouée de montagnards et de gardes républicaines, les factieux avaient trouvé près de lui asile et pro-tection; il avait mis en liberté les prisonniers ame-nés par la garde nationale et retenu prisonniers les gardes nationaux.

Appelé à s'expliquer devant l'Assemblée, dont il

était membre, Caussidière se défend de toute participation à l'attentat de la veille, et rappelle, avec franchise, les services qu'il a rendus à l'ordre, par la
seule administration possible dans un pareil temps.
Investi de la préfecture de police, mission au-dessus
de ses forces, il a tâché d'y déployer zèle et activité.
Au bout de trois jours, la ville était tranquille, elle
était réparée, il l'avait parcourue lui-même pour
faire rétablir la circulation. Il avait fait diminuer le
pain au bout de six jours, par des demandes de fa-
rines; il avait, a-t-il dit, porté ses soins à la destruction de toute vermine sociale, à empêcher le vol,
l'incendie, le viol, l'assassinat, tout cela par l'autorité morale et par la certitude inspirée à tous, qu'il
n'aurait pas fléchi devant son devoir. Les maisons
de jeu avaient été fermées; en un mot, il avait fait
tout ce qui pouvait donner un cachet de probité et
de splendeur au nouveau Gouvernement. Il s'était
appliqué à éteindre les discordes civiles et à faire de
la justice de paix permanente. Plus de cent mille
personnes étaient venues à la préfecture de police;
riches et pauvres, tous y avaient été bien accueillis.
Lorsqu'on était venu y porter des plaintes, n'y avait-il
pas été fait droit? Toute la ville en pourrait témoi-
gner. Il avait utilisé des hommes que l'on réprou-
vait.

XXII. — S'expliquant sur la manifestation, il en
a connu le projet, en a fait surveiller les meneurs,
il l'a annoncée au Gouvernement, il a empêché qu'elle
eût lieu avec des armes; s'il ne l'eût pas amoindrie,

le mouvement aurait été triple. Il avait demandé un mandat d'amener contre un seul homme, on l'a refusé. N'ayant pas reçu d'ordres, il était sans autorité : « Je me suis demandé, ajouta-t-il, si c'était là ma récompense pour plus de deux mois d'un service incessant, d'un travail de vingt-deux heures par jour, lorsque j'ai maintenu l'ordre avec le désordre, lorsque j'ai eu les hommes les plus exaltés, les plus effervescents à mener et que j'étais forcé de lutter avec eux corps à corps. C'est avec cela que j'ai maintenu l'ordre. »

On lui reproche incidemment plusieurs faits, entre autres d'avoir renvoyé Flotte, homme d'action, arrêté et conduit à la préfecture. Caussidière avoue que Flotte lui a été amené, mais sans motifs, sans mandat; qu'il a averti Flotte de veiller sur lui et lui a fait subir vingt-quatre heures de prévention et l'a relâché. « Je vous l'ai dit, ajoute-t-il, j'ai voulu faire une police de conciliation. Entendons-nous bien : si j'avais voulu me prêter aux dénonciations de tous; la moitié de Paris m'aurait fait arrêter l'autre moitié. »

Les reproches et les explications continuaient, lorsqu'enfin Jules Favre y mit un terme en annonçant que la préfecture de police avait été cernée par une masse de gardes nationales et de troupes combinées, qu'il était heureux de pouvoir dire à l'Assemblée que, sans qu'une goutte de sang eût été répandue, la garde nationale en avait pris possession.

Caussidière, avec sa police quasi-révolutionnaire, avait fait, jusque-là, ce que personne n'aurait pu faire à sa place. Il comprit qu'on pouvait désormais

se passer de ses services exceptionnels et déclara
qu'il donnait sa démission de représentant.

XXIII. — Le représentant Isambert fit, à la séance
du 18 mai, lecture d'un projet de décret portant que
les clubs ou réunions politiques permanentes étaient
interdits. Aucun membre n'appuya cette proposition trop absolue. Elle n'eut pas de suites. Cependant, le 23 du même mois, un arrêté du pouvoir exécutif déclara dissous les clubs Blanqui et Raspail. Ils
furent fermés. Après l'attentat qui en était sorti, on
comprenait enfin que c'est respecter et maintenir le
droit que d'en détruire l'abus.

XXIV. — La cause de la Pologne et celle de l'Italie
n'avaient pas gagné en passant par les mains de l'é-
meute, qui perd tout ce qu'elle touche. Cependant
l'Assemblée reprit avec calme la discussion le 23
mai. Elle écouta les discours des représentants Wolowski, Vavin, Guichard, Sarrans jeune, Napoléon
Bonaparte et Lamartine; renvoya au Comité des
affaires étrangères toutes les propositions que cette
délibération avait fait surgir, et le lendemain, Drouyn
de Lhuys, rapporteur du Comité, déclara que les différentes propositions avaient été examinées, et que le
Comité avait, à l'unanimité, arrêté cette formule
qu'il proposait à l'approbation de l'Assemblée :
« L'Assemblée nationale invite la Commission exécutive, à continuer à prendre pour règle de sa conduite, les vœux unanimes de l'Assemblée résumés
dans ces mots : pacte fraternel avec l'Allemagne,

reconstitution de la Pologne indépendante et libre : affranchissement de l'Italie. » L'Assemblée adopta cette proposition à l'unanimité.

XXV. — La Commission exécutive donna un grand éclat à la fête de la Concorde, de la Paix et du Travail. La solennité était fixée au 21 mai. La population de Paris et des environs, toujours avide de pareils spectacles, accourut en foule sur les boulevards, la place de la Concorde et le Champ de Mars. On vit défiler un immense cortége, suivi d'un char rustique, portant trois arbres, symboles de force, d'honneur et d'abondance : le chêne, le laurier et l'olivier, avec une charrue de labour, au milieu d'un groupe d'épis et de fleurs; il était traîné par des bœufs aux cornes dorées, entouré de laboureurs. En avant et en arrière, des chœurs d'hommes et de femmes chantaient alternativement des hymnes patriotiques. Le char était suivi de cinq cents jeunes filles vêtues de blanc. Puis venaient tous les corps d'état, toutes les industries, en tête desquelles étaient portés les outils de l'état et les chefs-d'œuvre. Enfin, la garde nationale et la troupe fermaient la marche. Le soir, de brillantes illuminations, un feu d'artifice représentant la prise de la Bastille, une gerbe de feu s'élevant du haut de l'arc de triomphe de l'Etoile, achevèrent l'amusement de plus d'un million de curieux qui oublièrent, dans ce plaisir des yeux, les dangers de la veille et les soucis du lendemain.

LIVRE VI.

—

I. — A tous les changements politiques, les pouvoirs nouveaux dictent des lois pour se perpétuer, sans songer à la mobilité de l'opinion. Ils emploient pour se garantir et se fortifier des moyens qui indiquent leurs rivaux et servent souvent à faciliter l'élévation de ceux qu'ils redoutent.

Après la révolution de 1830, une loi du 10 avril 1832 interdit à Charles X et à sa famille le territoire de la France. On crut devoir renouveler par l'art. 6 de cette loi la disposition de celle du 12 janvier 1816 qui excluait de France la famille de Napoléon Bonaparte. L'Assemblée nationale, par un décret du 26 mai 1848, sur la proposition de Recurt et le rapport de Dornès, malgré les protestations des princes de la famille d'Orléans, établit les mêmes prohibitions contre Louis-Philippe et sa famille. A ce propos, on revint encore à la famille de Napoléon Bonaparte. Dans la discussion ouverte au sujet de ce décret, les anciens amis de la dynastie de Louis-Philippe gardèrent le silence, mais le représentant Vignerté, des Hautes-Pyrénées, homme de convictions ardentes, fit preuve d'un républicanisme plus exagéré que clairvoyant.

« J'ai toujours considéré, dit-il, la branche aînée et la branche cadette des Bourbons comme les représentants de la sainte alliance des rois en France. Elles sont venues, toutes deux, dans les fourgons des Cosaques. Hé bien! qu'elles s'en aillent ensemble à jamais, à perpétuité. Parce que ces deux familles ont la prétention d'usurper la souveraineté du peuple, je maintiens le décret. Quant à la famille Napoléon, nous l'admettons provisoirement parce qu'elle n'est pas dangereuse; si elle le devenait, elle s'en irait avec les autres. »

II. — Napoléon Bonaparte réplique aussitôt : « Je n'avais pas l'intention de prendre la parole dans cette discussion, mais l'orateur qui descend de cette tribune m'a forcé d'y monter. Il a dit un mot contre lequel je réclame avec toute l'énergie de mes sentiments froissés : c'est le mot de situation provisoire. Je ne connais rien de provisoire dans les droits d'un citoyen français; je suis et j'ai le droit d'être citoyen comme lui, l'assemblée l'a assez hautement déclaré en me proclamant représentant du peuple. Je demande qu'il soit constaté qu'il n'est pas convenable qu'un de ses membres ose dire, en parlant d'un de ses collègues, que celui-ci ne serait .que provisoire tandis que lui se regarderait comme définitif. »

III. — Aux élections complémentaires du 4 juin, trois départements, la Charente-Inférieure, l'Yonne, la Seine, envoyèrent Louis-Napoléon à l'Assemblée. Lamartine donna son avis et déclara qu'il ferait exécuter, en ce qui concernait le nouvel élu, la loi de bannissement de 1832. Jules Favre, rapporteur de la commission chargée d'examiner l'élection de la Charente-Inférieure, rappela que cette loi était virtuellement abrogée par la révolution de Février et conclut à l'admission. Desmares, rapporteur de l'élection de l'Yonne, conclut de même. Buchez, rapporteur de l'élection de la Seine, demanda l'annulation de l'élection. Il se fonda surtout sur ce que Louis-Napoléon n'aurait pas reconnu la République. Dans la discussion qui s'engagea, Louis Blanc soutint que la République ne craignait pas la concurrence des dynasties jetées par terre, que les ducs et les princes pouvaient, sans danger pour l'ordre, venir contempler les débris des trônes de leurs pères : « Ne grandissez pas les prétendants par l'éloignement, s'écriat-il, il nous convient de les voir de près. Nous les mesurerons mieux. L'oncle de Louis-Napoléon a dit : « La République est comme le soleil. » Laissez le neveu de l'Empereur s'approcher du soleil de notre République, je suis sûr qu'il disparaîtra dans ses rayons. »

IV. — Le représentant Vieillard rendit hommage aux qualités et aux intentions de Louis-Napoléon : « Il y a trente ans que je le connais, dit-il, et que j'ai pu apprécier ce qu'il y a en lui de noble et de désintéressé. On veut en faire un prétendant malgré lui, comme on en fait un député malgré lui. » Il lut une lettre dans laquelle Louis-Napoléon expliquait qu'il n'avait pas voulu se présenter comme candidat aux élections parce que sa position eût été trop embarrassante, que son nom avait fait de lui non un chef de parti, mais un homme sur lequel s'attachaient les yeux des mécontents. Que tant que la société ne serait pas rassise, tant que la Constitution ne serait pas fixée, il sentait que sa position était très-difficile. Qu'il avait pris la ferme résolution de se tenir à l'écart. Que, si la France avait besoin de lui, il n'hésiterait pas à remplir un devoir. Que, dans les circonstances présentes, il ne pouvait être qu'un embarras. Qu'il ne voulait se mêler de rien. Qu'il désirait voir la République se fortifier en sagesse et en droits; que, en attendant, son exil volontaire lui était doux, parce qu'il était volontaire.

L'admission de Louis-Napoléon fut prononcée; mais, deux jours après, il adressait, au président de l'Assemblée, sa démission en ces termes : « J'étais fier d'avoir été élu représentant du peuple, à Paris et dans d'autres départements. C'était, à mes yeux, une ample réparation pour trente années d'exil et six ans de captivité. Mais les troubles dont mon élection a été le prétexte, mais l'hostilité du pouvoir exécutif, m'imposent le devoir de refuser un honneur qu'on croit avoir été obtenu par l'intrigue. Je désire l'ordre et le maintien d'une république sage, grande, intelligente. Et, puisqu'involontairement je favorise le désordre, je dépose, non sans de vifs regrets, ma démission entre vos mains. Bientôt, j'espère, le calme renaîtra et me permettra de rentrer en France comme le plus simple des citoyens, mais aussi comme un des plus dévoués au repos et à la prospérité de son pays. »

V. — La même élection du département de la Seine, appela également à l'Assemblée nationale plusieurs représentants dont les noms étaient célèbres à des titres bien différents. Les électeurs de Paris rendirent à Caussidière son mandat. Ils nommèrent le général Changarnier, l'un des officiers généraux les plus distingués de l'armée, alors gouverneur-général de l'Algérie; Thiers, l'illustre historien, aussi habile orateur que grand écrivain, homme d'État versé dans les affaires étrangères autant que dans les affaires intérieures et financières, l'un des génies parlementaires les plus complets qui aient brillé sous le dernier règne, si fécond en hommes éminents. Les électeurs de Paris confièrent aussi leur mandat à Victor Hugo le poëte, à Pierre Leroux, à Proudhon.

VI. — La nécessité avait fait les ateliers nationaux, la malveillance les avait augmentés, les mauvais instincts les maintenaient malgré les efforts du ministre des Travaux publics et de la Commission du travail, que l'Assemblée nationale avait créée dans son sein. Vers la fin du mois de mai, le nombre des ouvriers incorporés s'élevait à cent vingt mille. La dépense montait à cent quatre-vingt mille francs par jour. Le produit était nul. On avait déjà fait, défait et refait les terrassements du Champ de Mars. Les ouvriers honnêtes, qu'un chômage prolongé avait contraints d'accepter de l'État un emploi dans les travaux publics, ne recevaient qu'en rougissant un salaire qu'ils n'avaient pas gagné. Organisés pour offrir un refuge aux ouvriers que l'industrie privée ne pouvait plus occuper, les ateliers nationaux tenaient à leur tour l'industrie privée en échec. Les ouvriers, qui n'obtenaient pas de l'entrepreneur ou du chef de fabrique ou d'atelier, le salaire qu'ils voulaient, s'enrôlaient dans les ateliers nationaux; ils y trouvaient une paye modique mais assurée. Tout ce que les villes voisines contenaient de gens inoccupés, hostiles à l'ordre ou au travail, s'y rendaient en foule. L'État soldait ainsi les frais de cette grève immense; elle augmentait chaque jour, dissolvant tout ce que le travail avait de vigueur, d'activité et de moralité.

Aussi Trélat, ministre des Travaux publics, disait-il, avec raison, à la séance du 20 mai, que c'était la grosse question du moment; que plus elle était intéressante, plus elle était profonde, plus elle touchait à toutes les parties de la société et plus elle voulait d'examen. Qu'une commission composée des hommes les plus éclairés avait été constituée, que son rapport était sur le point d'être remis, qu'il fournissait des aperçus importants pour la solution de ce grand problème du travail.

VII. — Léon Faucher propose à l'Assemblée de décréter qu'un crédit de 10 millions soit accordé au ministre des Travaux publics, pour ouvrir d'urgence de nouveaux ateliers de terrassement sur les chemins de fer de Paris à Strasbourg, de Chartres à Rennes, d'Orléans à Bourges et du centre. Que les ouvriers des ateliers nationaux, qui ne sont pas originaires de Paris, seraient dirigés sur les chantiers de terrassement ou recevraient des feuilles de route pour rentrer dans leurs foyers. Il fait à l'appui de sa proposition le tableau des ateliers nationaux. « Il y a là, dit-il, une foule accessible à toutes les excitations politiques, et les entrepreneurs de conspiration peuvent y ramasser des complices. Si les ouvriers, qui peuplent les ateliers nationaux, n'ont pas fourni plus de recrues à l'émeute, s'ils n'ont pas encore livré à l'ordre une bataille rangée, si tout s'est passé jusqu'à présent en rassemblements déjà bien assez inquiétants, il faut en rendre grâce au bon esprit de cette population française qui, dans ses rangs les plus humbles comme les plus élevés, est trop éclairée et trop morale, pour se prêter aisément aux suggestions de l'anarchie. Mais si les ateliers nationaux ne troublent pas précisément la société, très-certainement ils la corrompent. Des milliers d'ouvriers formés aux plus rudes travaux, s'habituent par degrés à ne rien faire. De l'oisiveté au désordre il n'y a qu'un pas. L'atmosphère des clubs et des cabarets a bientôt remplacé la vie de famille. Encore quelques mois de ce régime, et nos ouvriers, que le travail doit faire vivre, que le travail ennoblit, descendraient au rang de prolétaires en attendant qu'ils devinssent les prétoriens de la république. » Le renvoi de la proposition à la Commission du travail est prononcé.

VIII. — Le Gouvernement fit savoir aux ateliers nationaux qu'il était animé des sympathies les plus sincères et les moins contestables pour les travailleurs, qu'ils ne sauraient en douter. S'il pense à supprimer les ateliers nationaux qui ne peuvent en effet subsister, il sait aussi quelle réserve et quelle sollicitude méritent les souffrances de tant d'ouvriers qui, privés de travail depuis longtemps, trouvent un salaire à peine suffisant, dans les ateliers que l'État leur tient ouverts. Une commission spéciale, nommée par l'assemblée nationale, s'applique en ce moment, de concert avec le pouvoir exécutif, à trouver des ressources nouvelles, et le Gouvernement ne songe à prendre aucune mesure sur les ateliers nationaux, avant que des débouchés assurés et nombreux ne puissent être offerts aux ouvriers honnêtes et laborieux. Mais si le désordre venait malheureusement à s'accroître, si de coupables intrigues pouvaient prévaloir près des travailleurs et les égarer, l'autorité se verrait contrainte, par les plus impérieux devoirs, à user de la puissance qui lui est confiée et à garantir, par des mesures énergiques, la complète exécution des ordres qu'elle aurait cru devoir donner.

IX. — Le 29 mai, la commission du travail proposa, par l'organe de son rapporteur de Falloux, un projet de décret, sur la substitution, dans le plus bref délai possible, du travail à la tâche, au travail à la journée, dans les ateliers nationaux. Le travail serait livré directement aux prix des devis, sans rabais et sans intermédiaire d'entrepreneurs, soit à des ouvriers associés, soit à des ouvriers isolés, suivant la nature des travaux. Il y avait certainement là de quoi satisfaire les plus exigeants. Le rapporteur avait cité, dans son rapport, un fait digne d'attention et qui se renouvelait tous les jours : une commande considérable était arrivée de l'une des colonies françaises. Les ouvriers des ateliers nationaux, auxquels on s'était adressé pour y satisfaire, avaient demandé une rétribution tellement exorbitante, que la commande avait été transportée à l'étranger. « Les ateliers nationaux ne sont plus aujourd'hui, au point de vue industriel, qu'une grève permanente et organisée à soixante millions par an : au point de vue politique, un foyer actif de fermentation menaçante : au point de vue financier, une dilapidation quotidienne et flagrante : au point de vue moral, l'altération la plus affligeante du caractère si glorieux et si pur du travailleur, orgueil et force de la république, lorsqu'il s'appartient véritablement à lui-même et qu'il obéit à ses propres penchants. »

Un représentant de l'Eure, Paul Sevaistre, manufacturier à Elbeuf, appelle l'attention de l'Assemblée sur des documents à lui remis par des chefs d'industrie. Ils établissent nettement, que le travail ne manque pas dans un grand nombre d'ateliers, et cependant les ateliers sont déserts; que beaucoup d'ouvriers ont abandonné le travail de l'atelier qui leur offrait un salaire de quatre et cinq francs par jour, pour se faire inscrire aux ateliers nationaux où le salaire est fixé à un franc cinquante centimes; qu'il existe une intimidation organisée par quelques meneurs, ennemis de l'ordre et des travailleurs, pour empêcher les ouvriers de retourner à leurs travaux.

Ces faits n'ont été contestés ni dans le sein de l'Assemblée ni au dehors par la presse, tant leur vérité était patente.

X. — Enfin, Victor Grandin, représentant de la Seine-Inférieure, manufacturier des plus considérables et des plus justement estimés de son pays, s'explique avec plus de franchise encore et déchire hardiment le voile qui couvre bien des trahisons :

« Il y a, dit-il, des gens qui ont dit à l'émeute : il est maintenant démontré que vous ne pourrez parvenir à détruire l'ancienne société par la force; le tenter encore, ce serait vous exposer vous-même à cette destruction. Vous n'avez qu'un moyen pour en arriver à vos fins, c'est d'entretenir l'agitation dans le pays, c'est d'empêcher la confiance de renaître : tant que l'agitation subsistera, le commerce et l'industrie ne pourront reprendre leurs opérations habituelles. Alors arrivera un malaise général, et le cataclysme qui doit, sur des ruines, vous donner des positions autres que celles que vous avez et réaliser enfin vos rêves de bonheur. Il n'y a pas, dans le Gouvernement, dans la Commission exécutive, cette fermeté, cette abnégation de soi-même, ce dévouement qui porte au besoin à périr pour la chose publique, qui donnent le courage de prendre à ses risques et périls, et même aux dépens de sa vie s'il le faut, les mesures propres à sauver le pays. »

L'assemblée adopta le projet qui n'avait pas pour but, comme l'a dit sagement Trélat, de dissoudre les ateliers nationaux, en privant de travail les bras nombreux qui s'y trouvaient alors stérilement occupés, mais de substituer un travail productif à celui qui ne l'était pas. Ce décret contenait une seconde disposition portant que les ouvriers, séjournant depuis moins de trois mois à Paris, et qui n'y justifieraient pas de leurs moyens d'existence, recevraient, pour eux et leur famille, une feuille de route avec indemnité de déplacement payable, partie pendant le trajet et partie au lieu de destination.

XI. — Cependant la justice instruisait sur l'attentat du 15 mai, lorsque le procureur général Portalis et Landrin, procureur de la république près le tribunal crurent devoir porter devant l'assemblée nationale, le 31 mai, une demande à fin d'autorisation de poursuites contre Louis Blanc. On lui reprochait sa conduite dans la salle de l'assemblée et surtout sa présence à l'Hôtel de Ville. Armand Marrast, maire de Paris, avait déclaré l'y avoir vu. Il se défendit avec une grande sincérité contre ces imputations. L'Assemblée ne renvoya pas moins cette grave affaire à une commission. Le 2 juin, au commencement de la séance, le président de l'Assemblée lut une lettre datée du donjon de Vincennes, elle était écrite par un homme dont les opinions et les actes ont été bien coupables, mais qui n'a jamais menti. « A chacun la responsabilité de ses paroles et de ses actes, dit Barbès, on accuse Louis Blanc d'avoir dit, dans la journée du 15 mai, aux pétitionnaires : je vous félicite d'avoir reconquis le droit d'apporter vos pétitions à la Chambre; désormais, on ne pourra plus vous le contester. Ces mots ou leurs équivalents ont été, en effet, prononcés dans cette séance; mais il y a confusion de personnes. Ce n'est pas Louis Blanc qui les a dits : c'est moi. — Vous pouvez les lire dans *le Moniteur*, écrits quelque part après mon nom. »

XII. — Le même jour, Jules Favre donna lecture du rapport de la Commission. Il concluait à l'autorisation des poursuites. Louis Blanc fut défendu, avec chaleur, par les adversaires même de ses théories économiques. Témoins des faits qui s'étaient passés dans l'intérieur du palais de l'Assemblée, les représentants Arago, Jusserand, Piétry, Bezançon, de Trevenenc, Larabit, Laurent de l'Ardèche, Bac, Dupont, sauvèrent, par l'appui spontané de leur honnête parole, un adversaire que leur silence aurait perdu. Louis Blanc affirma de plus qu'il n'avait pas mis le pied à l'Hôtel de Ville le 15 mai : « J'en fais le serment devant Dieu, s'écria-t-il; et au nom de la vérité, au nom de la justice, je somme celui qui croirait avoir le droit de le démentir, de venir à la tribune opposer son serment au mien. »

Tous les yeux se dirigèrent sur Armand Marrast. On se demande s'il persistera dans son dire, s'il l'appuiera d'une affirmation solennelle, ou si, mieux conseillé par sa conscience, il ne reviendra pas sur un propos léger, par une rétractation qui honore. Il expliqua que le 15 mai, sortant de l'Hôtel de Ville, un citoyen lui avait dit que Louis Blanc était à l'Hôtel de Ville et qu'il avait favorisé son évasion. Que depuis, il avait fait des recherches, et qu'après avoir interrogé ceux qui étaient entrés dans les différentes salles parcourues ce jour-là, il avait acquis une conviction complète que jamais Louis Blanc n'avait mis le pied à l'Hôtel de Ville le 15 mai. L'explication parut suffisante ; il ne restait plus rien de l'accusation. L'Assemblée rejeta la demande, et quoique ce vote ne fût que la conséquence des éclaircissements fournis par la discussion et n'impliquât rien de fâcheux contre les honorables fonctionnaires qui l'avaient provoquée, il entraîna la démission de Portalis, procureur général, de Landrin, procureur de la république près le tribunal, de Jules Favre, sous-secrétaire d'État de l'Intérieur, et de Crémieux, ministre de la justice.

XIII. — Les études prescrites par le ministre des Travaux publics étaient achevées. Il vint à l'Assemblée, le 8 juin, annoncer qu'il avait de bonnes nouvelles à donner des ateliers nationaux. « Ils sont transformés, l'agitation a cessé. On n'y entend plus de plaintes, plus de menaces. Le recensement se fait avec calme, avec dignité, avec le sentiment du devoir. Les bons ouvriers nous demandent du travail: en voici, dit le ministre, en montrant les projets qu'il tient à la main. Le travail à la tâche est rétabli dans quelques ateliers, il s'établira partout, il est demandé avec instance par ceux qui disent : donnez-nous un travail digne de l'ouvrier; mettez-nous dans le cas de travailler pour le prix des journées que nous recevons. Ce sont là les véritables ouvriers. Ceux qui ne l'étaient pas vont à l'émeute. » Il dépose ses projets, et l'Assemblée, sur sa demande, vote l'urgence. Dès le 10, elle décrétait une série de travaux en mettant à la disposition du ministre huit millions, neuf cent quarante mille francs pour y faire face. C'était des travaux sur les routes départementales et communales du département de la Seine; la reconstruction des ponts de Montereau sur l'Yonne, de Lagny sur la Marne, de Flavigny sur la Moselle, de Cognac sur la Charente, de Confolens sur la Vienne; la continuation des travaux du chemin de fer de Tours à Nantes; travaux d'amélioration de la Marne; l'exécution d'un canal de navigation dérivé de la Sauldre; le prolongement du canal de la haute Seine; l'exécution d'un canal latéral à la Seine entre Marcilly et Nogent. Il y avait là plus qu'il n'en fallait pour occuper tous les bras inactifs.

XIV. — A cette même séance, de Falloux demanda que le ministre voulût bien présenter différents projets qu'on attendait, pour compléter le travail qui devait recueillir les ouvriers des ateliers nationaux. « Tous les projets présentés émanent de la direction des ponts et chaussées. L'industrie proprement dite, le commerce n'y trouvent pas leur part. Il y avait des projets plus urgents; on dit : quand le bâtiment va, tout va. Cela veut dire que quand on construit, on emploie, en même temps, une foule d'industries. Si donc il faut faire aller le bâtiment, les travaux de terrassement et de canalisation ne remplissent pas cet objet. Il y a dans Paris un plan qui consiste à démolir le quartier des Halles, un quartier infect, où les ouvriers qui l'habitent ne trouvent pas la quantité d'air nécessaire. Je voudrais que ce plan fût immédiatement mis à exécution. » De Falloux, dans l'empressement qu'il mettait à servir l'intérêt du travail, oubliait que l'État peut facilement, à l'aide de ses ingénieurs, prescrire rapidement et mettre à exécution des travaux de routes, de ponts et de canaux, parce qu'il travaille sur son propre fonds, mais lorsqu'il s'agit de la démolition et de la reconstruction de tout un vaste quartier d'une grande ville, l'observation des sages règles qui protégent l'intérêt privé des propriétaires et des locataires, cause des lenteurs nécessaires, que le ministre ne pouvait éviter.

XV. — Pendant que le ministre Trélat prenait, avec une paternelle sollicitude, depuis le 10 juin, les mesures nécessaires pour amener sans secousses la dissolution des ateliers nationaux, en distribuant les agents du travail sur différents points, sous la direc-

tion d'ingénieurs, de conducteurs et d'agents compta-
bles, la Commission du travail s'occupait des moyens
législatifs propres à compléter cette mesure sur laquelle l'Assemblée était d'accord, et dès le 23 juin, le
représentant de Falloux déposait, au nom du Comité,
son rapport qu'il terminait par un projet de décret
ainsi conçu :

« Les ateliers nationaux seront dissous trois jours
après la promulgation du présent décret.

» Ne sont pas compris dans cette mesure les ateliers
de femmes.

» Un crédit de trois millions est ouvert au ministre
de l'intérieur pour indemnité et secours à domicile
des ouvriers actuellement sans ouvrage. »

Le ministre des finances était autorisé à prêter la
garantie de l'État au sous-comptoir d'escompte des
entrepreneurs en bâtiment, jusqu'à concurrence de
cinq millions.

XVI.—Depuis quelque temps, les ateliers nationaux
étaient dans une grande fermentation. Les projets
du gouvernement y étaient discutés, torturés, défigu-
rés. Jamais, pour les agents de troubles et les chefs
de l'émeute, les circonstances n'avaient été plus favorables : voici l'instant suprême ; une armée de plus
de cent mille hommes organisés, et l'immense multitude des mécontents, s'ils savaient en profiter,
étaient à leur disposition ; avec elle ils vaincraient et
seraient les maîtres ; à eux le gouvernement. Par les
soins des agitateurs, toutes les déclamations des
clubs éclatent de toutes parts, échauffent les têtes :

les idées les moins croyables, les plus fausses sont celles auxquelles on adhère avec le plus d'ardeur: « On nous envoie, disaient-ils, dans des pays éloignés pour faire des ponts et des canaux; nous sommes de trop ici; on veut se défaire de nous; on nous mène mourir dans des contrées malsaines et des marécages. Est-ce ainsi qu'on organise le travail et la fraternité des travailleurs? Où donc est le bonheur qu'on nous a promis? Faudra-t-il quitter nos femmes et nos enfants? Faudra-t-il, pendant tout le jour, nous livrer aux travaux les plus pénibles, sans trêve ni repos? Est-ce là de l'égalité? Aux riches la tranquillité dans l'abondance, à nous le travail et la misère. »

Les projets du Gouvernement et de l'Assemblée offraient quelques travaux lointains aux ouvriers qui appartenaient aux départements et qui n'avaient pas de famille à Paris ; plusieurs brigades étaient même déjà parties pour ces travaux sans murmurer. Mais quant aux ouvriers qui avaient à Paris leur domicile, leur famille, ces projets mettaient à leur disposition les chantiers qu'on ouvrait dans la capitale et à ses portes. Mais ces projets étaient trop sages pour ne pas déplaire aux agitateurs et aux mauvais ouvriers, et pour leur faire manquer l'injuste prétexte d'une guerre criminelle.

XVII.—Il est déjà difficile, il sera bientôt impossible de comprendre les opérations militaires dont Paris fut le théâtre à cette funeste époque, si l'on ne se rend pas compte de la topographie des parties de cette ville immense qui furent occupées par l'insurrection. Elles se transforment tous les jours. Nous ne reconnaissons déjà plus la trace des rues que nous avons connues. Dans peu d'années, beaucoup de celles qui existent encore, seront modifiées ou supprimées.

Paris est traversé au centre par la Seine, qui entre par le sud-est, infléchit vers le nord et redescend au sud-ouest. De nombreux ponts rapprochent ses deux rives. Sur la rive droite et au centre se trouvent les rues Saint-Denis, Saint-Martin et du Temple, se dirigeant vers le nord : elles coupent à angle droit les boulevards intérieurs et se prolongent au delà des anciennes barrières de la ville, par les faubourgs Saint-Denis, Saint-Martin et du Temple, jusqu'à la Chapelle-Saint-Denis, la Villette et Belleville, centres très-populeux formant le prolongement de ces anciens faubourgs, qui tous sont réunis à Paris depuis 1860. La rue du Faubourg-Poissonnière part également du boulevard intérieur; la rue Lafayette s'embranchait alors sur la rue du Faubourg-Poissonnière et rejoignait par la droite, au nord, la rue du Faubourg-Saint-Denis. La rue de Rivoli prolongée depuis le Louvre jusqu'à la rue Saint-Antoine, le boulevard de Sébastopol rive droite, et celui du Prince-Eugène, avec sa grande caserne, n'existaient pas encore.

L'Hôtel de Ville est situé au centre de la ville, sur la rive droite de la Seine. A sa droite, aboutissent la rue et le quartier du Temple; derrière l'édifice, on ne voyait pas alors ces deux casernes et ces vastes dégagements. C'étaient de petites rues tortueuses, entrecoupées de ruelles sans nom, puis la rue et le quartier Saint-Antoine. En avant, il n'y avait alors entre la Seine et la rue Saint-Honoré jusqu'au Louvre, que des rues étroites et obscures. Sur la place de l'Hôtel-de-Ville, à gauche, le pont d'Arcole communique avec la Cité. Les boulevards intérieurs forment au centre, sur la rive droite, un vaste demi-cercle. La rue Saint-Antoine, partant en arrière de l'Hôtel de Ville, aboutit à la place de la Bastille, en face du faubourg Saint-Antoine. A gauche de ce faubourg, en remontant vers le faubourg du Temple, se trouvent les rues de Charonne, de la Roquette, des Amandiers, de Saint-Maur, de Ménilmontant. Toutes les barrières sont reliées entre elles par des boulevards extérieurs; clos alors, du côté des agglomérations entourant Paris, par un mur d'enceinte aujourd'hui démoli, depuis que les barrières anciennes ont été reportées à l'enceinte fortifiée.

XVIII. — Dans le centre de la ville, le fleuve forme deux îles, l'île Saint-Louis et celle de la Cité. Sur la rive gauche de la Seine, au centre de la Cité, se trouve au sud le Petit-Pont, sur lequel s'ouvre la rue Saint-Jacques; à côté, le pont Saint-Michel, où commence la rue de La Harpe, aujourd'hui presque complétement disparue et remplacée par le boulevard Sébastopol, rive gauche. Ces deux rues, se dirigeant vers le midi, conduisaient, en ligne droite, par la rue d'Enfer et du Faubourg-Saint-Jacques aux barrières du même nom. Sur la droite de la rue Saint-Jacques se trouve la place de la Sorbonne ; vers le milieu de la même rue, la place et l'église Sainte-Geneviève ; sur cette place, en face à droite, l'École de Droit, à gauche la mairie du XIIᵉ arrondissement. Derrière l'église, la rue Mouffetard prenant naissance à la place Maubert, se dirige jusqu'à la barrière d'Italie. La rue des Écoles, le boulevard Saint-Germain, le boulevard de Sébastopol, rive gauche, n'avaient pas encore pris la place d'une foule de petites rues et de petites places étroites dont ce quartier était alors couvert.

Toute cette grande surface au nord, à l'est, au centre et au midi de Paris, fut le théâtre de la guerre qui commence.

XIX. — Le 22 juin, les faubourgs s'agitent, des groupes nombreux se forment et parcourent les rues du centre; les chefs des clubs, les hommes des barricades, les montagnards licenciés de la préfecture de police, un grand nombre d'ateliers nationaux, chefs et soldats de l'armée du désordre, se trouvaient dans leur élément. Voilà donc enfin le jour de la bataille qu'ils attendaient depuis si longtemps. Une poignée d'hommes gardent Paris; la victoire est facile; il faut en finir : telle est leur pensée. Toutefois, ils ne font entendre aucun cri. Ils semblent se reconnaître et se compter en silence; une solidarité révolutionnaire et tacite les unit, ils se plaisent à l'inquiétude et à l'effroi que leur air sinistre et résolu répand sur leur passage. C'est le calme qui précède les tempêtes, c'est la colère frémissante et silencieuse des grandes vengeances. La consternation des gens de bien est à son comble. Ce n'est pas, on le prévoit, d'après le grand nombre d'armes que la garde nationale a mis aux mains des factieux, ce n'est pas un combat qu'une courte rencontre terminera, c'est une lutte abominable, c'est la guerre sociale, c'est le déchirement furieux et sanglant de la famille humaine: quelle sera son issue? Les barbares sortiront-ils du sein même d'une civilisation qui s'abuse sur sa durée? Est-ce le dernier jour de la ville la plus brillante du monde? C'est ainsi qu'ont péri, sans doute, ces antiques et splendides civilisations dont on admire encore, avec étonnement, les ruines; dans ces luttes suprêmes des convoitises inassouvies de la pauvreté et du malheur contre la société, lorsque tout sentiment de moralité venant à s'éteindre, la justice et la religion ont cessé d'être la règle et la mesure des droits!

XX. — Le lendemain, dès le matin, on vit une colonne de cinq mille hommes venant du faubourg Saint-Jacques, passer la Seine au pont d'Arcole, traverser la place de l'Hôtel-de-Ville et se rendre au faubourg du Temple. L'alarme est donnée, toutes les boutiques se ferment.

Cavaignac, ministre de la guerre, a pu juger l'étendue du mal. Il sait que l'heure du combat approche, que l'insurrection possède de puissants moyens de défense en hommes, en armes et munitions. Il charge des principaux commandements, trois militaires intrépides et aimés du soldat : les généraux Lamoricière, Bedeau et Damesme. Le ministre dispose, à Paris, de trente-deux bataillons de guerre outre la garde républicaine, la garde de Paris et la garde

mobile; il appelle les troupes stationnées à Versailles, à Saint-Germain et dans le voisinage, et fait occuper la place de l'Hôtel-de-Ville, le pont d'Arcole et
la préfecture de police par un escadron de dragons,
la troupe de ligne, la garde mobile et la garde nationale. L'armée se concentre. Le rappel bat dans
toutes les légions. Le. général Lamoricière fixe son
quartier général à la porte Saint-Denis, le général
Bedeau à l'Hôtel de Ville, le général Damesme à la
place de la Sorbonne.

Dix-sept bataillons de l'armée des Alpes sont en
marche sur Paris.

XXI. — Un peu avant midi, des barricades s'élèvent de tous côtés, comme à un commandement,
barrant les issues principales dans les rues et les faubourgs Poissonnière, du Temple, Saint-Denis et Saint-
Martin. On renverse les voitures, les rues sont dé-
pavées et les pavés sont dressés comme des murs.
Pendant que se construisent une barricade sur le boulevard Bonne-Nouvelle et une autre à la porte Saint-
Denis, survient une escouade de trente gardes nationaux de la IIe légion, escortant les tambours. Arrivés
près la porte Saint-Denis, les gardes nationaux font
signe aux insurgés, placés derrière la barricade, de
ne pas tirer. Ceux-ci les laissent avancer et les accueillent, à bout portant, par une décharge qui tue
dix des gardes nationaux trop confiants. Une centaine de leurs camarades accourent au soutien; les insurgés, abrités derrière la barricade; d'autres, embusqués dans la maison d'un marchand de vins du

coin de la rue Saint-Denis, les reçurent par un feu de front et de flanc, qui jeta parmi eux le désordre et la mort. Les insurgés quittent leurs abris et se précipitent, au nombre de deux ou trois cents, sur ce brave mais trop faible détachement qui se dispersa. Un bataillon de la IIe légion arrive au secours, il n'a pas d'ordre, mais dans un pareil moment le courage est la suprême discipline, il reprend l'offensive, dirige des feux de peloton contre la barricade d'où sortait un feu de tirailleurs bien nourri, et bientôt, croisant la baïonnette, marche en avant et disperse les insurgés.

XXII. — Dans l'un des engagements qui eurent lieu sur ce point, un citoyen donna un exemple de courage et de dévouement civiques bien rare dans nos mœurs, et dont l'histoire doit conserver le souvenir. Leclerc, garde national de la IIIe légion, voit tomber à ses côtés son fils blessé; il le soulève dans ses bras; au même moment, une balle frappe le jeune homme mortellement : « J'ai laissé mon autre fils près de sa mère, je vais le chercher, dit-il, il saura mourir aussi pour la cause de l'ordre public. » Il emporte son fils et ramène son second enfant au combat. Heureux celui qui peut mourir en combattant pour son pays, pour l'honneur et la gloire de la société en péril ; mais honneur cent fois à l'homme courageux qui offre à sa patrie plus que lui-même, en lui donnant les êtres chéris que son cœur paternel lui commandait de conserver !

XXIII. — Vers midi, arriva le général Lamoricière; il venait prendre possession de son quartier général et rétablir d'abord la circulation sur les boulevards du centre. Il devait opérer dans les faubourgs Poissonnière, Saint-Denis, Saint-Martin et du Temple. Il commande quatre colonnes composées de deux bataillons du 61ᵉ de ligne et des 11ᵉ et 14ᵉ léger, de deux bataillons de garde mobile, de deux bataillons de la IIᵉ légion, d'un escadron de lanciers, et d'une batterie d'artillerie. Les boulevards dégagés, sont occupés par les réserves de cavalerie, qui y établissent leurs piquets. Lamoricière reconnaît tous les points sur lesquels il doit se mouvoir.

XXIV. — Au faubourg Poisonnière, les insurgés avaient construit, à l'entrée de la rue Lafayette, une barricade très-forte. Ils y sont en grand nombre, occupent plusieurs maisons qu'ils ont fortifiées. Ils obéissent à des chefs revêtus de l'uniforme d'officiers de la garde nationale. Un bataillon de garde mobile arrive, occupe la rue dans sa largeur. Le 7ᵉ léger, le 3ᵉ bataillon de la IIᵉ légion de la garde nationale se massent derrière. Le général Lafontaine commande; les sommations légales sont faites par humanité et reçues avec mépris. Le combat commence. Un feu très-vif est échangé pendant trente minutes. Les assiégeants, exposés, à découvert, essuient le feu d'hommes retranchés et abrités; d'un côté les coups portent sur des hommes, de l'autre ils se perdent dans les obstacles. Les pertes sont considérables. Beaucoup de soldats et de gardes nationaux succombent; enfin, l'assaut est donné, la barricade est franchie, les insurgés fuient dans toutes les directions et vont s'abriter derrière d'autres retranchements; plusieurs sont faits prisonniers avec leurs chefs et conduits à la caserne du faubourg Poissonnière.

C'est au plus fort de ce combat que fut tué Lefèvre, ancien élève de l'École polytechnique, chef de bataillon de la II* légion. Au signal de l'assaut, Lefèvre s'était élancé à la tête de son bataillon, une balle l'atteint mortellement, il tombe, ses camarades accourent. Lefèvre se soulève avec effort : « La barricade est-elle prise? dit-il. —Oui. —Eh bien, ajouta-t-il, vive la république! » Et il meurt.

XXV.—Le général Rapatel opère rue du Faubourg-Saint-Denis, à la tête d'une colonne de troupes et du 5* bataillon de garde mobile. Plus heureux, il a pu enlever, au pas de course, cinq barricades élevées dans les environs de l'église Saint-Laurent.

Le haut du faubourg Saint-Martin et le faubourg du Temple sont très-fortement retranchés, et la lutte y a pris des proportions terribles. Le représentant Dornès a été frappé mortellement dans le faubourg Saint-Martin, à la tête d'un détachement de garde mobile, au moment où il haranguait les insurgés. Le général François, qui commande, est blessé. Plusieurs barricades avaient été enlevées, lorsque le général de division Fouché arrive à la tête de sa colonne à la rue Saint-Maur. Cette rue établit, transversalement, une communication directe entre les faubourgs Poissonnière, Saint-Denis, Saint-Martin, et du Temple jusqu'au faubourg Saint-Antoine. C'est la première ligne de défense des boulevards extérieurs. C'est un point stratégique important, qui peut permettre de rétablir des communications avec Vincennes, de prendre à revers et d'isoler le faubourg Saint-Antoine. Les insurgés l'avaient compris et avaient puissamment fortifié ce point. Il s'y trouvait surtout une barricade formidable, défendue par une troupe nombreuse de l'ancienne garde républicaine licenciée, troupe intrépide, habituée aux armes et qui croyait défendre la république ; portant à cette attaque contre la patrie, le courage froid et résolu que les hommes braves apportent à sa défense.

XXVI. — Le général Fouché est blessé, son aide-de-camp Husson de Prailly, chef d'escadron d'état-major, est tué à ses côtés. La garde nationale voit tomber Lescouvé, commandant le 2e bataillon de la VIe légion. Les pertes sont considérables. Lamoricière fait demander du renfort au général Cavaignac. Celui-ci vint bientôt lui-même à la tête de quelques réserves, ayant à ses côtés Lamartine, et les représentants de Treveneuc, Duclerc, Jules Favre, Landrin, Heckeren, de Ludre et Pierre Bonaparte. L'attaque fut reprise avec vigueur ; on employa le canon. Cavaignac fait masser les troupes dans les rues latérales et reste seul près des pièces. Beaucoup d'artilleurs, de servants, de chevaux furent tués ou blessés. Enfin, après plusieurs assauts meurtriers, le colonel Dulac, à la tête du 29e de ligne, et le 20e bataillon de garde mobile, commandé par Huot, s'en emparèrent.

XXVII. — Le soir, les quais de la rive droite, les boulevards intérieurs, tous les quartiers entre les faubourgs Poissonnière, Saint-Denis, Saint-Martin et du Temple étaient dégagés. Il ne restait aux mains de l'insurrection, de ce côté, que les environs de la place Royale, la ligne des boulevards extérieurs et des barrières et le faubourg Saint-Antoine tout entier.

Le général Clément Thomas avait donné sa démission depuis le 20 ; il reprit courageusement son commandement en face du danger, et, dans la matinée, accompagné de Jules Favre et de Landrin, parcourut les rues du centre à la tête d'un bataillon de la Ire légion, du 34e de ligne et d'un détachement de dragons. Il enleva plusieurs barricades et fut blessé en s'emparant de l'une d'elles.

N'ayant pas assez de temps pour commencer l'attaque sur ces différents points, Lamoricière se contenta de les isoler.

XXVIII. — Pendant que ces événements se passaient sur la rive droite, dans la Cité, au Palais de Justice, les tribunaux avaient ouvert leurs audiences et vaquaient à leurs graves occupations. Lorsqu'on apprit ce qui se passait, les causes furent remises, et le bruit des armes suspendit le cours de la justice.

Une barricade s'élevait au bout du pont Saint-Michel, deux autres fermaient les deux extrémités du Petit-Pont, une troisième se construisait rue Constantine. Des groupes se formèrent non loin d'un dé-

tachement de soldats, lorsque des coups de feu retentissent. Dirigés sur la troupe, ils tuent plusieurs
soldats. Les ordres sont aussitôt donnés, le tambour
bat, la barricade de la rue Constantine est enlevée.

Le général Bedeau gardait l'Hôtel de Ville et ses
environs à la tête des 48e, 59e et 12e de ligne, du
24e léger, de plusieurs bataillons de garde mobile et
de garde nationale, et d'une batterie d'artillerie. Au
bruit de la fusillade qui commence, le général se met
en marche pour dégager les approches de la position
dont la garde lui a été confiée. Il commande l'attaque
du pont Saint-Michel et du Petit-Pont, du côté de la
Cité. Ces obstacles enlevés, après une vive résistance,
il fait le siége de la barricade du Petit-Pont, établie
sur la rive gauche. Longtemps défendue avec achar-
nement; canonnée pendant deux heures, elle fut prise
enfin. Guinard, colonel de l'artillerie de la garde
nationale, bien connu par son courage, se distingua
brillamment dans ces attaques. Le représentant Bixio
y fut blessé d'une balle en pleine poitrine. Le général
Bedeau, qu'une grave blessure mit hors de combat,
continua bravement à donner ses ordres et diriger
l'attaque, ne voulant se retirer qu'après la victoire.

XXIX. — Les quartiers de la rive gauche devinrent
le théâtre d'une lutte des plus vives ; percés de rues
obscures, étroites, ils offraient autant de périls à l'attaque que de facilités à la défense. L'insurrection y
était très-fortement concentrée entre les quais, la rue
Dauphine, la place Sainte-Geneviève, les rues Mouffetard, Saint-Victor et les barrières. Le 24e léger,

commandé par le colonel Bertrand, arrivant à midi du fort de Bicêtre, pour se rendre à son poste, n'a pu traverser la barrière de Fontainebleau qu'en s'ouvrant un passage de vive force et s'emparant d'une barricade. L'entrée de la rue Saint-Jacques en face du Petit-Pont, celle de la rue de la Harpe en face du pont Saint-Michel, et toutes les petites rues ou ruelles y aboutissant étaient fermées par des barricades. Une colonne composée du 12e régiment de ligne, de détachements des 8e et 11e bataillons de garde mobile et la XIe légion, marcha contre celle qui fermait l'entrée de la rue Saint-Séverin. Francis Masson, jeune et courageux chef du 4e bataillon de la XIe légion, avait déjà donné des preuves d'intrépidité. Il s'avance près des insurgés. Pendant qu'il parlemente, une balle, tirée par eux, le tue roide. La troupe, indignée, s'élance et s'empare de la barricade. La lutte fut longue et terrible dans ce quartier; des barricades et des maisons furent prises et reprises. Le combat dura pendant toute la journée, avec des alternatives diverses.

XXX. — Le général Damesme, à la tête des 73e et 34e de ligne, du 7e léger et des 10e et 23e bataillons de la garde mobile, pressait et resserrait l'insurrection. Il avait, pendant toute la journée, délogé les insurgés du haut de la rue de la Harpe, de la place Saint-Michel, située alors au sommet de la rue de la Harpe, de la rue des Mathurins, de la rue des Grès, les avait refoulés sur la rue Saint-Jacques et sur la place Sainte-Geneviève, et s'était installé sur la place de la Sorbonne, lieu désigné de son quartier-général. Il avait exécuté ainsi un mouvement tournant qui commandait déjà le haut de la rue Saint-Jacques et menaçait le haut du quartier Saint-Marceau. Il privait le centre de l'insurrection de la rive gauche, de ses communications avec les faubourgs; mais pour l'avoir empêché de s'étendre, il ne l'avait pas rendue moins redoutable.

LIVRE VII.

I. — L'Assemblée nationale ne recula pas dans l'accomplissement des rigoureux devoirs que lui imposait la défense de la société aussi odieusement attaquée. Le 23, elle se déclara en permanence. Vers le milieu de la séance, le général Cavaignac, ministre de la guerre, donna des nouvelles des événements.

Garnier Pagès, se faisant l'organe de la commission exécutive, excusa l'absence de ses collègues : « S'ils ne sont pas dans cette enceinte, c'est qu'il est des moments solennels où il ne faut pas parler, mais agir. Oui, il faut agir avec force et vigueur, avec l'énergie du dévouement, lorsqu'on est en présence de l'émeute armée, organisée, soldée, venant ensan-

glanter nos rues.... Depuis ce matin nous avons été
prévenus que l'émeute s'agitait, qu'on cherchait à
solder les agitateurs. Nous n'avons pas cessé de donner des ordres avec activité.... Pour qu'il y ait unité
dans le commandement, nous avons eu soin de confier
à la bravoure du général Cavaignac, ministre de la
guerre, la disposition de toutes les forces et le soin
d'assurer la sécurité de la capitale. Le général Cavaignac, avec son énergie ordinaire et son patriotisme
bien connu, a eu soin de concentrer toutes les forces
autour de l'assemblée nationale, pour ensuite les répandre sur les points menacés. Ses dispositions ont
eu un grand commencement de succès; mais, ce n'est
pas tout, il faut en finir avec les agitateurs, il faut
que la République sorte pure et honnête de tous les
dangers dont elle est environnée... Nous avons hâte
de déposer le pouvoir que nous exerçons; mais,
quand il y a péril, nous devons être en avant, au
premier rang pour défendre l'ordre... Des mesures
vigoureuses ont été prises; il faut des mesures plus
vigoureuses encore. Il faut marcher droit à l'émeute,
là où elle est. Il faut détruire les barricades là où
elles se font. Nous allons marcher aux barricades
nous-mêmes et avec une ardeur digne de vous. »

II. — Le représentant Bonjean proposa à l'Assemblée d'envoyer plusieurs de ses membres se joindre
à la garde nationale et à l'armée. Lamartine répond que la forme d'action de l'Assemblée n'était
pas dans de pareils actes de dévouement : « Il faut,
ajouta-t-il, que la France, personnifiée dans ses re-

présentants sortis du suffrage universel, se montre ici, sur ces bancs, comme la patrie elle-même. Pour nous, nous irons où le danger, où la gloire nous appellent, nous irons où la garde nationale affronte les balles; et, au sang si douloureusement versé, nous serons heureux de joindre, s'il le faut, le nôtre. » Ce n'étaient pas là de vaines paroles. On vit François Arago, ce savant homme, exposer dix fois sa vie si précieuse dans les attaques de la rive gauche et s'emparer d'une barricade dans la rue des Mathurins. On vit aussi, à la formidable lutte du faubourg du Temple, Lamartine aux côtés du général Lamoricière, ce chef intrépide que le danger semble attirer; plus tard encore, Lamartine, à la tête d'un bataillon, enlevait une barricade de la rue Saint-Séverin. Heureux tous deux, s'ils avaient pu, dans ce grand deuil de la république ensanglantée, donner leur vie à la patrie, échapper à la malice humaine et mourir à propos !

III. — L'Assemblée nationale eut aussi ses intrépides volontaires. Henri de Tréveneuc, Ducoux, Sarrans jeune, Landrin, Jules Favre, Havin, Bonjean, Grandin, Levavasseur, Flandrin, Tessié de Lamotte, Vavin, Bixio, Dornès, d'autres, encore, devançaient le vote qui, le lendemain, devait décréter les actes de courage que leur ardeur les portait à accomplir spontanément.

A minuit, la séance est suspendue; Sénart, président, se retire. Le vice-président Corbon monte au fauteuil. Le bureau demeure à son poste pendant toute la nuit. Les représentants cherchent un peu de repos sur les banquettes de la salle des conférences et de la salle des séances. Le ,vice-président Lafayette monte au fauteuil à quatre heures du matin.

IV. — Le 24, à huit heures du matin, les représentants sont au complet. Tous s'attendent à de graves événements; les nouvelles les plus alarmantes circulent de bouche en bouche, l'insurrection a fait des progrès; elle s'est rapprochée vers le centre, elle est aux portes de l'Hôtel de Ville.

Sénart reprend la séance, et, sur sa proposition, l'Assemblée vote à l'unanimité un décret portant que « la République adopte les enfants et les veuves des citoyens qui ont succombé dans la journée du 23, et de ceux qui pourraient périr encore, en combattant pour la défense de l'ordre, de la liberté et des institutions républicaines. »

A ce moment, un membre demande à l'Assemblée de se former en comité secret. Cette proposition n'est pas adoptée. Alors, Pascal Duprat monte à la tribune et, tant en son nom qu'au nom de plusieurs de ses collègues, soumet à l'Assemblée une proposition que leur inspire la gravité des circonstances : « Les discours sont inutiles, il nous faut aux uns et aux autres, dit-il, des actes, des actes énergiques, des actes qui répondent aux besoins de la situation, aux besoins de la République. » Il propose la mise de Paris en état de siége et la concentration de tous les pouvoirs dans les mains du général Cavaignac. Larabit s'oppose à l'état de siége, à la dictature : « Les

lois suffisent, avec la force armée, dit-il, pour rétablir l'ordre dans la cité. Oui, l'énergie et le dévouement de la garde nationale et des troupes suffisent
pour sauver la République; nous n'avons pas besoin de
suspendre les lois. Déléguons notre confiance au général Cavaignac; mais je m'oppose à l'état de siége. »
Germain Sarrut s'écrie : « Au nom des souvenirs de
1832, nous protestons contre l'état de siége. »

Quentin Bauchard propose à l'Assemblée de décréter que la Commission exécutive cesse à l'instant ses
fonctions et que ses pouvoirs sont confiés au patriotisme du général Cavaignac. Bastide, ministre des
affaires étrangères, supplie ses collègues, au nom de
la patrie, de mettre un terme à la délibération et de
voter le plus tôt possible : « Dans une heure, peut-
être, dit-il, l'Hôtel de Ville sera pris.

Henri de Treveneuc, qui avait passé la journée
du 23 au milieu des combats et suivi les opérations
militaires des généraux Lamoricière, Lebreton, Hec-
quet, affirme que la garde nationale réclame ouvertement l'état de siége. Langlais ajoute que c'est le
vœu de la population tout entière. Enfin, le président met aux voix et l'Assemblée adopte un décret en
ces termes : « L'Assemblée nationale se déclare en
permanence. Paris est mis en état de siége. Tous les
pouvoirs exécutifs sont délégués au général Cavaignac. »

V. — Peu d'instants après, le président communique à l'Assemblée ce message de la Commission
exécutive : « Citoyen président, la Commission du

pouvoir exécutif aurait manqué à la fois à ses devoirs et à son honneur en se retirant devant une sédition et devant un péril public. Elle se retire seulement devant un vote de l'Assemblée ; en remettant
les pouvoirs dont vous l'aviez investie, elle rentre
dans les rangs de la représentation nationale, pour
se dévouer, avec vous, au danger commun et au salut
de la République. »

VI. — L'Assemblée nationale avait écarté, la veille,
la proposition faite par Henri de Treveneuc d'envoyer
des représentants sur le théâtre de l'insurrection.
Elle fut reprise, et soixante membres furent désignés
dans les bureaux en qualité de commissaires de la
représentation nationale. Le général Cavaignac leur
indiqua, comme lieux de réunion, les quartiers généraux du général Lamoricière à la porte Saint-Denis,
du général Duvivier, remplaçant le général Bedeau,
à l'Hôtel de Ville, et du général Damesme à la place
de la Sorbonne. Il n'était pas encore dix heures du
matin, que l'Assemblée avait déjà pris toutes ces
sages et redoutables dispositions de salut public.
Cavaignac était investi d'un pouvoir suprême.
Dans un jour de péril, l'Assemblée nationale ne pouvait remettre, en des mains à la fois plus fermes et
plus honnêtes, son autorité souveraine. Les révolutions grandissent ou diminuent les hommes. Eugène
Cavaignac se plaça de suite à la hauteur du grand
rôle qu'il allait jouer dans l'histoire de son pays.

VII. — Cavaignac s'adresse d'abord à la garde na-

tionale : « Citoyens, dit-il, votre sang n'aura pas été
versé en vain. Redoublez d'efforts, répondez à mon
appel, et l'ordre, grâce à vous, grâce au concours de
vos frères de l'armée, sera rétabli. Citoyens, ce n'est
pas seulement le présent, c'est l'avenir de là France
et de la République que votre héroïque conduite va
assurer. Rien ne se fonde, rien ne s'établit sans douleurs et sans sacrifices ; soldats volontaires de la nation intelligente, vous avez dû le comprendre. Ayez
confiance dans le chef qui vous commande, comptez
sur lui, comme il peut compter sur vous. La force
unie à la raison, à la sagesse, au bon sens, à l'amour
de la patrie, triomphera des ennemis de la République et de l'ordre social. Ce que vous voulez, ce que
nous voulons tous, c'est un gouvernement ferme,
sage, honnête, assurant tous les droits, garantissant
toutes les libertés, assez fort pour refouler toutes les
ambitions personnelles, assez calme pour déjouer
toutes les intrigues des ennemis de la France. Ce
gouvernement, vous l'aurez, car, avec vous, avec
votre concours entier, loyal, sympathique, un gouvernement peut tout faire. »

Parlant ensuite à l'armée : « Soldats, le salut de la
patrie vous réclame ! c'est une terrible, une cruelle
guerre que celle que vous faites aujourd'hui. Ras-
surez-vous, vous n'êtes point agresseurs ; cette fois,
du moins, vous n'aurez pas été de tristes instruments
de despotisme et de trahison. Courage, soldats, imitez
l'exemple intelligent et dévoué de vos concitoyens ;
soyez fidèles aux lois de l'honneur, de l'humanité ;
soyez fidèles à la République. A vous, à moi, un jour

ou l'autre, peut-être aujourd'hui, il nous sera donné
de mourir pour elle : que ce soit à l'instant même,
si nous devons survivre à la République. »

VIII. — Enfin, il adresse aux insurgés cette proclamation : « Vous croyez vous battre dans l'intérêt
des ouvriers, c'est contre eux que vous combattez ;
c'est sur eux seuls que retombera tant de sang
versé. Si une pareille lutte pouvait se prolonger, il
faudrait désespérer de l'avenir de la République, dont
vous voulez tous assurer le triomphe irrévocable. Au
nom de la Patrie ensanglantée, au nom de la République que vous allez perdre, au nom du travail que
vous demandez et qu'on ne vous a jamais refusé, .
trompez les espérances de nos ennemis communs,
mettez bas vos armes fratricides et comptez que le
gouvernement, s'il n'ignore pas que dans vos rangs
il y a des instigateurs criminels, sait aussi qu'il s'y
trouve des frères qui ne sont qu'égarés et qu'il rappelle dans les bras de la Patrie. »

IX. — Dans la nuit du 23 au 24, on n'avait rien
tenté de part ni d'autre ; les insurgés n'osant rien
entreprendre à découvert, renforçaient leurs dé-
fenses. La garde nationale et l'armée établies dans
les cours des maisons, sur les places et sur le revers
des barricades prises la veille, se gardaient avec
soin de toute surprise ; la nuit se passa sans alertes
mais non pas sans alarmes, comme on passe une
nuit devant un ennemi qu'on voit et qu'on entend.

Le 24, au petit jour, on s'aperçut partout que

l'insurrection serait plus difficile à vaincre. Sur la rive droite, elle est restée maîtresse du haut du faubourg Poissonnière, du faubourg Saint-Denis, du clos Saint-Lazare, de partie du faubourg du Temple, du faubourg Saint-Antoine tout entier; elle a fait, en retour, dans les quartiers du Temple et Saint-Antoine, de tels progrès, qu'elle s'appuie sur l'église Saint-Gervais et touche l'Hôtel de Ville. Sur la rive gauche, elle tient la rue Saint-Jacques, la place Maubert, les rues Mouffetard, Saint-Victor et Sainte-Geneviève, depuis le quai jusqu'aux barrières alors placées au boulevard extérieur; de là, elle se replie, depuis la barrière d'Italie, jusqu'à la barrière d'Enfer.

X. — Les barricades de la barrière du faubourg Poissonnière sont très-fortes; un grand nombre d'insurgés les défendent. Ils occupent les bâtiments en construction de l'hospice Lariboisière et toutes les fenêtres des maisons voisines. Le général Lebreton commanda cette attaque. La garde nationale de la IIe légion et celle de Rouen s'y battirent avec intrépidité, rivalisant d'efforts et de courage avec la garde mobile et la troupe de ligne. L'extrémité des faubourgs Saint-Denis et du Temple, la rue Saint-Maur sont également hérissées d'obstacles. Charles Bernard de la VIe légion, et Gousset lieutenant de la garde mobile, prirent le canon que les insurgés avaient placé dans la barricade de cette dernière rue. Charles Bernard prit aussi un drapeau sur une barricade près la barrière des Trois-Couronnes et y fut blessé. Le général Lamoricière, à la fin de la journée, avait tout surmonté, à l'exception des barrières, dont il n'eut pas le temps de s'emparer. Il fit garder ses positions et revint vers le centre où l'insurrection avait fait de grands progrès.

XI. — Des détachements des 3e et 4e bataillons de la IIIe légion et un demi-bataillon du 23e léger stationnaient près de l'église Saint-Eustache; le capitaine Gonaux, à la tête de la 2e compagnie du 4e bataillon de la IIIe légion, s'élança sur la barricade construite à l'angle de la rue Rambuteau et de la rue Beaubourg et s'empara du drapeau. Le capitaine Trouvé, du 2e bataillon de la IXe légion, fut blessé mortellement à la barricade de la rue Geoffroy-Lasnier : il était décoré de juillet. Les barricades des rues Saint-Merry, Planche-Mibray et toutes les petites rues voisines, furent prises, après de sanglants combats, par le général Duvivier qui couvrait l'Hôtel de Ville à la tête de douze bataillons et de huit pièces de canon. Au quartier du Temple, les troupes du général Lamoricière ne restèrent maîtresses dans les rues Saint-Nicolas et du Temple qu'après de vifs engagements. On vit, dans ces attaques, les représentants Galy-Cazalat et Victor Hugo donner des preuves d'un grand courage; plus près de la rue Saint-Antoine, l'insurrection s'est emparée de la mairie du VIIIe arrondissement, y a pris quinze mille cartouches et arboré le drapeau rouge.

XII. — Il était évident que la marche de l'insurrection exécutait un plan d'ensemble concerté, tracé d'avance : c'était de cerner les approches de l'Hôtel de Ville, par un mouvement convergent des extrémités au centre ; d'occuper les troupes aux faubourgs, pendant que les plus décidés presseraient l'entrée de l'édifice municipal. Aussi les manœuvres du général Cavaignac et des généraux sous ses ordres, eurent-elles toujours pour but des mouvements tendant à refouler l'insurrection du centre aux extrémités. D'un côté, Bedeau et Duvivier, de l'Hôtel de Ville aux boulevards intérieurs ; Lamoricière, des boulevards aux barrières du nord ; de l'autre côté, Damesme, des quais de la rive gauche et des flancs de la rue de la Harpe aux barrières du sud. Le plan de l'attaque a dicté celui que la défense adopta dès le premier jour, qu'elle exécuta avec persévérance, et qu'elle accomplit avec ce courage et cette énergie qui n'appartiennent qu'aux soldats d'une cause juste.

XIII. — Le général Damesme voulait en finir. La rue Saint-Jacques, à laquelle il s'était arrêté la veille, et toutes les ruelles tortueuses qui l'avoisinent étaient hérissées de barricades ; on en comptait plus de quarante dans la seule rue Saint-Jacques. Le général avait sous ses ordres le 24ᵉ léger, des détachements de la XIᵉ légion et les 9ᵉ, 10ᵉ et 23ᵉ bataillons de la garde mobile. Il opposa aux insurgés leur propre tactique, fit occuper les maisons et diriger sur les barricades un feu plongeant. La jeune garde mobile semblait se faire un jeu de ces dangereux combats ou braver le péril pour y échapper. A un signal donné, elle vole à l'assaut, franchit irrésisti-

blement les obstacles, déloge successivement les insurgés et, après vingt combats, les refoule sur la
place Sainte-Geneviève.

Un remarquable fait d'armes eut lieu sur ce point.
A l'angle de la rue des Noyers se trouvait un obstacle des plus forts protégé par un feu nourri partant
de toutes les fenêtres d'une maison. On croyait plus
prudent de ne pas l'attaquer de front et de le tourner.
La cantinière du 9ᵉ bataillon de la garde mobile,
Caroline Charlemagne, jeune fille de 18 ans, se jette
en avant, le sabre à la main, au milieu des balles, et
va droit au chef qui agitait son drapeau, lui abat le
poignet d'un coup de sabre et s'empare du drapeau.
Les gardes mobiles suivent son élan et chassent les
insurgés. Ils se réfugient dans l'église Sainte-Geneviève, dans l'Ecole de droit, dans la mairie du
XIIᵉ arrondissement et dans les maisons voisines en
construction. Ces lieux étaient occupés déjà par les
insurgés qui, au nombre de quatre ou cinq mille
hommes, s'y fortifièrent et s'y défendirent longtemps. Le colonel Thomas, du 11ᵉ léger, déblaye les
rues voisines. Deux canons sont mis en batterie,
dans la rue Soufflot, pour abattre les portes de
l'église. Les artilleurs sont tués ou blessés sur leurs
pièces. L'intrépide Damesme, placé entre les deux
canons, encourageait les artilleurs par son exemple.
Après des secousses longtemps répétées, les portes
cèdent et tombent. Les soldats, les gardes mobiles
prennent d'assaut les retraites des insurgés et se
précipitent dans l'église. On s'y bat corps à corps,
avec la rage des guerres civiles. Les insurgés sont

vaincus. Ceux qui échappent courent se retrancher derrière les barricades du faubourg Saint-Marceau. Damesme les suit et attaque la barricade de la rue de l'Estrapade. C'est là qu'une balle lui brisa la jambe; mais, à l'instant, Georges, garde mobile du 18e bataillon, âgé de 17 ans, s'élance sur la barricade, ajuste et tue l'auteur de cette blessure qui se vantait de son coup. On porte le général à l'hôpital du Val-de-Grâce, il y subit une douloureuse amputation. Pas un cri, pas une plainte ne s'échappa de cette âme stoïque. Quand l'opération fut terminée : « Pourrai-je encore monter à cheval? » dit-il au chirurgien. « Oui, général, » répond celui-ci. La joie brilla dans les regards du blessé. Vain espoir; quelques jours après, la patrie pleurait un de ses plus braves généraux.

XIV. — Au moment où il avait commencé l'attaque de la rue Saint-Jacques, le général Damesme avait combiné ses dispositions avec celles de la colonne du général de Bréa qui, partant quai de Montebello, à la tête de la nouvelle garde républicaine, de la troupe de ligne, d'un détachement de la Ire légion et du 18e bataillon de garde mobile, s'était emparé de vive force de vingt barricades élevées autour de la place Maubert. Un jeune garde mobile, du 18e bataillon, enleva le drapeau qui surmontait la principale de ces barricades. Sur ce drapeau on lisait cette inscription : « 13e barricade des ateliers nationaux. » Au-dessus se trouvait un bonnet rouge. Cette colonne s'empara successivement de tous les nombreux obstacles élevés dans la rue de la Montagne-Sainte-Geneviève, coupée de rues étroites si favorables à une pareille lutte, et parvint ainsi jusqu'à la place Sainte-Geneviève où elle apprit la grave blessure du général commandant de la rive gauche. Tout le quartier était soumis, il ne restait plus à dégager que les barrières. Le général de Bréa prit le commandement du général Damesme et poussa ses reconnaissances jusqu'aux boulevards extérieurs.

XV. — La nuit vint couvrir encore une fois de son ombre ces sanglantes scènes. Nuit sans calme ni repos; courte trêve entre deux combats. Rien n'était terminé; on ne pouvait entrevoir la fin d'une lutte qui semblait grandir en se prolongeant; la dernière journée faisait présager une journée plus cruelle. La ville ressemblait à un camp établi sur un champ de bataille, les rues avaient un aspect sinistre et désert. La terreur était générale; le deuil et la peine étaient partout; on pleurait même sur les succès, et la victoire était lamentable. Le bruit répété du canon et de la fusillade avaient jeté, dans toutes les imaginations, l'horreur et l'épouvante; chaque décharge faisait tressaillir tous les cœurs. Rien n'égalait l'effroi des habitants des quartiers où s'étaient livrés tant de combats. On voyait, dans l'obscurité, des vieillards, des femmes, des enfants abandonner leurs demeures et se diriger vers des lieux plus tranquilles ou se retirer dans les bois voisins. Les rues étaient occupées militairement; de toutes parts c'étaient des sentinelles, des gardes, des postes nombreux remplis d'hommes en armes, des femmes qui cherchaient leurs maris; des mères, leurs enfants; des ambulances d'où s'échappaient des plaintes et des gémissements; les insurgés y recevaient les mêmes soins : un ennemi blessé est assez puni. Là se trouvaient ces saintes filles, modestes devant les hommes, mais intrépides au devoir; anges de consolation, elles soignaient les blessures, encourageaient les cœurs; on y voyait des prêtres qui fortifiaient les âmes, accordant, au nom d'un Dieu miséricordieux et juste, aux uns, le pardon qu'il promet au repentir; aux autres, la récompense qu'il assure aux belles actions.

XVI. — Les blessures étaient affreuses. On peut se rendre compte de l'effet des projectiles lancés des barricades avec des armes de guerre portant une charge destinée à atteindre les plus grandes distances. Les balles, ricochant d'un mur sur l'autre, traversaient plusieurs fois la chaussée et frappaient tout ce qui s'y trouvait. A travers les créneaux des barricades, ou sur l'appui des fenêtres, on tirait à coup posé sur des hommes exposés aux feux directs, obliques ou plongeants, étonnés de cette guerre nouvelle, où l'on reste passivement offert, comme une cible, au feu d'un adversaire invisible.

Ce n'étaient pas, comme au mois de février, des barricades presque inoffensives, élevées sans danger, défendues sans utilité, puisqu'elles n'étaient pas attaquées, par des hommes qui prenaient des airs de révolution. On avait, dans certains clubs, professé l'art de les construire, d'établir entre elles des communications, d'y ménager des entrées couvertes, de pratiquer sur leurs faces des meurtrières, des créneaux. On en avait fait de véritables fortifications à l'épreuve du canon : elles étaient presque toutes défendues avec discipline, sans cris, sans trouble, sans tumulte, par des hommes obéissant à leurs chefs, bien armés, sachant se battre, et combattant avec un courage sombre et farouche, avec le courage de la haine.

XVII. Tout ce que Paris comptait d'hommes énergiques et dévoués à l'ordre social, ou bien au gouvernement républicain, avait pris les armes. On comptait, outre les officiers présents à Paris, bon nombre de généraux sous l'uniforme du simple garde national. Il y avait, dans la Ire légion, les généraux Delarue, Gourgaud, Rulhières, Saint-Yon, Alexandre de Girardin, Galbois, Adrien Dastorg, De Bar, Corbin, de Castellane, Lauriston, le général Drolenvaux, arrivé la veille d'Afrique. Dans la IIe légion, le général Piré. Il y avait encore, dans les rangs des légions, les généraux de Fezensac, de Berthois, de Chabannes, de Pontès, de la Place, Dupetit-Thouars, Moline de Saint-Yon ; le général Bourgon, tué à la barricade de la barrière de la Chapelle-Saint-Denis. Avec l'exemple donné par de pareils hommes, la garde nationale devait faire des merveilles de courage et elle les fit.

XVIII. — La nouvelle de cette effroyable guerre parvint dans les départements. Elle y excita une émotion extraordinaire, une généreuse émulation pour se porter au secours de la capitale. Les gardes natio-

nales du nord, arrivées des premières, ont été enga-
gées aux barricades du faubourg Poissonnière. Elles
y ont éprouvé des pertes sensibles. Rouen, Amiens,
Orléans envoyèrent de suite des bataillons ; il en vint
deux de Versailles. Toutes les gardes nationales des environs de la capitale vinrent, aux premiers moments,
prendre leur part du péril. Dans la nuit du 23 et la
journée du 24, quatre-vingt-trois bataillons de Seine-
et-Oise entrèrent dans Paris. Ce n'était que l'avant-
garde des départements, ceux que leur proximité
favorisait ou que leur courage avait entraînés les premiers. Les gardes nationales de Caen, de Pont-
l'Évêque, de Cherbourg, de Lorient, de Brest et de
Larochelle partent par mer pour venir par le Havre
et Rouen. Le nombre des défenseurs de l'ordre augmente d'heure en heure. Partout ils s'arment, se
mettent en marche et couvrent les routes ; partout
sur leur passage ils reçoivent le salut de reconnaissance de ceux qui restent. Leur entrée dans Paris est acclamée par les bons citoyens, fortifie leurs
cœurs : les mauvais sont frappés d'étonnement et
d'effroi.

XIX. — Cavaignac annonçait ainsi cette bonne
noüvelle à la population de Paris : « L'attaque dirigée contre la République a soulevé l'indignation universelle. De toutes parts les gardes nationales se
lèvent spontanément et viennent en aide à leurs frères
de Paris. Dans la soirée d'hier, pendant toute la
nuit, de nombreux bataillons sont arrivés ; les routes
sont couvertes de citoyens armés pour la défense de

la République. Tous veulent partager, avec les légions de Paris et de la banlieue, l'honneur de sauver la société, menacée dans nos institutions démocratiques, et terminer enfin une lutte affligeante pour la patrie. Que chacun soit à son poste, et aujourd'hui la rébellion aura disparu. Des renforts de troupes nous arrivent de province; les hommes, les munitions, les vivres, rien ne manque. »

S'adressant à la garde mobile, Cavaignac lui disait : « Vous êtes de dignes et braves enfants de la République; nous ne vous connaissions pas comme soldats, aujourd'hui nous vous connaissons. Courage! vous venez de conquérir, par votre valeur et votre dévouement, votre place à côté de cette glorieuse armée de la patrie. »

XX. — Depuis le commencement de la lutte, les derniers travaux étaient suspendus, abandonnés. La souffrance, la détresse des nombreux habitants qui vivent d'un travail journalier étaient extrêmes. L'action de la charité privée et des établissements de bienfaisance n'était plus possible, au milieu des armes. L'Assemblée nationale alla au-devant de ces malheurs en assurant, à cette partie si intéressante de la population, les moyens de subsistance qu'il lui était impossible de se procurer. A cet effet, sur la proposition faite par Sénart, son président, à la reprise de la séance du 25 au matin, à l'unanimité de ses membres, elle décréta : qu'un crédit de trois millions était ouvert, d'urgence, au ministre de l'intérieur, pour secours extraordinaires; que ce ministre se concerterait avec le maire de Paris, pour faire répartir immédiatement cette somme entre les quatorze arrondissements de la Seine, dans la proportion des besoins respectifs de chacun d'eux ; que des mesures seraient prises sans délai, dans chaque municipalité, pour distribuer, à domicile, des secours, soit en argent, soit en nature, aux indigents.

Le chef du pouvoir exécutif ordonna que, par les officiers rapporteurs près les conseils de guerre et par leurs substituts, il serait immédiatement procédé à l'information contre tous individus arrêtés à l'occasion des attentats commis les 23 juin et jours suivants, pour être ultérieurement statué à leur égard, conformément aux lois pénales.

En même temps, le général Cavaignac fit un nouvel effort pour amener la pacification de l'insurrection. Il adressa cette proclamation aux insurgés : « Ouvriers, et vous tous qui tenez encore les armes levées contre la République, une dernière fois, au nom de tout ce qu'il y a de respectable, de saint, de sacré pour les hommes, déposez vos armes ! l'Assemblée nationale, la Nation tout entière vous le demandent. On vous dit que de cruelles vengeances vous attendent ! Ce sont vos ennemis, les nôtres, qui parlent ainsi. On vous dit que vous serez sacrifiés de sang-froid ! venez à nous, venez comme des frères repentants et soumis à la loi, et les bras de la République sont prêts à vous recevoir. »

XXI. — Le même jour, 25 juin, à la reprise des opérations militaires, on put constater que l'insurrection n'avait pu occuper de nouveau les lieux dont elle avait été expulsée la veille. Elle était concentrée sur des points fixes et plus restreints, et grâce au nombre de soldats dont l'autorité militaire disposait on avait pu couper ses communications.

Sur la rive gauche, dès le matin, de nombreuses et fortes patrouilles de troupes et de garde nationale parcourent librement les quartiers et les faubourgs Saint-Jacques et Saint-Marceau; quelques tentatives de résistance ont seulement eu lieu à la place Maubert et dans la rue Saint-Victor; mais elles furent promptement réprimées.

Les insurgés, chassés la veille du quartier Saint-Marceau, s'étaient réfugiés à la barrière de Fontainebleau et s'étaient joints à la mauvaise portion de la population de la Maison-Blanche et d'Ivry. Le général de Bréa, accompagné du capitaine Mangin, son aide de camp, commandait une forte colonne composée du 1er bataillon de la garde mobile et de bataillons du 11e léger, sous le commandement du colonel Thomas, du 24e léger et du 22e de ligne. Le général voulait dégager les barrières du sud. Il avait déjà visité les barrières d'Enfer, Saint-Jacques, de la Santé et de la Glacière. Il avait parlementé en personne et donné lecture du décret de l'Assemblée qui accordait trois millions aux ouvriers nécessiteux : ces barrières s'étaient ouvertes à sa voix.

XXII. — La colonne arrive à la barrière de Fontainebleau. L'insurrection y était plus menaçante. Le commandant Gobert marche en avant avec le colonel Laugier, de la XII⁰ légion. Menacés et mis en joue, ils reviennent près du général et lui font part de l'attitude hostile des insurgés. « Je vais leur parler, » dit le général. Il s'avance en parlementaire, précédé d'un tambour et d'un clairon. L'attitude change tout à coup à l'aspect du vieux général; on l'accueille : « Venez, ne craignez rien, » lui dit-on. La grille s'ouvre. Le général entre accompagné de son aide de camp Mangin, les commandants Gobert et Desmarets entrent avec lui, le lieutenant Singeot les suit. La grille est fermée derrière eux.

Aussitôt, une foule sinistre les enveloppe et les entraîne. On entend ces cris : « A mort! nous les tenons! » Quelques bons citoyens, pour gagner du temps, s'écrient qu'il faut les conduire chez le maire. Ils y entrent. Il y avait dans le jardin un moyen d'évasion, le lieutenant Singeot en profita pour aller chercher du secours. La foule força la porte et revint s'emparer de ses victimes. Leurs armes, leurs insignes leur furent violemment arrachés. On plaça le général devant une table, on le menaça des derniers outrages, s'il n'écrivait pas à sa troupe l'ordre de la retraite : « Je suis un vieux soldat, s'écria le brave général, je n'ai pas peur de la mort, fusillez-moi, je ne signerai pas cet ordre. » Un insurgé s'approcha du commandant Desmarets et lui dit : « Toi, tu es de la mobile? » « Non, répondit-il, je suis du 24ᵉ léger. » « Hé bien! reprend l'insurgé, ton bataillon est à la barrière, donne-lui l'ordre de se retirer. » « Fusillez-moi, répliqua le commandant, mais je ne donnerai pas cet ordre. » Les cris de mort redoublent. On les conduit au grand poste.

Le général entre; Mangin qui l'a défendu, avec énergie, contre les outrages, reste à ses côtés avec le commandant Desmarets. Un homme de la foule dit tout bas au commandant Gobert : « N'entrez pas, vous allez être fusillé. » Il répond : « Je suis venu avec le général, je ne l'abandonnerai pas. » La fureur de ces hommes augmente. L'un d'eux se jette à la gorge du général comme pour l'étrangler. Ses compagnons le dégagent. Les plus violents avaient expulsé peu à peu ceux qui semblaient favorables au général : ils sortent tous. Presque au même moment, on vit des fusils s'abaisser devant la fenêtre du poste, une décharge retentit. Le général tombe, un instant après son brave et digne Mangin tombe aussi. Le commandant Gobert s'est baissé sous le lit de camp. Le commandant Desmarets, protégé par la muraille, ne fut pas atteint. La Providence avait placé en réserve ces deux témoins d'un aussi horrible assassinat.

XXIII. — Cette scène affreuse a duré plus de deux heures. Le croirait-on ? La rage de ces hommes de sang n'était pas assouvie. Ils rentrent dans le poste, écrasent la tête du capitaine Mangin à coups de crosses de fusil et achèvent l'infortuné général avec leurs baïonnettes et sa propre épée.

Le lendemain, un de ces êtres abominables se vantait tout haut de son forfait devant un digne ouvrier : « Tiens, moi, disait-il, j'ai tué un général !

— Comment, malheureux, tu as tué un général! — Oui, voilà son épée. » On lut sur la lame de cette épée cette inscription : Donné au brave de Bréa, par le général Carpentier, en souvenir de la Bataille de Waterloo. — « Scélérat, lui dit l'ouvrier, tu as assassiné un des plus braves officiers de la France; tu as commis un grand crime! »

Cependant, la troupe était indignée que son général, qu'un parlementaire, fût retenu prisonnier en violation du droit des gens. Les chefs retardaient l'attaque; ils craignaient qu'elle ne fût le signal d'horribles représailles. Ils demandaient qu'on rendît le général. Le lieutenant-colonel Mouton du 22ᵉ de ligne, qui commandait, faisait d'incessantes tentatives, lorsqu'enfin le maire accourut avec tous les signes d'un violent désespoir : « Colonel, colonel, s'écriait-il, tuez-moi, les misérables, ils l'ont fusillé! » L'ordre d'attaque est aussitôt donné. La troupe s'élance, escalade la barrière et la barricade, s'en empare. On recherche et l'on trouve les auteurs de ce lâche assassinat pour les livrer à la justice.

XXIV. — Sur la rive droite, le 25, les insurgés occupaient encore, à l'extrémité des faubourgs, les barrières Poissonnière, Saint-Denis, du Temple, Rochechouart et des Martyrs. Ils étaient toujours retranchés dans le clos Saint-Lazare et l'hôpital Lariboisière. Tout le quartier et le faubourg Saint-Antoine étaient en leur pouvoir. Ils avaient concentré sur ces points toutes leurs forces.

Aux barrières, les moyens de défense étaient puis-

samment organisés. Barricades de pierres semblables
à des forteresses, murs crénelés, maisons fortifiées :
l'art de la guerre n'était pas étranger à ces dispositions. Lamoricière, dès le matin, fait canonner le clos
Saint-Lazare. Pendant ce temps, le général Lebreton
détache une partie de la 6ᵉ compagnie du 2ᵉ bataillon
de la IIIᵉ légion avec un peloton du 21ᵉ de ligne. Cette
troupe, sous le commandement du capitaine Treitt,
se poste aux fenêtres de l'abattoir Montmartre d'où
l'on dominait la barricade de la barrière Rochechouart. Au signal convenu, une décharge générale
part de cette embuscade; elle met le trouble et la
confusion dans les rangs des insurgés, qui aban-
donnent leur position. De son côté, Lamoricière a
pris le clos Saint-Lazare, s'est emparé de la barrière du faubourg Saint-Denis et a percé droit à La
Chapelle, coupant ainsi l'insurrection qui n'était fortifiée que sur la face, en traversant sa ligne de défense. Il put alors déblayer les barrières à droite et à
gauche de son attaque. Par cette hardie manœuvre
il terminait tout de ce côté.

XXV. — Restaient encore le quartier et le faubourg Saint-Antoine qui, depuis le 23, avaient eu
tout le temps de se fortifier. Le général Duvivier,
plus libre de ses mouvements depuis qu'il n'avait
plus à réprimer les attaques venant des quartiers du
Temple ou Saint-Martin, partit, le 25, de l'Hôtel de
Ville, pour dégager les rues nombreuses et fort
étroites situées derrière l'église Saint-Gervais, entre
les quais et la rue Saint-Antoine, jusqu'à la place de

la Bastille et le boulevard Contrescarpe. Il partagea
sa troupe, chargea le colonel Regnault du 48e de
ligne, avec son régiment, le 2e bataillon de la Ire légion et la 9e batterie de l'artillerie de la garde nationale, de suivre la direction de la rue Saint-Antoine,
pendant qu'il suivrait celle des quais en remontant
la Seine. Le général commençait cette manœuvre
lorsqu'il reçut, au pied, une blessure qui causa sa
mort. Le général Négrier prit son commandement,
dégagea le pont Marie, enleva les barricades du quai
Saint-Paul et pénétra dans l'intérieur du quartier. Il
était couvert de barricades. C'était surtout par ce
côté que les insurgés avaient espéré atteindre l'Hôtel
de Ville. Les abords de la caserne étaient fortifiés avec
grand soin. Les fenêtres des maisons avaient été garnies de planches épaisses et de matelas pour se
mieux garantir des projectiles. Il fallut enlever les
maisons l'une après l'autre.

XXVI. — Le colonel Regnault, de son côté, obli-
quant à gauche, reprit sur les insurgés, après des
luttes meurtrières, la mairie du VIIIe arrondissement,
et la place Royale qu'ils occupaient, et s'empara de
toutes les barricades de la rue Saint-Antoine. A la
prise de l'une d'elles, les soldats firent beaucoup
de prisonniers. Un insurgé, saisi les armes à la
main, allait être fusillé, quand le colonel Regnault s'élance et réclame la clémence du soldat;
les fusils se relèvent : « Merci, mon colonel, »
dit l'insurgé, et tirant un pistolet de dessous sa
blouse, il étend mort, à ses pieds, celui qui lui

sauvait la vie. Aussitôt l'insurgé tomba criblé de balles.

Pendant ce temps, le général Négrier gagnait du terrain, il s'emparait peu à peu de tout le quartier et parvenait enfin jusqu'à la place de la Bastille. Au moment où le général Négrier faisait une reconnaissance, accompagné des représentants de Falloux, Jobez, Roussel, de Vogué, Trélat et Charbonnel, il reçut une blessure mortelle. Le général Perrot le remplaça.

Enfin, le soir, la colonne du général Lamoricière, venant du faubourg du Temple, opéra sa jonction avec celle du général Perrot. Les deux généraux s'arrêtèrent. Lamoricière fit garder les abords du faubourg Saint-Antoine, bloqué de toutes parts, et sillonner par de fortes patrouilles les quartiers, théâtres de victoires si chèrement achetées.

XXVII. — L'entrée du faubourg Saint-Antoine était dans un état de défense formidable. Les rues de Charenton, du Faubourg-Saint-Antoine, de la Roquette étaient fermées de barricades formées de pavés et s'élevant à la hauteur d'un premier étage. Les maisons d'angle des rues, la face de celles de la rue de la Roquette et du quai de Jemmapes, étaient garnies de défenseurs embusqués aux fenêtres et jusque sous les tuiles des toits. Lamoricière prépara à l'instant même les moyens d'aborder ces obstacles par la sape et la mine; il devait attaquer de vive force, par le flanc du faubourg du Temple, pendant que le général Perrot les attaquerait de front par la place de la Bastille.

L'attaque commença le soir; la nuit seule put l'interrompre. Les représentants Larabit, Galy-Cazalat et Drouet-Desvaux profitèrent d'un moment de suspension pour entrer, en méditateurs volontaires, dans le faubourg. Ils furent entraînés dans l'intérieur et retenus prisonniers.

XXVIII. — Dans la nuit, les insurgés envoyèrent quatre parlementaires, prenant la qualité de délégués du faubourg Saint-Antoine, accompagnés du représentant Larabit. Ils apportaient au Président de l'Assemblée nationale une adresse par laquelle ils disaient : « Nous ne désirons pas l'effusion du sang de nos frères; nous avons toujours combattu pour la République démocratique. Si nous adhérons à ne pas poursuivre les progrès de la sanglante révolution qui s'opère, nous désirons aussi conserver notre titre de citoyens en conservant tous nos droits et tous nos devoirs de citoyens français. » Cette adresse portait un grand nombre de signatures. Le Président, d'accord avec le général Cavaignac, répondit : « Si vous voulez vraiment conserver le titre et les droits et remplir les devoirs de citoyens français, détruisez à l'instant les barricades, en présence desquelles nous ne pouvons voir en vous que des insurgés. Faites donc cesser toute résistance, soumettez-vous et rentrez, en enfants un moment égarés, dans le sein de cette République démocratique que l'Assemblée nationale a la mission de fonder et qu'à tout prix elle saura faire respecter. »

XXIX. — Les délégués et le représentant Larabit retournent dans le faubourg; les insurgés adressèrent encore au général Cavaignac d'autres propositions. C'étaient des ordres, ils exigeaient : l'éloignement de l'armée à quarante lieues de Paris, l'élargissement des prisonniers de Vincennes, le retrait du décret de dissolution des ateliers nationaux, le droit au travail. Ils voulaient que le peuple fît lui-même la constitution de la République. Ils demandaient une amnistie pleine et entière. Le Président Sénart et le général Cavaignac, dépositaires d'un grand pouvoir, ont su le conserver intact de toute faiblesse. Ils répondirent que ces conditions étaient une insulte, qu'il fallait une soumission absolue, que si à dix heures du matin le faubourg n'était pas rendu, il serait pris.

XXX. — Le 26 juin, dès le matin, le général Cavaignac fait afficher cette proclamation : « Citoyens, soldats, grâce à vous, l'insurrection va s'éteindre. Cette guerre sociale, cette guerre impie qui vous est faite, tire à sa fin. Depuis hier, nous n'avons rien négligé pour éclairer les débris de cette population égarée, conduite, animée par des pervers. Un dernier effort, et la patrie est sauvée! Partout il faut rétablir l'ordre, la surveillance; les mesures sont prises pour que la justice soit assurée dans son cours. Vous frapperez de votre réprobation tout acte qui aurait pour but de la désarmer. Vous ne souffrirez pas que le triomphe de l'ordre, de la liberté, de la République en un mot, soit le signal de représailles que vos cœurs repoussent. »

Il est dix heures du matin. Les insurgés persistent. Des propositions de paix rejetées rendent la guerre plus violente. On s'attend à une résistance opiniâtre. Le général Perrot accorde encore quelques minutes. Déjà l'on entend distinctement le bruit de l'attaque du général Lamoricière. Alors le général Perrot donne le signal. Aussitôt le canon tonne, les obus éclatent, les bombes crèvent le toit des maisons, une horrible fusillade s'engage. Les sapeurs du génie se sont glissés sur le revers des maisons et préparent la mine pour les faire sauter et rendre l'assaut moins meurtrier. Enfin, le général ne peut retenir la bouillante intrépidité des soldats. Ils veulent en finir, ils aiment mieux braver la mort de près que la recevoir de loin. Les têtes de colonnes s'ébranlent. La place de la Bastille est vide du côté du faubourg. Mais les balles se croisent et la sillonnent de toutes parts, et dans cet air chargé de mort, on voit courir une avalanche d'hommes qui traversent, s'approchent, s'élancent sur la principale barricade, l'escaladent au milieu du feu et pénètrent dans le faubourg.

XXXI. — La colonne du général Lamoricière avait obtenu des succès moins rapides. Elle avait attaqué et pris plusieurs barricades sur le flanc du faubourg. Le général avait eu à lutter contre les principaux moyens de défense des insurgés, lorsqu'il n'avait cru opérer qu'une diversion utile à l'attaque principale. Deux chefs de bataillon, six officiers et un grand nombre de gardes nationaux et de soldats succombèrent dans ces terribles engagements. Enfin, le général entra dans le faubourg. Toute résistance cessa. Les chefs s'échappèrent pour la plupart dans la campagne ; les insurgés rendirent leurs armes et démolirent eux-mêmes les barricades. A deux heures de l'après-midi, la sécurité fut rétablie dans les rues. Force restait à la société et à la loi.

XXXII. — La lutte terminée, Cavaignac publia cette magnifique proclamation : « Citoyens, soldats ! la cause sacrée de la République a triomphé ; votre dévouement, votre courage inébranlable ont déjoué de coupables projets, fait justice de funestes erreurs. Au nom de la Patrie, au nom de l'humanité tout entière, soyez remerciés de vos efforts, soyez bénis pour ce triomphe nécessaire.

» Ce matin encore, l'émotion de la lutte était légitime, inévitable ; maintenant, soyez aussi grands dans le calme que vous venez de l'être dans le combat. Dans Paris, je vois des vainqueurs, des vaincus ; que mon nom reste maudit, si je consentais à y voir des victimes. La justice aura son cours : qu'elle agisse ; c'est votre pensée, c'est la mienne.

» Prêt à rentrer au rang de simple citoyen, je reporterai, au milieu de vous, ce souvenir civique, de n'avoir, dans ces graves épreuves, repris à la liberté que ce que le salut de la République lui demandait lui-même, et de léguer un exemple à quiconque pourra être, à son tour, appelé à remplir d'aussi grands devoirs. »

XXXIII. — L'assemblée nationale était toujours en séance. Le 26, le président Sénart annonça les mesures administratives que le général Cavaignac avait prises la veille à l'égard des journaux reconnus dangereux par « l'excitation à la guerre civile dûment vérifiée, » le désarmement ordonné de tout garde national qui ne répondait pas à l'appel, et la fermeture des clubs reconnus dangereux. Quant aux mesures législatives, la formation d'une commission d'enquête pour rechercher les causes de l'attentat du 15 mai et de l'insurrection de juin ; constater les faits qui se rattachaient à sa préparation, à son exécution ; rapport devait être fait à l'Assemblée des résultats de cette information. Le président parlait encore, lorsqu'une dépêche lui est remise. Il l'ouvre, agite sa sonnette avec tous les signes de la plus vive émotion : « Huissiers, s'écria-t-il, faites entrer tous les représentants !… Citoyens, la lutte est terminée sur les points où nous craignions tant l'effusion du sang, et je dis, dans toute la joie de mon âme, merci à Dieu ! Vive la République ! Voici la dépêche du général Cavaignac : Grâce à l'attitude de l'Assemblée nationale, grâce au dévouement des gardes nationales et de l'armée, la révolte est réduite. Il n'y a plus de lutte dans Paris. Aussitôt que je serai certain que les pouvoirs qui m'ont été donnés ne seront plus nécessaires au salut de la République, j'irai les remettre respectueusement entre les mains de l'Assemblée. »

XXXIV. — C'est ici le lieu de raconter un acte d'un dévouement touchant et sublime. Monseigneur

Affre, archevêque de Paris, avait passé en prières la journée du 24 juin. Il avait trouvé, dans la méditation, une énergie que lui refusait la timidité naturelle de son caractère. Les résolutions généreuses naissent facilement dans les âmes agrandies par la perpétuelle contemplation de Dieu. Le 25, à quatre heures du soir, accompagné de deux de ses grands vicaires, il se rend auprès du général Cavaignac, pour lui demander s'il lui serait permis de porter aux insurgés du faubourg Saint-Antoine la parole de paix. La population, sur son passage, devinait sa pensée et voyait en lui un symbole d'espérance ; les mères osaient franchir le seuil de leurs demeures pour se jeter à ses pieds avec leurs enfants ; sans ordres les tambours battaient aux champs, les officiers et soldats présentaient les armes.

Le grand cœur du général savait comprendre les grandes actions. Il expose cependant au digne prélat tous les périls qui l'attendent : « Ma vie est si peu de chose, » répondit-il, avec une touchante simplicité, aux observations du général. Celui-ci ne se borna pas à donner son assentiment aux désirs de l'archevêque, il bénit sa pensée, exprimant, avec attendrissement, l'espérance que cette belle et religieuse démarche serait couronnée de succès.

XXXV. L'archevêque se dirigea vers la Bastille. Les marques de vénération et de reconnaissance augmentaient à mesure qu'il se rapprochait du bruit de la fusillade et du canon qui tonnait près de ses oreilles si peu habituées à l'entendre. Des gardes mobiles, des officiers le conjuraient de ne pas poursuivre une tentative aussi périlleuse qu'inutile. Ils lui rappelaient les récents malheurs, tous ces généraux tués, les parlementaires retenus captifs, la perte du général de Bréa et de son aide de camp. Il répondait avec calme, avec un sourire de bonté, que tant qu'il lui resterait une lueur d'espoir, il voulait s'efforcer d'arrêter l'effusion du sang. Il avançait toujours, répétant à voix basse ces belles paroles de l'Évangile : « Le bon pasteur donne sa vie pour ses brebis. » Il visitait les ambulances, bénissait les mourants, consolait les blessés. Arrivé, à huit heures du soir, près du général commandant l'attaque, il fit connaître l'autorisation qu'il avait obtenue du général Cavaignac et le supplia de faire suspendre pendant quelques instants le feu de l'artillerie et de la fusillade : « Je m'avancerai seul avec mes prêtres, ajouta-t-il, vers ce peuple qu'on a trompé. J'espère qu'il reconnaîtra ma soutane violette et la croix que je porte sur la poitrine. » On suspendit le feu. Plusieurs gardes nationaux conjurèrent l'archevêque de leur permettre de le suivre. Il n'y consentit pas. Un ouvrier obtint seul la permission de marcher devant lui, en portant une palme verte, symbole de ses intentions pacifiques. A la vue de ce cortége d'une attitude si touchante, le feu des barricades s'arrête. L'archevêque traverse la place, entre dans le faubourg. Au moment où il s'apprêtait à parler au peuple, le cri : « aux armes! » se fait entendre. Un coup de fusil retentit d'abord, puis la fusillade recommence. Au même moment, l'archevêque tombe : « Je suis frappé, mon ami, » dit-il à l'ouvrier qui l'accompagnait. Le peuple s'empresse autour de lui, le relève, l'emporte chez le curé de Saint-Antoine.

XXXVI. — La blessure de l'archevêque était des plus graves, la balle était engagée dans les reins. Lorsqu'il se trouva seul, s'adressant à l'un de ses grands vicaires : « Vous avez un devoir d'ami fidèle à remplir, lui dit-il, vous devez m'avertir de ma situation. Ma blessure est-elle grâve ? » « Oui, Monseigneur, très-grave, répondit celui-ci, mais nous ne sommes pas sans espoir. » « Il est plus probable que j'en mourrai, répliqua le blessé. » « Oui, Monseigneur, » dit le grand vicaire. Il se recueillit, sans rien perdre de son calme, et levant les yeux vers le ciel : « Mon Dieu, dit avec effusion le Prélat, je vous offre ma vie, acceptez-la en expiation de mes péchés et pour arrêter l'effusion du sang qui coule. Ma vie est bien peu de chose ; mais prenez-la. Je mourrais content, si je pouvais espérer la fin de cette horrible guerre civile, si mon sacrifice terminait tant de malheurs. »

Une inquiétude parut altérer la sérénité de son âme et la joie de son dévouement. Il la communiqua, avec un vrai chagrin, au confident de ses dernières pensées : c'était la crainte que sa démarche ne fût trop exaltée par les hommes : « Après ma mort, disait-il tout bas en soupirant, on va me donner des éloges que j'ai peu mérités. » O sublime vertu que la religion chrétienne peut seule inspirer ! Triomphe de la grandeur qui s'ignore et qui veut rester ignorée ! Après tous les nobles exemples de devoir et d'hé-

roïsme guerriers des derniers jours, il était réservé
au clergé catholique français de jeter au monde
entier le dernier mot de la charité et de l'hu-
milité!

XXXVII. — A minuit, l'archevêque reçut, avec une
sainte émotion, le viatique des mourants. Les insurgés veillaient en silence autour de l'asile du bon pasteur et venaient avec anxiété demander de ses nouvelles. La nombreuse et honnête population du
faubourg montrait une vive émotion et pleurait. Les
prêtres faisaient le récit des admirables paroles du
bon pasteur, et répétaient le vœu si ardent du pontife blessé à mort : « Que mon sang soit le dernier
versé. »

Vers une heure, l'archevêque, d'après l'avis de son
médecin, fut placé sur un brancard pour être trans-
porté à l'archevêché. Les ouvriers du faubourg, les
soldats, les gardes nationaux réunis par des regrets
communs, ne se disputaient plus que l'honneur de
porter ce précieux fardeau. Un cortége formé de soldats et d'officiers des différents corps se mit en marche avec les prêtres, les médecins, les serviteurs du
prélat. Un peuple pénétré de regrets et d'admiration
formait une longue haie : la garde nationale, les
troupes, rendaient les honneurs militaires. On se
jetait à genoux et l'on faisait le signe de la croix,
comme devant les reliques d'un martyr. Des prêtres,
accourus de tout Paris, le reçurent à l'archevêché,
baignés de larmes, mais fiers de la gloire si sainte de
leur pontife.

La paix, la sérénité, la piété de l'archevêque augmentèrent avec le mal. Il bénissait le peuple et les soldats. Il disait aux prêtres qui l'entouraient que « ce n'était pas pour sa guérison qu'il fallait prier, mais pour que sa mort fût sainte et profitable. » Le 27 juin, à quatre heures du soir, au milieu des sanglots de la foule, qui n'avait pas quitté sa demeure, ce saint homme rendit le dernier soupir. Ainsi finit Denis-Auguste Affre, archevêque de Paris. Il était né à Saint-Rome de Tarn, diocèse de Rhodez, le 18 septembre 1793. Institué évêque de Pompéiopolis et coadjuteur de Strasbourg le 27 avril 1840, il avait été nommé archevêque de Paris le 26 mai, préconisé le 13 juillet, et sacré dans son église métropolitaine le 6 août suivant. Une telle mort dit assez ce qu'a été sa vie.

XXXVIII. — L'Assemblée nationale, au nom de la France, paya sa dette de reconnaissance à ceux qui avaient tant fait pour son salut. Le 28 juin elle déclara, par trois décrets particuliers, que Sénart son président, le général Cavaignac, chef du pouvoir exécutif, les généraux, officiers, sous-officiers et soldats des gardes nationales de Paris et des départements, ceux de l'armée, de la garde mobile, de la garde républicaine et les élèves des écoles avaient bien mérité de la patrie.

Par un autre décret du même jour, elle déclara qu'elle regardait comme un devoir de proclamer les sentiments de religieuse reconnaissance et de profonde douleur que tous les cœurs avaient éprouvés pour le dévouement et la mort saintement héroïque de M. l'archevêque de Paris. Elle ordonna qu'un monument serait élevé, sous les voûtes de l'église métropolitaine de Notre-Dame de Paris, au nom et aux frais de la République, à la mémoire de l'archevêque de Paris, et que sur ce monument on lirait les inscriptions suivantes : « Le bon pasteur donne sa vie pour ses brebis. » « Puisse mon sang être le dernier versé. » Dernières paroles du prélat.

LIVRE VIII.

———

I. — Le calme était rétabli dans la rue, mais les esprits étaient profondément troublés. Une responsabilité bien lourde pesait sur le général Cavaignac et son gouvernement : La France n'avait rien demandé à la Commission exécutive, mais elle attendait beaucoup du nouveau pouvoir exécutif. Les difficultés amoncelées voulaient enfin une solution. Il fallait revenir sur bien des concessions imprudentes ou peu réfléchies.

Les gardes nationales des départements, au nombre de près de quatre cent mille hommes, avaient successivement quitté Paris. Ce qui restait encore de détachements venus des lieux les plus éloignés avait, dans la revue d'adieu, le 28 juin, défilé au nombre de cent vingt mille hommes, devant l'Assemblée nationale et le pouvoir exécutif, aux cris répétés de : Vive l'Assemblée nationale, vive la République des honnêtes gens, à bas les montagnards! Les vœux de la France n'étaient pas douteux; ils étaient dans la conscience du Gouvernement. La force ne lui manquait pas. Une armée nombreuse et maîtresse; l'assentiment de l'opinion; l'état de siége pouvaient assurer l'exécution de toutes les mesures de sécurité publique. Le Gouvernement n'en abusa pas.

II. — Les plus forts doivent être les plus justes. Le général Cavaignac, dans ces temps si difficiles, apaisa de suite toutes les colères, fit respecter les droits sacrés de l'humanité et sut user avec modération du pouvoir immense dont il disposait. Cavaignac était un homme d'action et de conseil; son jugement était sûr, jamais il ne transigea avec un faux principe, il se donna tout entier, sans mesurer son dévouement.

L'élévation de ses idées répondait juste à la hauteur des objets. D'un désintéressement simple et stoïque, au milieu des troubles civils, où l'ambition grandit avec l'importance des services rendus, il ne prit aucun soin de sa popularité et de son avenir, et suivit, tout droit, la ligne que sa conscience lui montrait. Il eut des calomniateurs et des jaloux : il écrasa la calomnie et l'envie par son intégrité et sa bonne renommée.

Ses ennemis même ont loué sa sévère probité; sa droiture eût été remarquée dans les temps où l'on honorait la vertu. Cavaignac a fait bien plus que se dévouer en soldat; une action d'éclat ne lui eût coûté que le sacrifice d'une vie qu'il offrit vingt fois à son pays, et le plus bel éloge qu'on puisse faire de ce grand citoyen, c'est que dans l'intérêt public, pour accomplir le devoir, dans ce qu'il a de plus austère, il éleva sa force jusqu'au courage de s'exposer à la haine! C'est la marque des plus beaux caractères historiques.

Nous connaissons le général Cavaignac dans sa vie publique; apprenons à le connaître par un de ces traits de sa vie intime qui montrent l'homme tout entier.

Cavaignac avait pour secrétaire général de son cabinet, un de ses vieux camarades. Un jour, le ministre de la Guerre, pour récompenser les services et le dévouement du secrétaire, crut devoir, à son insu, porter son nom, au grade d'officier, en tête d'une liste de promotions dans l'ordre de la Légion-d'Honneur, dont il était déjà membre depuis longtemps. La liste est soumise à la signature du général Cavaignac. Il efface le nom de son ami et l'appelle. Celui-ci entre. Vois, dit-il, en lui montrant la liste. Il y jette les yeux et, sans proférer une parole, saisit la main de Cavaignac et se jette dans ses bras. « Ah! s'écrie le général, je savais bien que je t'avais compris... à mon tour de t'embrasser. »

III. — Ce n'était pas assez d'avoir sauvé par les armes la société violemment attaquée; il fallait y rappeler l'ordre, la paix, la vie, par des lois de crédit et de salutaire répression; il fallait mesurer la part de liberté dont on ferait le sacrifice à la paix et au repos publics. Il n'appartenait qu'à des hommes au cœur fort et sincère, de faire l'abandon, toujours si pénible, de leur popularité, de se dévouer à cette noble tâche, d'oser l'emploi des grands remèdes qui pouvaient sauver leur pays. Lorsqu'on vit les plus vieux amis de la liberté, préparer, soutenir et voter les lois de répression, les plus difficiles durent comprendre enfin les exigences de la nécessité.

Les ministres qui formaient le gouvernement confié au général, étaient : à l'Intérieur, Sénart ; à la Justice, Bethmont, bientôt remplacé par Marie ; aux Affaires étrangères, Bastide ; à la Guerre, Lamoricière ; aux Finances, Goudchaux ; à l'Instruction publique, Carnot, puis Vaulabelle ; à la Marine, l'amiral Leblanc, qui eut pour successeur Verninhac ; à l'Agriculture et au Commerce, Tourret ; aux Travaux publics, Recurt. Ce ministère, soutenu par une Assemblée qui, à l'exception de quelques membres beaucoup trop passionnés, contenait ce que la France avait d'hommes le plus attachés à une liberté sage, tenta l'œuvre de la pacification des esprits.

IV. — Dès son entrée en fonctions, Cavaignac ordonna que tout payement cessât dans les ateliers nationaux. Il en opéra la dissolution complète et définitive. Les cadres si dangereux de cette formidable organisation furent rompus. Sans chefs, il n'y a plus de troupe. Les secours furent distribués par les mairies, sous la surveillance et le contrôle de l'auto-

rité administrative. Les chefs reçurent les mêmes secours que les autres.

Le premier besoin était le raffermissement de l'ordre moral et du crédit public. Le Conseil se livra sans
retard à l'étude d'une série de mesures financières
et politiques destinées, les unes à rendre la confiance
à ceux qui possédaient et qui avaient besoin d'être
rassurés sur la fidélité du gouvernement à remplir
ses engagements, d'autres à montrer, à ceux qui ne
possédaient pas, que l'Assemblée nationale s'occupait
d'eux et que, dans sa sollicitude, elle accueillerait les
sages mesures qui pourraient rétablir la confiance et
le travail.

Le Conseil préparait, en outre, des projets de loi sur
les journaux et les clubs dont les abus étaient trop
visibles. La France était sur le point de mettre un
frein même à ses plus chères libertés, et le délit de
quelques-uns devait frapper toute une nation.

V. — Le ministre des Finances, Goudchaux, saisit
l'Assemblée, le 2 juillet, de cinq projets de décrets.
Le premier, relatif à un emprunt de cent cinquante
millions, conclu avec la Banque de France; le second,
concernant le remboursement des livrets des caisses
d'épargne, et le troisième celui des bons du Trésor,
antérieurs au 24 février; le quatrième portant
augmentation des droits d'enregistrement des muta-
tions de biens meubles ou immeubles, en propriété
ou en usufruit, qui s'opèrent par décès; le cinquième
autorisant un prêt à faire aux entrepreneurs de bâtiments : c'était le moyen de donner une impulsion aux

travaux de bâtiment complétement interrompus.

Pour favoriser, de plus en plus, cette reprise, on exemptait, pendant dix ans, de toutes contributions, les constructions qui seraient commencées et au moins arasées, au niveau du sol, avant le 1er janvier 1849, pourvu qu'elles eussent été achevées au 1er janvier 1850. Cette exemption était portée à quinze ans pour les constructions consacrées à des logements d'ouvriers. L'Assemblée adopta tous ces projets.

L'Assemblée nationale décréta en outre que, voulant encourager l'esprit d'association, sans nuire à la liberté des contrats, elle ouvrait au ministère de l'Agriculture et du Commerce, un crédit de trois millions, destinés à être répartis entre les associations librement contractées, soit entre ouvriers, soit entre patrons et ouvriers. Elle décréta également des dispositions pour faciliter aux associations d'ouvriers les adjudications ou concessions de travaux qui seraient susceptibles d'être entrepris par elles.

Enfin, pour hâter, à Paris, la reprise du travail dans l'industrie des meubles et des bronzes, elle ouvrit au ministre de l'Agriculture et du Commerce un crédit de six cent mille francs à répartir entre ces deux industries.

VI. — Le socialisme armé avait été vaincu sur la place publique, le socialisme raisonneur tenta une nouvelle agression, moins dangereuse mais plus perfide, dans le sein même de la représentation nationale. Il fut vaincu par la force toute-puissante du bon sens. Sa défaite fut complète :

Proudhon avait fait une proposition consistant à s'emparer du tiers des fermages, des loyers, des intérêts des capitaux, dans un double but d'impôt et de crédit. Le comité des finances décida à l'unanimité que cette proposition ne devait pas être prise en considération, et chargea Thiers d'en faire rapport à l'Assemblée. Le rapporteur, avec son bon sens, son esprit lucide et pratique et cette verve spirituelle qui le distingue, n'eut pas de peine à démontrer l'inanité de tout le système et la prétentieuse vanité de son auteur : « Notre langage est sévère, sans doute, dit-il, en terminant; mais, s'il y a des erreurs qu'il faut savoir plaindre et respecter, il y en a qu'il ne faut payer d'aucune indulgence. Que certains philosophes à vues bornées, inspirés par une misanthropie qui se rencontre souvent chez des esprits mécontents de la société et d'eux-mêmes, méconnaissent les grandes vérités nécessaires aux hommes, mettent en doute Dieu, la famille, la propriété; substituent à ces idées profondes et éternelles, des idées fausses et funestes, cela s'est vu souvent et ne mérite que compassion; mais que, sortant de leurs méditations chagrines et solitaires, ces mêmes esprits osent, dans des temps de guerre civile, comme les nôtres, où les idées fausses font mouvoir des bras criminels, qu'ils osent se servir de leurs erreurs comme d'un moyen d'excitation pour soulever la multitude égarée, alors c'est un devoir, tout en respectant la liberté chez ceux qui en usent si mal, d'en blâmer le déplorable usage avec tout l'éclat d'un jugement national. »

VII. — L'auteur de la proposition voulut être entendu. « Orgueil ou vertige, a-t-il dit plus tard, je
crus que mon heure était venue! » Ainsi le rapporte
Stern, historien de ce temps. Ces mots, s'ils sont
vrais, sont instructifs. Le jour fut fixé. Le 31 juillet, le représentant Proudhon lut un long discours à
l'appui de sa proposition.

Pendant trois longues heures il exposa tout son
système de ce qu'il appelait la liquidation de la
vieille société, de l'abolition de la propriété : « Ac-
cordez-moi, disait-il, le droit au travail, je vous
abandonne la propriété. » L'Assemblée écouta avec
patience cette longue et criminelle diatribe contre
tout ce que respectent les hommes. Enfin, les sentiments de l'honnêteté blessée firent explosion. Dupin
aîné s'écria : « Mais, c'est clair, c'est la bourse ou
la vie! »

Le président Armand Marrast invita l'orateur à
expliquer sa pensée : « Cela veut dire, répondit-il
hardiment, qu'en cas de refus, nous procéderions
nous-mêmes à la liquidation sans vous. » « Ce que je
vais vous dire, ajoute Proudhon que rien n'arrête,
vous paraîtra un paradoxe : la propriété n'existe
plus. Nous sommes d'accord, tacitement, de tolérer le
fait, mais ce fait n'est qu'un provisoire dont vous êtes
maîtres de fixer le terme. Constitutionnellement et
en droit, la propriété, prenez-y garde, nous l'avons
abolie! Elle a été abolie le 25 février dernier, par le
décret du gouvernement provisoire qui garantissait
le droit au travail et promettait son organisation!
elle a été abolie ensuite par le consentement du pays

qui, adhérant à la République, proclamait le caractère économique de la Révolution !

» Cette abolition a été confirmée par le projet de constitution qui, dans sa déclaration des droits, en même temps qu'il posait le droit au travail, mettait en question la propriété. La propriété mise en question, remarquez cela, ce n'est pas moi qui l'ai fait, c'est vous ! Que me parlez-vous donc de propriété et de contrats ? des contrats dont le principe repose sur la propriété ! ils sont résiliés de plein droit. Si les contrats continuent à produire, en faveur de leurs anciens bénéficiaires, leurs conséquences, c'est uniquement l'effet du bon plaisir des fermiers et des débiteurs. » Ici, le président le rappelle à l'ordre. Les répulsions de l'Assemblée se sont assez manifestées pendant toute la durée de la lecture du discours ; le rappel à l'ordre porte sur un point spécial, sur une doctrine condamnée par la loi morale de toutes les nations. Le président l'engage à continuer.

VIII. — Proudhon, impassible et froid, continue sa lecture : « Le 24 février a posé le droit au travail, dit-il, le Gouvernement provisoire l'a confirmé ; le projet de constitution l'a maintenu. Il est gravé dans toutes les cervelles, en vain vous l'effaceriez de la future charte : vous n'auriez fait qu'y laisser un blanc dans lequel serait sous-entendu, à côté du droit au travail, le droit à l'insurrection. » On demande son rappel à l'ordre. Un membre de l'Assemblée lui dit : « Il y a un mois que vous auriez dû dire cela. » D'autres : « Où étiez-vous donc pendant les journées de juin. C'est vous qui avez allumé l'incendie. Il fallait aller aux barricades. » Sénart s'écria : « Ces gens-là appellent les autres derrière les barricades, mais ils n'y vont pas! » Cet orage passé, Proudhon reprit, avec le même calme, sa lecture commencée. Il alla jusqu'au bout.

Aucun membre ne prit la parole pour réfuter ce discours. Le ministre de l'intérieur déclara qu'il ne voulait pas répondre ni même exprimer, au nom du Gouvernement, les sentiments d'indignation dont l'assemblée était pénétrée ; que cependant l'orateur avait nié le droit, avait soutenu que la France ne connaissait que le règne de la force; mais que l'Assemblée lui avait fait une magnifique réponse en respectant l'inviolabilité de la tribune lorsqu'il en abusait.

Jamais on n'avait entendu pareil langage tomber de la tribune française. Ce discours reçut la sévère leçon d'un ordre du jour ainsi motivé : « Considérant que la proposition du citoyen Proudhon est une atteinte odieuse aux principes de la morale publique, qu'elle viole la propriété, qu'elle encourage la délation, qu'elle fait appel aux plus mauvaises passions ; considérant, en outre, que l'orateur a calomnié la Révolution de février 1848, en prétendant la rendre complice des théories qu'il a développées, passe à l'ordre du jour. »

Cet ordre du jour fut voté à l'unanimité moins deux voix, et ces deux voix, c'étaient celles des citoyens Proudhon et Greppo.

IX. — Un décret du 27 juin avait ordonné que

les individus reconnus avoir pris part à l'insurrection seraient transportés, par mesure de sûreté générale, dans les possessions françaises d'outre-mer. Onze mille hommes avaient été arrêtés; ils subirent l'instruction confiée à des commissions militaires. On renvoya devant les conseils de guerre, ceux qui furent considérés comme instigateurs ou qui avaient exercé un commandement, les autres furent l'objet des décisions des commissions. Près de sept mille furent mis en liberté ; un nouvel examen en fit renvoyer encore un grand nombre. Enfin trois mille hommes environ subirent la peine. Cette terrible répression pèsera éternellement, non pas sur l'Assemblée qui l'a prononcée, mais sur les instigateurs, sur ceux qui l'ont rendue nécessaire.

X. —Certains journaux avaient été suspendus, et Cavaignac, interpellé à ce sujet par le représentant Trousseau, lui répondit : Qu'il se sentait tellement fort de sa conscience, tellement fort de la rectitude de ses intentions, et s'était trouvé jusqu'alors si énergiquement soutenu par l'opinion publique, qu'il n'hésitait pas à déclarer que l'état de siége devait être longuement prolongé; qu'appliqué comme il l'était, il ne pouvait donner d'inquiétudes qu'aux citoyens dont les intentions seraient de nature à en inspirer aux autres. Il ajouta que, dans sa pensée, il n'y avait pas un lien indissoluble entre la suspension d'un certain nombre de journaux et l'état de siége; que lorsque, par suite de mesures, à l'égard desquelles il n'avait pas à faire de propositions immédiates, le Gouvernement se sentirait suffisamment armé contre la presse, il n'hésiterait pas à rendre complétement la liberté d'apparition aux feuilles qu'il avait suspendues.

XI. — Le moment était venu de régler, par des dispositions préventives et répressives, les libertés dont on avait si dangereusement abusé. Les lois anciennes, sur le cautionnement des journaux, n'étaient plus observées, les feuilles ne portaient souvent que des signatures d'hommes insolvables et pécuniairement irresponsables, l'on avait négligé de poursuivre et de faire prononcer des condamnations et des amendes qu'on ne pouvait recouvrer; de là, l'impunité assurée aux auteurs des attaques les plus violentes.

Le Gouvernement provisoire, en abrogeant par l'article 1er de son arrêté du 6 mars, la loi du 9 octobre 1835, avait bien reconnu le besoin indispensable de lois répressives, et le droit de s'en servir, mais il n'en avait pas fait usage.

Sénart, ministre de l'intérieur, dont le dévouement à la liberté n'est pas suspect, proposa lui-même, à la séance du 12 juillet, trois projets de décret établissant, le premier, un cautionnement sur les journaux et écrits périodiques; le second, une répression des crimes et délits commis par la voie de la presse; le troisième était relatif aux clubs. Le ministre disait à l'Assemblée que nul ne pouvait être libre de méconnaître les principes salutaires de la morale, les garanties sociales et politiques, le respect dû aux lois; que s'il les méconnaissait cependant,

s'il mettait en péril, par l'expression de pensées
coupables, l'ordre, le principe républicain, les
mœurs publiques, il abusait de son droit; qu'il fallait
qu'il fût puni et que le danger commun fût conjuré;
qu'aucun Gouvernement n'était possible qu'à cette
condition; que la République, qui prenait en main
les droits de tous, avait besoin pour les protéger,
pour se défendre elle-même, d'être armée de lois
répressives contre l'abus de toute liberté. La presse
exerce sur l'opinion publique une trop grande
influence. Comme toute puissance, elle doit avoir
sa responsabilité et trouver, pour ses écarts, une
juste répression.

Sur le rapport du représentant Berville, le projet
fut soumis aux délibérations de l'Assemblée. Le représentant Flocon prit de suite la parole et soutint
avec force que, depuis le mois de février, les caution-
nements étaient abolis; que tout cautionnement
était incompatible avec la liberté de la presse proclamée par la révolution; que le projet était d'ailleurs inutile, puisqu'on avait l'état de siége. Sénart
répondit, en citant le langage violent des journaux :
« Nous qui pensons, dit-il que la société ne peut
exister, que sous la condition d'être fermement dirigée et courageusement défendue, en respectant les
principes, en faisant tout ce que l'humanité exige,
mais sans transaction avec les ennemis de la société,
nous qui voulons que la république soit grande
et forte, et qui ferons tout ce qui sera en nous pour
la faire partout respecter, nous ne sommes pas

venus et nous ne viendrons pas, j'espère, vous demander de mettre toute la France en état de siége,
nous ne vous demanderons pas d'étendre les mesures
exceptionnelles qu'il nous a fallu prendre à Paris.
Ce n'est pas que de bons citoyens ne nous l'aient
demandé de plusieurs points de la France. Nous
résistons, nous ne voulons pas qu'il soit dit que des
hommes, qui ont consacré leur vie à la défense des
principes démocratiques, se laissent entraîner, se
laissent emporter au delà de ce qui est strictement
nécessaire. Nous agirons, soyez-en assurés, mais
nous ne ferons rien de plus. Est-ce à dire pour cela
que la société doive rester désarmée? Non, il existe
des lois à l'aide desquelles nous pouvons, dans les
départements, lutter contre les projets hostiles, les
déjouer, les réprimer. Ces lois, nous les ferons
partout exécuter. »

Marie, ministre de la justice, dévoué aussi à la liberté, ancien membre du Gouvernement provisoire,
défendit éloquemment le projet du gouvernement :
« En échange de la liberté absolue, à laquelle nous
avons ouvert la plus large porte que jamais elle ait pu
désirer, dit-il, nous n'avons trouvé que le travail de
l'anarchie niant tout ce qu'on avait honoré, dédaignant tout ce qu'on avait respecté, foulant aux pieds
tout ce qu'on avait grandi, et voulant faire de la république, je ne sais quelle puissance sans nom, qui
n'aurait pas d'avenir, car elle n'aurait pas de traditions dans le passé! »

XII. — Le représentant Berville fit également le

rapport sur le second projet. Dans la mémorable
discussion qui s'ouvrit à ce sujet, Antony Thouret
soutint, avec une grande force, les motifs détermi-
nants du décret proposé, tout en lui refusant l'appui de son vote. Antony Thouret, écrivain, journa-
liste, homme d'action vieilli dans les luttes de la
liberté, avait été, dès les premiers jours de la révolution, nommé commissaire du Gouvernement provisoire dans le département du Nord ; et, par les qualités de son cœur et de son esprit, il avait mérité
l'estime de ses administrés et même encouru les honneurs d'une destitution prononcée par Ledru-Rollin.

Thouret fit le tableau de la France au moment des
journées de Février : elle était prête à donner au
monde le spectacle d'un grand peuple fondant une république dans la paix, la concorde et la fraternité ;
plus de guerre, plus de terreur, plus d'échafaud :
tels avaient été les trois grands mots d'ordre de la
Révolution. Quelle mauvaise pensée vint mettre la
France en suspicion, et rappeler les dangereux souvenirs de 1793 à une génération nouvelle qui avait su
beaucoup apprendre et beaucoup oublier ? Quelles
mains parricides osèrent écrire le glorieux mot de
république sur le hideux drapeau du 23 juin ? L'histoire flétrira les misérables de toutes les classes et les
ambitieux de tous les partis qui donnèrent des armes
au crime, à l'égarement, à la misère, pour répandre
à flots le sang de la France : « Et cependant, conti-
nue-t-il, que faisait la presse à l'époque de cette
grande catastrophe ? était-elle vigilante, généreuse et
digne ? comprenait-elle la grandeur de sa mission

divine et humaine? comprenait-elle que, lorsqu'on reçoit de Dieu et du peuple un grand droit, on accepte un grand devoir? comprenait-elle que, lorsqu'on a toute liberté, on doit avoir toute sagesse, toute dignité, toute prudence? Non, il m'en coûte de le dire, à moi qui ai marché si longtemps dans les rangs de la presse républicaine, pour arriver à ce suffrage universel devant lequel je m'arrête plein de respect et d'espérance, au delà duquel je ne vois qu'un abîme; il m'en coûte de le dire, mais, si j'en excepte ces hommes graves qui savent mesurer l'exigence de leurs idées à la force des intelligences et à la sagesse des temps; si j'en excepte ces nombreux journalistes que 1830 a formés et que 1848 a mûris, une partie de la presse et surtout de la presse nouvelle a été violente, calomniatrice, antirépublicaine et, j'oserai le dire.., sanguinaire! oui sanguinaire... car toutes les victimes de juin, qu'elles soient tombées en dedans ou en dehors des barricades, lui crient, du fond de leur tombe : Vous avez trempé votre plume dans le sang français! »

Après une accusation, dirigée avec tant de véhémence et de vérité, contre les journaux coupables, Antony Thouret défendit cependant la liberté de la presse par une sorte d'inconséquence qui montre du moins de quel prix elle était à ses yeux. Il la défend parce qu'aucune loi répressive ne saurait, selon lui, frapper le coupable sans menacer l'innocent, parce que, s'il est déjà si difficile de punir les fautes matérielles de l'homme, il ne voit pas comment il serait possible de punir sa pensée sans la détruire.

XIII. — Un amendement du représentant Jules Favre fit insérer dans le décret l'énonciation d'un délit nouveau : l'attaque contre le principe de la propriété et les droits de la famille. Le représentant Dupin aîné dit qu'il croyait cet article fort nécessaire ; que ce n'était pas seulement des discussions philosophiques qui avaient eu lieu ; qu'on était descendu dans la pratique par des écrits multipliés, par des doctrines professées, par des projets de lois essayés qui étaient à la fois une attaque contre la propriété et une attaque contre les contrats ; que c'était la négation de toute espèce de droits. Qu'une secte ou une faction voudrait effacer le titre de la propriété dans le Code civil et le titre du vol dans le Code pénal : « Nous voulons maintenir l'un et l'autre, dit-il ; les lois sur le vol sont la sanction du droit de propriété. L'attaque à la propriété tend à légitimer le vol ; aussi, pour accréditer ces doctrines, est-on obligé, par un renversement du sens des termes de droit, de dire : la propriété c'est le vol ; de manière qu'enlever sa chose à un propriétaire, n'est plus, comme autrefois, prendre la chose d'autrui, mais récupérer sa propre chose. Quant à la liberté des opinions théoriques, elle doit être grande ; mais la négation d'un droit positif, la négation d'un droit qui est le fondement de la société, ne peut jamais être considérée comme une opinion problématique qu'il soit permis de discuter. L'attaque est un délit. Je maintiens donc la rédaction qui exprimera le plus fortement la nécessité de punir de telles agressions. »

Proudhon obtient la parole contre l'article et dit :

« Je demande que tout le monde soit aussi sincère que moi, et qu'on interdise, non pas l'attaque à la propriété, mais la discussion du principe de propriété. Je demande qu'on interdise toute discussion du Code civil, du Code de commerce, de l'économie politique, des systèmes socialistes. Je vous déclare que si vous permettez la discussion de la propriété, la propriété n'est pas en sûreté. Défendez la discussion, je vous en prie, c'est plus sûr, c'est plus franc, plus loyal. Je ne discuterai plus ; je n'ai pas besoin de discuter la propriété aujourd'hui : c'est une chose faite. »

Des murmures de réprobation accueillent ces paroles.

XIV. — Jules Favre réplique : « La pensée de l'Assemblée est conforme à la mienne ; c'est que de cette tribune ne doivent descendre que des paroles sérieuses et graves, et que toute ironie adressée au sentiment de l'Assemblée, au sentiment du pays, est une profonde inconvenance. On vient de vous dire qu'il faut être sincère et loyal. Qu'est-ce que vous êtes donc dans vos lois? à qui tendez-vous donc des piéges? Est-ce que vous ne vous adressez pas le visage découvert à ceux qui, se croyant des novateurs, ne font que ressusciter des vieilleries que l'histoire entière a condamnées? Il ne faut pas que celui qui descend de cette tribune veuille nous faire la grâce de son silence : c'est un piége qu'il vous tend, quand il fait appel à votre sincérité; il serait bien aise d'abriter son impuissance et la défaite qu'elle a subie, au grand jour de cette tribune, derrière un article de loi qui serait mal interprété. Nous voulons que toute attaque contre les idées sur lesquelles la société repose soient interdites, et voici pourquoi : c'est qu'il ne faut pas, pour servir la fortune de quelques ambitieux, mettre en péril le salut de la patrie; c'est que nous savons trop bien comment leurs utopies, colorées par les mensonges de l'imagination, peuvent armer des mains criminelles et pousser à l'émeute des hommes qu'on dit ensuite avoir été égarés. Voilà le sens de la loi, voilà le sentiment de l'Assemblée, contre lequel nous ne permettrons pas, sous quelque forme que l'on se cache, que l'ironie puisse prévaloir. »

Ces deux projets furent adoptés.

XV. —Le projet de décret relatif à la réglementation des clubs, fut soumis à l'Assemblée nationale, sur le rapport du représentant Coquerel. Il fut adopté et ne donna pas lieu à de bien graves discussions. Il reconnaissait aux citoyens le droit de se réunir en se conformant aux règles qu'il traçait.

L'ouverture d'un club devait être précédée d'une déclaration faite par les fondateurs, à Paris, à la préfecture de police, et dans les départements au préfet et au maire. Le nom du fondateur et le lieu de la réunion devaient être indiqués. Les clubs étaient publics, sans possibilité de se constituer en comité secret. Les femmes et les mineurs en étaient exclus. Une place spéciale était réservée au représentant de l'autorité. Un procès-verbal de la tenue de chaque séance devait être rédigé, et le fonctionnaire public pouvait y requérir toutes les constatations qu'il jugerait nécessaires, sans préjudice du droit qu'il avait de verbaliser. Les membres du bureau ne devaient tolérer la discussion d'aucune proposition contraire à l'ordre public et aux bonnes mœurs, ou tendant à provoquer un acte déclaré crime ou délit, ni des dénonciations contre les personnes ou attaques individuelles. Étaient interdits, les rapports, adresses et communications, députations ou délégations de club à club; toutes affiliations, proclamations, pétitions, signes extérieurs, affiches, toutes résolutions en forme de lois, décrets, arrêtés, ordonnances, jugements ou autres actes de l'autorité; le port d'armes apparentes ou cachées. Les sociétés secrètes étaient interdites. Les citoyens pouvaient fonder, dans un but non politique, des cercles ou réunions publiques, en faisant préalablement connaître, à l'autorité municipale, le local et l'objet de la réunion, les noms des fondateurs et directeurs.

Dans toutes ces dispositions, ce qui parut le plus sensible aux prôneurs de l'institution des clubs, ce fut la nécessité de tenir la séance ouverte à l'autorité publique, et cependant c'était fort sage : les conspirateurs seuls s'enferment et se cachent. Depuis ce jour, il n'y eut plus de clubs. Ainsi périt ce fameux droit de réunion, pour avoir été enfin légalement reconnu, mais réglé.

XVI. — Depuis que le Gouvernement provisoire avait arrêté, par ses décrets des 19 et 26 avril, une contribution directe sur les créances hypothécaires, les conservateurs des hypothèques et les contrôleurs

des contributions avaient essayé vainement les
moyens de mettre cet impôt à exécution. Les débiteurs, quoique tenus de faire les déclarations, sous
peine d'être personnellement poursuivis, sauf leur recours contre les créanciers, n'avaient répondu qu'en
petit nombre. La grande majorité des créanciers ne
pouvait être atteinte qu'à l'aide des relevés fournis
par les conservateurs des bureaux d'hypothèques.
On ne pouvait faire usage de ces relevés sans s'exposer à comprendre sur les rôles un grand nombre de
créances éteintes en totalité ou en partie par le payement et par la prescription.

Les réclamations nombreuses résultant d'un pareil
état de choses n'auraient pu être appréciées par l'administration, le créancier ne pouvant produire la preuve
de l'extinction totale ou partielle de la créance, puisque
cette preuve se trouvait dans les mains du débiteur.

Le ministre des finances, Goudchaux, modifia ces
dispositions et présenta un nouveau projet. D'a-
près les bases nouvelles qu'il proposait, l'impôt ne
frappait plus que les prêts hypothécaires et les prix
de vente d'immeubles transportés. On exceptait les
rentes foncières et viagères, les créances concernant
les hospices et les établissements ou associations de
bienfaisance, les prix d'immeubles restant dus. La
contribution porterait sur les intérêts et non plus
sur le capital ; elle serait à la charge du créancier et
serait payée en son acquit par le débiteur. Ce projet
ne résista pas à l'examen public. Le ministre le retira pendant sa discussion, et l'Assemblée décréta
l'abrogation des arrêtés du Gouvernement provisoire

des 19 et 26 avril, n'ayant pu ni les rendre exécutables ni les modifier.

XVII. — Une élection récente déférait de nouveau l'honneur de la représentation nationale à Louis-Napoléon. Les habitants de la Corse l'appelaient à l'Assemblée qui, sur le rapport de Germain Sarrut, valida l'élection le 24 juillet, ajournant l'admission jusqu'à la production des pièces constatant l'âge et la nationalité du nouvel élu. Louis-Napoléon écrivit de Londres au président de l'Assemblée une lettre ainsi conçue : « Je viens d'apprendre que les électeurs de la Corse m'ont nommé représentant à l'Assemblée nationale, malgré la démission que j'avais déposée entre les mains de votre prédécesseur. Je suis profondément reconnaissant de ce témoignage d'estime et de confiance. Mais, les raisons qui m'ont forcé de refuser les mandats de la Seine, de l'Yonne et de la Charente-Inférieure subsistent encore. Elles m'imposent un nouveau sacrifice. Sans renoncer à l'espoir d'être un jour représentant du peuple, je crois devoir attendre, pour rentrer dans le sein de ma patrie, que ma présence en France ne puisse, en aucune manière, servir de prétexte aux ennemis de la République. Je veux, par mon désintéressement, prouver la sincérité de mon patriotisme; je veux que ceux qui m'accusent d'ambition, soient convaincus de leur erreur. Veuillez faire agréer, une seconde fois, à l'Assemblée nationale avec ma démission, mon regret de ne pouvoir pas encore participer à ses travaux, et mes vœux ardents pour le bonheur de la République. »

XVIII. — L'Assemblée nationale ouvrit, le 25 août, la délibération sur le rapport de la Commission qu'elle avait chargée le 26 juin de rechercher les causes de l'attentat du 15 mai et de l'insurrection de juin. La Commission avait entendu un très-grand nombre de témoins. Son rapport était le résumé précis des dépositions. Les représentants Louis Blanc et Caussidière y étaient singulièrement compromis; ils se défendirent tous deux, avec chaleur, de toute participation directe ou indirecte.

A peine Caussidière finissait-il de parler, qu'Armand Marrast, président, donna lecture d'un réquisitoire du procureur de la République près le tribunal de la Seine, impliquant la coopération de Louis Blanc et de Caussidière dans l'insurrection de juin. Il demandait l'autorisation d'exercer, contre eux, toutes poursuites : « Considérant, disait-il, que des indices graves résultant tant de l'instruction judiciaire que de l'enquête parlementaire signalaient Louis Blanc et Caussidière comme y ayant participé soit comme auteurs, soit comme complices. » Louis Blanc soutint qu'on ne pouvait remettre en question ce que l'Assemblée avait déjà décidé le 31 mai.

Le procureur de la République, auquel sa double qualité de représentant et de magistrat imposait une grande réserve, expliqua que l'instruction judiciaire s'était complétée depuis les dernières poursuites et qu'il y avait de nouvelles charges. Les représentants Bac et Flocon prirent courageusement la défense de Louis Blanc. Marie, ministre de la justice, leur répondit avec force.

L'Assemblée vota d'abord, à une grande majorité, un ordre du jour approbatif du rapport ; elle vota ensuite l'urgence sur la demande d'autorisation de poursuites. Elle accorda l'autorisation de poursuivre Louis Blanc et Caussidière sur les faits relatifs à l'attentat du 15 mai, et la refusa contre Caussidière pour ceux relatifs à l'insurrection de juin. Cette séance se prolongea pendant toute la nuit et ne fut levée qu'à six heures du matin. Caussidière et Louis Blanc n'attendirent pas l'arrestation. Ils se réfugièrent en Angleterre. Nouvel exemple des vicissitudes et des contrastes révolutionnaires : après six mois de fortunes diverses, deux des principaux acteurs de la Révolution de février, un membre du Gouvernement provisoire et le préfet de police, allaient retrouver sur la terre étrangère le roi fugitif qu'ils se vantaient d'avoir expulsé !

XIX. — Le Gouvernement provisoire avait tranché, le 2 mars, l'un des problèmes les plus ardus et les plus complexes que présente la science économique en diminuant et limitant d'une manière uniforme et invariable, pour tous les genres d'industrie, la journée de travail de l'ouvrier, à Paris à dix heures et dans les départements à onze heures.

Ce décret avait une portée immense. Le travail devait-il être réglementé ou valait-il mieux lui laisser son entière liberté ? D'une part, on disait que la réduction de onze à dix heures avait fait perdre un dixième sur le travail. Qu'on accordait ainsi aux départements une supériorité de dix pour cent sur la capitale, et qu'en comparant la France aux pays du continent où la journée était de douze heures, on assurait à l'étranger une supériorité de dix pour cent sur les départements et de vingt pour cent sur Paris; que l'industrie française, ne pouvant soutenir la concurrence sur les marchés étrangers, l'exportation était réduite d'autant; que la France serait inondée de produits étrangers, de là une perte de numéraire et une diminution dans la production, dès lors une perte pour le travailleur; que si la loi l'obligeait à travailler moins, il serait bientôt réduit à ne plus travailler. Qu'en essayant de poser des limites au travail, on tombait dans l'arbitraire; qu'il ne pouvait y avoir, en cette matière, de limite naturelle que le droit, la vigueur et l'activité de chacun, la liberté; que la première des facultés de l'homme était de pourvoir à sa subsistance et à celle de sa famille, et que cette faculté naturelle ne pouvait être restreinte par la loi.

Voudrait-on diminuer la durée du travail et fixer un minimum de salaire, il fallait alors régler aussi le prix de la marchandise. Ce pouvait être un moyen d'abolir la concurrence; mais alors, si l'on croyait devoir assurer la subsistance de l'ouvrier, il serait d'une souveraine injustice de ne pas assurer également celle du patron. Prétendait-on, au moyen de la réduction des heures de travail, augmenter le salaire, le rendre permanent, pour éviter à l'ouvrier les effets du chômage, c'était méconnaître les simples règles de la production : le travail et le salaire sont corrélatifs et subordonnés l'un et l'autre à la demande.

La demande a ses époques. Limiter le travail, lorsqu'abonde la demande, est aussi injuste pour l'ouvrier, qu'il serait injuste d'obliger le patron à continuer le travail et payer le salaire lorsqu'a cessé la demande.

Appliquerait-on le règlement à toutes les industries, même à celles dans lesquelles le travail est limité à un moindre temps? La condition de l'ouvrier de bâtiment, par exemple, n'est-elle pas toute différente de celle de l'ouvrier des manufactures ou des ateliers? Comment, d'ailleurs, exercer une surveillance efficace? comment empêcher l'ouvrier laborieux et robuste, père d'une nombreuse famille, de prolonger un travail nécessaire? Quoi! c'est au moment où vous appelez l'ouvrier à l'exercice des droits politiques, c'est quand vous le grandissez que vous voulez le placer dans un véritable esclavage!

XX. — On répondait que s'il y avait des inconvénients à limiter les heures de travail, il y en avait encore plus à ne le pas faire; que pour l'homme qui vit de son travail journalier, la durée et le prix de ce travail, c'était son présent, son avenir, sa vie tout entière; qu'il fallait pourvoir à son salut et protéger l'ouvrier contre les excès de son zèle forcé, aussi bien que contre les dangers d'exigences intéressées.

Qu'avant tout, il fallait qu'il vécût, et que s'il était bon de lui assurer sa liberté, on devait lui donner le moyen d'assurer son existence; que la liberté absolue serait pour lui d'un grand prix, si les choses étaient égales entre l'offre et la demande; mais que l'ouvrier n'était pas libre de débattre les conditions qui

lui étaient faites, la nécessité le contraignant souvent
de les accepter sans différer. Que le règlement des
heures de travail pouvait, dans certains cas, lui faciliter le moyen d'augmenter son salaire par le prix
d'heures supplémentaires. Que sans doute l'Etat ne
pouvait pas s'immiscer dans le règlement des transactions entre l'ouvrier et le patron. Que si l'ouvrier
épuisait ses forces, ruinait sa santé et sa moralité
par l'abus d'un travail exagéré, l'Etat qui veille à la
sécurité et à la conservation de tous ses membres
devait intervenir; que, d'ailleurs, la limitation ne
pouvait être uniforme et qu'il y avait des exceptions
à faire ; qu'on ne pouvait limiter le travail isolé, ni
celui de l'ouvrier des champs qui suit la longueur
des jours et les variations du temps, mais qu'on
pouvait régler celui des usines et des manufactures.

Qu'à l'égard de la concurrence étrangère, l'objec-
tion était juste, mais qu'il n'en fallait pas exagérer
la portée ; que l'augmentation des prix ne touchait
que certains produits et n'était pas générale, puisque la diminution des heures ne pouvait être appli-
quée à tout, et que plusieurs nations ne connaissaient que la journée de douze heures. Qu'enfin, il
avait été constaté que le produit d'un ouvrage trop
prolongé, était inférieur à celui qui se fait, en moins
de temps, avec intelligence et vigueur. L'intelligence
de l'ouvrier s'affaisse après un travail exagéré,
l'homme s'abrutit. Quoi de plus propre à favoriser
ses mauvais instincts et ses vices? Pourquoi mettre
à sa portée les moyens qu'on lui offre de grandir son
esprit et d'élever son âme. Qu'on ferme les écoles du

soir et les bibliothèques, si l'on veut qu'il s'y rende lorsqu'il est épuisé par quatorze à seize heures d'un travail manuel!

XXI. — Sans se rendre compte de tous les effets que ce décret pouvait produire, la population ouvrière l'avait accueilli comme un bienfait et même comme une conquête sur le capital. Cependant, un savant économiste, partisan déclaré de la liberté du travail et de la belle théorie de l'association volontaire, le représentant Wolowski, proposa son abrogation pure et simple. Le comité des travailleurs, qui comptait dans son sein les plus ardents défenseurs des intérêts des ouvriers, après le plus sérieux examen, adopta cette proposition et chargea Pascal Duprat de présenter en ce sens un rapport à l'Assemblée nationale.

Le rapporteur disait que les actes du Gouvernement provisoire n'avaient pas toujours été inspirés par cette raison politique qui était le premier besoin du pouvoir; que le sentiment généreux qu'il puisait chaque jour dans le contact du peuple, l'avait poussé plus d'une fois trop loin.

Dans son ardeur pour les réformes que réclamait notre état social, il n'avait pas toujours tenu compte des divers éléments qui constituaient notre vie économique. C'était ainsi qu'il avait troublé les conditions de l'industrie en cherchant à les modifier. Qu'il était presque inutile de dire que sous l'empire du règlement nouveau, l'industrie française avait dû subir une atteinte profonde. Qu'elle avait lutté péniblement jusqu'alors avec l'industrie étrangère, et qu'à dater de ce moment, toute concurrence lui devenait impossible; qu'elle se voyait chassée des marchés du dehors; que le marché intérieur lui échappait à son tour; que le mouvement industriel s'arrêtait et que la richesse nationale était frappée dans sa source même. Que l'ouvrier ne pouvait plus, par son travail, subvenir à sa subsistance et à celle de sa famille.

XXII. — Une discussion sérieuse, complète, eut lieu dans les séances des 30 août et 8 septembre sur cet important sujet, et l'Assemblée suspendant toute préoccupation politique, apporta, dans cette délibération, un calme, une attention qui prouvèrent tout l'intérêt qu'elle prenait à la cause débattue devant elle.

Dès les premiers mots de la discussion, la commission comprit que l'abrogation pure et simple du décret du 2 mars pouvait être une mesure trop absolue, et qu'une limitation du travail à douze heures, applicable seulement aux ouvriers des manufactures et usines, réaliserait à la fois les vœux légitimes de l'industrie et du travail.

Elle modifia le projet en ce sens, en laissant d'ailleurs, à des règlements d'administration publique, le soin de déterminer les exceptions qu'il serait nécessaire d'apporter à ce règlement, à raison de la nature des industries et des causes de force majeure. On réserva l'examen de la question du rétablissement du marchandage, et le projet ainsi modifié fut converti en décret.

14.

XXIII. — Les constitutions politiques suivent les progrès de l'esprit humain et les constatent. Quelque parfaites qu'elles paraissent, elles sont passagères, elles ne durent que pendant les courtes saisons de la vie d'un peuple. Elles naissent avec bruit, le peuple passe et laisse derrière lui, marqués de l'empreinte de ses mœurs et de ses aspirations d'un jour, ces monuments de curiosité qui ne serviront plus à l'historien qu'à marquer une étape dans la marche incertaine de l'humanité.

On ne saurait le méconnaître, la Constitution de 1848, à part ses imperfections politiques et les emprunts qu'elle a faits aux constitutions d'un autre âge, a constaté, plus qu'aucune autre, les progrès de la vie sociale et des sentiments publics. Les mœurs y ont imprimé fortement leur cachet. Vous sentez, en la lisant, circuler dans ses dispositions un souffle de bienveillance réciproque et de mansuétude, fruits tardifs, mais réels de l'éducation et du christianisme. Il faut le constater, à l'honneur de notre pays, ces sentiments étaient dans les mœurs avant de passer dans cette loi. Mais il eût mieux valu laisser le feu sacré de la fraternité embraser les cœurs que de le contraindre à entrer dans un texte. La fraternité légale est un mensonge. Les constitutions ne peuvent changer la nature, œuvre de Dieu : on aimera toujours plus son prochain, quand on l'aimera librement, que lorsque la loi de l'homme vous ordonnera de l'aimer.

XXIV. — Le rapport sur le projet de cette constitution et le projet même furent, en grande partie,

l'œuvre d'Armand Marrast, représentant de la Haute-
Garonne, ancien rédacteur du journal *Le National*,
l'un des principaux promoteurs de la République.
Nommé d'abord maire de Paris, puis président de
l'Assemblée, il ne prit pas part à la discussion, mais
il la présida.

Les membres de la commission Coquerel, Dupin
aîné, Vivien et Dufaure, soutinrent les efforts de la
discussion avec un tact, un bon sens, une grandeur de
vues et souvent une éloquence qu'on aurait remarqués
davantage de la part d'hommes d'un moindre mérite.
L'élévation d'esprit qu'ils apportèrent dans cette im-
portante délibération, la maintint à une hauteur
digne d'elle et du pays qui en suivait les progrès.
Quelquefois, néanmoins, les interruptions malveil-
lantes, des expressions voisines de l'injure et d'étranges vivacités de langage troublèrent, mais sans les
faire fléchir, les plus courageux défenseurs des vrais
principes. L'historien qui se respecte, honore sa mission en les omettant ; il dédaigne le scandale pour ne
s'attacher qu'aux faits et aux pensées, dignes d'inté-
resser et de porter profit. L'histoire peut nous rendre
meilleurs, mais c'est par l'étude des belles actions et
des beaux caractères qu'elle met en relief, pour les
sauver de l'oubli et servir d'exemple.

XXV. — La question du droit au travail, déjà soumise au Gouvernement provisoire le 25 février, se
formula de nouveau dans cette délibération. La Constitution portait, dans l'un des articles de son préambule : « La République doit protéger le citoyen dans

sa personne, sa famille, sa religion, sa propriété, son travail, et mettre à la portée de chacun l'instruction indispensable à tous les hommes; elle doit, par une assistance fraternelle, assurer l'existence des citoyens nécessiteux, soit en leur procurant du travail, dans les limites de ses ressources, soit en donnant, à défaut de la famille, des secours à ceux qui sont hors d'état de travailler. » Cette disposition était assez claire, assez précise, assez complète, lorsque le représentant Mathieu de la Drôme, voulant convertir en droit, au profit de l'individu contre la société, ce que la société ne considérait que comme l'accomplissement, pour elle, d'un devoir envers l'individu, proposa un amendement ainsi conçu : « La République reconnaît le droit de tous les citoyens à l'instruction, au travail, à l'assistance. »

L'auteur de cette proposition si hardie, l'expliqua cependant; il en restreignit la portée : il reconnut que la Constitution déclarant, par un précédent article, que les citoyens devaient s'assurer, par le travail, des moyens d'existence, et, par la prévoyance, des ressources pour l'avenir, il n'entrait pas dans sa pensée de décharger l'individu de sa responsabilité et de son initiative.

Mais, suivant lui, l'État devait recueillir les individualités jetées en dehors du mouvement industriel, comme cela s'était fait dans tous les temps, comme cela se faisait encore alors, pour les employer aux travaux publics. Il ajoutait : « Tout ce qui existe est possédé. Terres, usines, maisons, fabriques, instruments de travail, tout a un maître. L'homme qui ne possède rien, l'homme qui est venu au monde, dans un dénûment absolu, le prolétaire, ne peut vivre que du produit de la propriété d'autrui. Voilà un homme placé sous la dépendance d'un autre. »

Cet argument, de la place déjà prise, était presque littéralement emprunté aux livres de Pierre Leroux. C'était le point de départ de ce réformateur, dans son attaque contre l'ordre social. La même idée se trouve dans une comédie d'Aristophane qui raillait ceux qui, de son temps, tenaient déjà ce langage. Voilà une vieille erreur datant de près de trois mille ans, et que les prétendus novateurs reproduisaient encore sous toutes les formes.

XXVI. — Il y a place pour tous dans le monde. La propriété est la récompense de celui qui travaille avec ardeur, avec économie. Le riche n'a pris la part de personne. On n'appauvrit pas son semblable, lorsqu'on s'enrichit par le travail et par l'épargne, et l'on enrichit avec soi la société qui profite de l'augmentation du capital social. Si chacun peut s'élever à l'aisance et à la propriété par le travail, la plainte n'appartient qu'à ceux qui voudraient obtenir ces biens en ne faisant rien.

Restent toutefois les causes exceptionnelles de misères et de souffrances; mais la société y a pourvu par les secours, par l'assistance, par les travaux temporaires. De ce côté, le progrès est possible, désirable; mais en attendant, on peut le dire, cette assistance n'a jamais manqué. La proposition n'avait donc pas d'autre portée législative que par ce qui y était sous-entendu.

XXVII. — Le débat prit des proportions étendues et dura plusieurs jours. Les plus habiles orateurs, les plus solides esprits de l'Assemblée y prirent part et se lancèrent dans des généralités qui ne tardèrent pas à faire perdre de vue la proposition même. La constitution, sur ce point, avait tout expliqué, tout prévu. La passion obscurcit l'évidence.

Enfin, Dufaure, que son caractère d'une droiture antique et son grand talent ont, depuis longtemps, fait l'un des principaux membres de nos assemblées délibérantes, ramena l'Assemblée à la vraie question et prononça une improvisation aussi belle par la simplicité de la forme, que par la clarté et l'élévation de la pensée. Elle se terminait ainsi : « Nous avions, dit-il, nous avions, dans un préambule, c'était une nécessité, à déterminer les rapports nécessaires de l'État envers les citoyens et des citoyens envers l'État. Nous pouvions les envisager de deux points de vue différents : au point de vue du droit, au point de vue du devoir. La Commission, après mûre délibération, n'a pas hésité; c'est du point de vue du devoir qu'elle vous a demandé de consacrer ces rapports. Un mot pour vous l'expliquer.

» Le sentiment personnel du droit est certes un sentiment respectable et sacré, et nous vous demandons plus tard de le garantir. Mais, pourtant, ce sentiment est personnel, il est un peu égoïste; il devient aisément exigeant; il s'emporte facilement aux exagérations ; il s'enivre facilement de lui-même, il sépare plutôt les hommes qu'il ne les rapproche ; il n'est pas dans la société un moyen d'union, il est plutôt une cause d'isolement et de division. Le devoir, au contraire, le sentiment du devoir emporte avec lui l'idée d'abnégation, l'idée de sacrifice, l'idée de dévouement; le sentiment du devoir crée toutes les bonnes et franches passions; le sentiment du devoir rapproche les hommes, au lieu de les séparer; il unit, il fortifie les États, au lieu de les diviser et de les dissoudre. En même temps qu'il donne à tous les droits leur plus solide garantie, il apprend à la société entière tous ses devoirs, et nous voulons que, par votre préambule, vous donniez cette leçon à nos concitoyens qui nous écoutent, et aux législateurs qui doivent nous suivre ; nous avons voulu que gouvernants et gouvernés apprissent, sussent à tout moment les devoirs que l'ordre social leur impose. »

L'amendement fut rejeté.

XXVIII. — Une intéressante discussion s'éleva au sujet du mode d'élection du président de la République. D'après le projet de la Constitution, le Président devait être nommé au suffrage direct et universel. On était d'accord sur ce point que le pouvoir exécutif devait être confié à un Président, on ne différait que sur le mode de dénomination.

Les uns voulaient qu'il fût élu par l'Assemblée, d'autres par le suffrage de tous. On proposa un troisième système, c'était la continuation de celui qui existait alors : un président du conseil des ministres nommé par l'Assemblée. Ce dernier d'abord écarté, restaient les deux autres. Ceux qui soutenaient le premier, disaient : qu'il serait bien difficile de discerner le mérite des candidats et de choisir le plus digne; qu'il ne fallait pas demander au suffrage universel plus qu'il ne pouvait produire; qu'en mettant en présence de l'Assemblée un pouvoir d'origine égale quoique différent, on s'exposait à faire naître des rivalités dangereuses et à rompre l'harmonie si désirable entre le pouvoir qui fait la loi et celui qui l'exécute, la tête et le bras; que le pays avait besoin de calme et de repos, et qu'il fallait éviter les agitations. Les partisans de l'élection directe par le peuple répondaient que l'élection par l'Assemblée serait regardée, en France, comme un acte de défiance; que la condition vitale indispensable d'une démocratie c'était la force du pouvoir; que le seul moyen de lui assurer la plénitude de sa puissance, c'était l'élection par le peuple entier, sans intermédiaire, par une délégation directe et personnelle; que le peuple saurait bien choisir celui qui devrait, par la popularité de ses actes et de ses services, assurer son bonheur; qu'il y avait là moins de danger et plus de sécurité.

Lamartine, Dufaure et Cavaignac soutinrent ce dernier parti qu'adopta l'Assemblée.

XXIX.—Le représentant Antony Thouret proposa ce paragraphe additionnel : « Aucun membre des familles qui ont régné en France ne pourra être ni Président ni Vice-Président de la République. » C'était supprimer clairement la candidature de Louis-

Napoléon. L'auteur de la proposition déclare qu'il ne veut pas lui donner de longs développements, qu'il est des droits et des devoirs dont le sentiment est dans la conscience de tout vrai défenseur de la République ; qu'il n'entend pas d'ailleurs faire aux prétendants l'honneur de s'occuper si longtemps de leur personne.

Napoléon Bonaparte annonce qu'il avait l'intention de présenter quelques observations sur la proposition, qu'il apprend qu'elle a été soumise à la Commission qui l'a rejetée après un examen approfondi ; qu'il laisse donc aux orateurs de la Commission le soin d'éclairer l'Assemblée sur sa portée. Le représentant Coquerel explique alors la pensée de la Commission dont il est l'organe : elle a vu là une question de principe et non de personnes. Une loi contre un homme n'est pas digne d'une grande Assemblée représentant une grande nation. Une autre raison, toute politique, a fait rejeter la proposition : avec un peuple comme le peuple français, toujours prêt à accepter un défi, ce défi est une imprudence : exclure, c'est désigner.

On insiste, le représentant Lacaze répond que si ses prévisions devaient être trompées, que si un prétendant devait sortir de l'urne du suffrage universel, il n'y aurait rien de perdu, rien d'altéré ni de profondément troublé dans l'organisme de la Constitution. D'un côté, l'Assemblée nationale, de l'autre un Président : « Soyez bien sûrs, disait-il, que, quel qu'il soit, l'Assemblée nationale sera toujours plus forte que lui. »

Louis-Napoléon monte alors à la tribune et dit :

« Je ne viens pas ici parler contre la proposition; j'ai été assez récompensé, en retrouvant tout à coup mes droits de citoyen, pour n'avoir maintenant aucune autre ambition. Je ne viens pas non plus réclamer pour ma conscience contre les calomnies et le nom de prétendant qu'on me donne, mais c'est au nom des trois cent mille électeurs qui m'ont nommé par trois fois, que je viens réclamer, et que je désavoue complétement ce nom de prétendant qu'on me jette toujours à la tête. »

La proposition retirée, puis reprise, fut enfin rejetée.

Enfin, après une délibération prolongée pendant les mois de septembre et d'octobre, la Constitution fut adoptée le 23 octobre. Une seconde délibération eut lieu, et l'adoption définitive fut prononcée le 4 novembre.

XXX. — Dès le commencement de la délibération sur la Constitution, plusieurs membres de l'Assemblée avaient pensé qu'il serait opportun de lever l'état de siége; que la Constitution devait être votée avec liberté, et que l'état de la presse, sous le régime militaire, laissait trop à désirer; que dans un pareil moment, il était utile de laisser à l'esprit public toute son expansion; que les vérités bonnes à répandre pouvaient éprouver une compression dangereuse; qu'enfin, il ne fallait pas qu'on pût reprocher à la Constitution d'avoir été faite sous l'empire de la peur.

Ces plaintes se firent jour à la tribune, où le représentant Deville réclama avec beaucoup de vivacité.

Martin, de Strasbourg, lui répondit que l'Assemblée et tous les honnêtes gens étaient plus libres que jamais; que les méchants seuls pouvaient avoir peur; que son discours même était un exemple de la liberté qu'il revendiquait. Au surplus, Cavaignac ne voulant pas prendre sur lui seul la responsabilité d'une si grave détermination, demanda la nomination d'une commission, pour recevoir les communications du Gouvernement. Cette commission fut nommée, et, d'accord avec elle, le Pouvoir exécutif proposa et l'Assemblée adopta, le 19 octobre, un décret portant levée de l'état de siége.

A cette époque, quelques dissentiments s'élevèrent au sein du Gouvernement. Sénart, Recurt et Vaulabelle quittèrent le ministère. Dufaure prit possession du ministère de l'intérieur, Vivien de celui des travaux publics, et Freslon du ministère de l'instruction publique et des cultes.

XXXI.—La Constitution fut précédée d'un préambule ou proclamation des droits et des devoirs, pour l'accomplissement et la garantie desquels elle était faite. Voici son début; il en indique tout l'esprit :

« En présence de Dieu et au nom du peuple français, l'Assemblée nationale proclame : La France s'est constituée en République. En adoptant cette forme définitive de gouvernement, elle s'est proposé pour but de marcher plus librement dans la voie du progrès et de la civilisation, d'assurer une répartition de plus en plus équitable des charges et des avantages de la société, d'augmenter l'aisance de chacun par la réduction graduée des dépenses publiques et des impôts, et de faire parvenir tous les citoyens, sans nouvelle commotion, par l'action successive et constante des institutions et des lois, à un degré toujours plus élevé de moralité, de lumières et de bien-être. » La République avait pour principe : la liberté, l'égalité, la fraternité. Elle avait pour bases : la famille, le travail, la propriété, l'ordre public.

La Constitution déclarait que la souveraineté résidait dans l'universalité des citoyens français, qu'aucun individu, qu'aucune fraction du peuple ne pouvait s'en attribuer l'exercice. Elle énonçait les droits qu'elle garantissait aux citoyens; organisait les pouvoirs publics qu'elle composait du pouvoir législatif, délégué à une assemblée unique, élue au suffrage direct et universel, pour trois ans; du pouvoir exécutif délégué à un citoyen recevant le titre de Président de la République, élu pour quatre ans, par le suffrage direct et universel de tous les Français. Il y avait un vice-président nommé par l'Assemblée nationale, sur la présentation du président. La Constitution établissait un conseil d'État dont les membres étaient nommés pour six ans par l'Assemblée.

La division territoriale de la France en départements, arrondissements, cantons et communes, était maintenue, ainsi que leur administration intérieure; toutefois, des conseils cantonaux étaient constitués à la place des conseils d'arrondissement. L'organisation judiciaire et le jury étaient conservés intacts, mais deux nouvelles juridictions étaient fondées : celle du tribunal des conflits et de la haute cour. Cette dernière devait connaître des crimes, attentats ou complots contre la sûreté intérieure ou extérieure de l'État. Enfin elle déterminait la composition et l'emploi de la force publique. L'Assemblée nationale confiait le dépôt de la Constitution et des droits qu'elle consacrait à la garde et au patriotisme de tous les Français.

XXXII. — L'adoption de la Constitution fondait définitivement la République française. L'Assemblée nationale décida que sa promulgation aurait lieu, dans chaque commune, par une lecture publique, faite par le maire aux habitants assemblés le 19 novembre, et, pour donner à cette solennité politique un caractère plus imposant, les maires étaient chargés de s'entendre avec les ministres du culte pour faire précéder cette lecture de prières publiques : « C'était, disait la circulaire de Dufaure, le plus puissant moyen de consacrer l'acte d'un grand peuple qui, après huit mois d'une vie incertaine et inquiète, se plaçait sous l'empire d'une constitution forte et durable et entrait définitivement dans la vie des gouvernements réguliers et libres. »

XXXIII. — A Paris, le Gouvernement donna une grande pompe à cette cérémonie. Sur la place de la Concorde, des estrades furent adossées aux terrasses du jardin des Tuileries; au centre de ces estrades s'élevait, à une hauteur de vingt mètres, un autel entouré d'immenses tentures en velours cramoisi; autour du dôme on lisait la formule évangélique :

Aimez-vous les uns les autres. Une statue colossale de la Constitution était placée au pied de l'obélisque, faisant face à l'autel.

Les membres de l'Assemblée nationale et toutes les autorités prirent place sur les estrades, de chaque côté de l'autel.

Des salves d'artillerie annoncèrent le commencement de la cérémonie. Le clergé arriva processionnellement de l'église de la Madeleine. Le Président de l'Assemblée nationale, ayant à sa droite le général Cavaignac, à sa gauche Marie, ministre de la justice, accompagné des autres ministres, se plaça en face de l'autel. C'est de là qu'Armand Marrast, la tête découverte, donna lecture de la Constitution.

La lecture terminée, l'archevêque de Paris, assisté des évêques d'Orléans, de Langres, de Quimper et de Madagascar, célébra l'office divin. Un *Te Deum* d'actions de grâces fut chanté. Puis, sous le commandement du général Changarnier, son nouveau chef, une nombreuse garde nationale défila devant l'assemblée et le pouvoir exécutif.

LIVRE IX.

I.—Le trouble que la révolution de février a causé
dans toutes les parties du corps social, la misère, le
sang et les larmes qu'elle a coûtés, n'ont pas trouvé
d'équivalent dans la grandeur des événements accomplis et des résultats obtenus. Elle sembla frappée
de stérilité et fit reculer, pour longtemps, le progrès
des idées justes par l'horreur qu'ont inspirée les idées
fausses qu'elle a produites.

Jusqu'à présent, la moitié de la nation fut occupée
à montrer à l'autre moitié que, dans son égarement,

elle courait après des fantômes, et qu'elle avait tort
de se laisser guider, dans la nuit, par des gens inté-
ressés à grandir par elle. Le pauvre n'en fut que plus
malheureux, l'ordre seul peut adoucir ses maux : on
pardonne à ceux qui l'ont trompé de bonne foi; mais
ceux qui l'ont trompé sciemment ont toujours su ménager l'avenir et n'ont pas fini en martyrs.

Cette révolution n'a rien établi d'utile, de beau.
Il n'en est pas sorti un seul homme d'État, pas un
orateur, pas un guerrier, pas un poëte, pas un légis-
lateur : bien plus, les hommes qui s'y sont fait re-
marquer sont ceux qui ont combattu les conséquences extrêmes qu'on en voulait tirer, et tout ce qui s'y
fit de digne d'attention se fit contre elle.

Le suffrage universel même, seule institution
qu'elle ait fondée, a conduit à des résultats opposés
à ceux qu'en espéraient ses inventeurs. Elle était,
elle est restée, malgré les efforts de quelques-uns, à
l'état de secousse politique. Elle n'avait pas d'autre
nécessité en France, pays de liberté et d'égalité. Il
est vrai que les réformateurs en appellent aux vagues
aspirations de l'avenir. L'éternité future est impénétrable; mais on peut l'envisager avec confiance, quand
on a pour soi les constantes traditions du passé et
la sanction de la conscience du genre humain.

Quoi qu'il en soit, depuis que, sous le gouvernement du général Cavaignac, les principes tradition-
nels commençaient à prévaloir, les dangereuses utopies s'effaçaient et disparaissaient chaque jour, et les
saines idées reprenaient un empire que, pour le plus
grand bien de tous, elles n'auraient jamais dû perdre.

II. — A cette époque si profondément tourmentée par le désir d'innover, on avait proposé le rétablissement du divorce. C'était vouloir créer aussi la liberté illimitée des passions et livrer les mariages et les familles à l'anarchie. Le divorce, institution des temps de décadence morale, n'a jamais été admis dans nos mœurs, ni reconnu dans nos anciennes lois. Si celle du 20 septembre 1792 l'avait établi, il faut dire aussi que cette loi, plus faible que les mœurs, a livré au mépris ceux qu'elle a voulu secourir, et qu'elle a produit moins de remèdes particuliers qu'elle n'a causé de dangers publics.

Le mariage est la base de la famille; la famille est le fondement de la société. Désorganiser la famille c'est préparer le renversement de l'ordre social. Quel dissolvant plus actif que le divorce? Sans être un remède contre les querelles de quelques époux, il devient une cause de discorde pour tous. Le cœur humain n'est jamais satisfait. L'expérience a prouvé l'influence du mauvais exemple, et les récidives scandaleuses de ceux qui avaient une première fois divorcé.

L'étude de l'histoire des peuples anciens et modernes les plus célèbres comme les plus obscurs, montre que le caractère de perpétuité attaché au mariage par l'indissolubilité absolue, a toujours été l'indice de leurs prospérités et de leurs vertus. Dans une société bien organisée, la sévérité de l'union conjugale et des devoirs qui en dérivent, ne peut s'accommoder avec la faculté de la rompre. D'ailleurs, le lien qu'on ne peut briser devient plus facile à supporter; et l'on déserte moins ses devoirs lors-

qu'on est sûr de ne le pouvoir pas faire impunément.
L'homme et la femme doivent apprendre enfin à imposer un frein à l'inconstance de leurs volontés; il
faut qu'ils trouvent, dans la fidélité commune, une
sauvegarde contre l'instabilité du cœur, une barrière à des désirs toujours avides de changement :
on ne peut jamais les satisfaire assez quand on leur
a cédé une fois.

Le 26 septembre, Marie, ministre de la justice, annonça, par une lettre au Président de l'Assemblée
nationale, que le Gouvernement retirait le projet de
loi du divorce.

III. — Cinq nouvelles élections appelèrent encore
Louis-Napoléon à l'Assemblée nationale. Ces élections
furent validées et son admission fut prononcée le
26 septembre. Présent à la séance, il obtint la parole
et dit qu'il ne lui était pas permis de garder le silence, après les calomnies dont il avait été l'objet;
qu'il avait besoin d'exposer les vrais sentiments qui
l'animaient et l'avaient toujours animé; qu'après
trente-trois années de proscription et d'exil, il re-
trouvait enfin une patrie et ses droits de citoyen,
que la République lui avait fait ce bonheur; qu'il lui
exprimait sa reconnaissance. Il priait les généreux
compatriotes qui l'avaient porté dans cette enceinte,
d'être certains qu'il travaillerait au maintien de la
tranquillité, ce premier besoin du pays, et au développement des institutions démocratiques que le
peuple réclamait. Que longtemps il n'avait pu consacrer à la France que les méditations de l'exil et de

la captivité, qu'aujourd'hui la carrière lui était ouverte.

« Recevez-moi, dit-il, dans vos rangs, mes chers
collègues, avec le même sentiment d'affectueuse confiance que j'y apporte. Ma conduite, toujours inspirée
par le devoir, toujours animée par le respect de la
loi, ma conduite prouvera, à l'encontre des passions
qui ont essayé de me noircir pour me proscrire encore, que nul, ici, plus que moi, n'est résolu à se dévouer à la défense de l'ordre et à l'affermissement de
la République. »

L'Assemblée adopta, sans discussion, à la séance
du 11 octobre, un décret portant que l'article 6 de la
loi du 8 avril 1832, relative au bannissement de la famille Bonaparte, était abrogé.

IV. — Cependant, l'élection du président de la
République était fixée au 10 décembre. C'était la
grande préoccupation du moment. La candidature
de Louis-Napoléon se propageait avec rapidité. La
nouvelle en revint à l'Assemblée, et quoique les services rendus par le général Cavaignac donnassent à
ses amis le plus ferme espoir de le voir triompher,
un entraînement soudain pouvait se manifester en
faveur de son concurrent. Déjà l'on voyait se déclarer
les sympathies si franches des populations rurales,
que le nom seul de Napoléon enflammait.

Louis-Napoléon, sur lequel se portaient les regards
de la France, était né, en 1808, au milieu des splendeurs
impériales. Fils de Louis-Napoléon, roi de Hollande,
et de la reine Hortense; neveu de l'Empereur, pros-

crit dès son enfance, élevé dans l'adversité, il avait nourri son esprit par de fortes études scientifiques et littéraires. C'était un penseur profond, un homme réfléchi, intrépide et modéré tout à la fois, parlant peu, sachant écouter et décider juste. Il était alors peu connu; et la France ne se doutait pas qu'il y avait, dans ce candidat, un génie capable de concevoir et d'exécuter les plus grands desseins. Ce qui le rendait fort par-dessus tout, c'est qu'il avait toujours eu foi entière dans sa destinée : il aimait la France et se sentait né pour la gouverner.

V. — A la séance de l'Assemblée nationale du 25 octobre, le représentant Clément Thomas interpelle Jérôme Bonaparte et lui demande s'il n'est pas vrai que partout, dans les départements, on présente la candidature de Louis-Napoléon à la partie peu éclairée de la population, et sur quel titre son cousin appuie sa candidature. Jérôme Bonaparte répondit qu'ils n'étaient pas à l'Assemblée pour discuter les titres des candidats à la présidence. Le premier insistant encore sur ce que des prétentions de ce genre devaient être appuyées sur des titres réels, les représentants Pierre Bonaparte et Piétry répondirent avec énergie, et cet incident malheureux se perdit dans la confusion et le tumulte qu'il causa.

Ces reproches étaient faits avec plus de franchise que de justice. La brigue employée, dans un but électoral, sur une nation de trente-six millions d'habitants, ne pouvait être raisonnablement admise. Ce qui se comprenait, c'était la fascination exercée en

France par le souvenir impérissable de Napoléon. Là était le secret du grand mouvement qui se préparait spontanément. Les vivacités du représentant Clément Thomas devaient même tourner contre la candidature du général Cavaignac, puisqu'elles donnaient à Louis-Napoléon une occasion solennelle, qu'il n'avait pas cherchée, de dire du haut de la tribune, à la France entière, qu'il posait la sienne!

VI. — En effet, le lendemain, Louis-Napoléon vient à l'Assemblée et monte à la tribune : « L'incident regrettable qui s'est élevé hier à mon sujet, dit-il, ne me permet pas de me taire. Je déplore profondément l'obligation où je suis de parler encore de moi, car il me répugne de voir sans cesse porter devant l'Assemblée des questions personnelles, alors que nous n'avons pas un moment à perdre pour nous occuper des graves intérêts de la Patrie... De quoi m'accuse-t-on? d'accepter du sentiment populaire une candidature que je n'ai pas recherchée. Eh bien! oui, je l'accepte, cette candidature qui m'honore; je l'accepte, parce que des élections successives et le décret unanime de l'Assemblée, contre la proscription de ma famille, m'autorisent à croire que la France regarde mon nom comme pouvant servir à la consolidation de la société ébranlée jusque dans ses fondements, à l'affermissement et à la prospérité de la République... On me reproche mon silence; mais il n'est donné qu'à peu de personnes d'apporter une parole éloquente au service d'idées justes et saines. N'y a-t-il qu'un seul moyen de servir son pays? Ce qu'il lui faut surtout, ce sont des actes; ce qu'il lui faut, c'est un gouvernement ferme, intelligent et sage, qui pense plus à guérir les maux de son pays qu'à les venger ; un gouvernement qui se mette franchement à la tête des idées vraies, pour repousser ainsi, mille fois mieux que par les baïonnettes, les théories qui ne sont pas fondées sur l'expérience et la raison.

» Je sais qu'on veut semer mon chemin d'écueils et d'embûches : je n'y tomberai pas. Je suivrai toujours, comme je l'entends, la ligne que je me suis tracée, sans m'inquiéter, sans m'irriter. Rien ne m'ôtera mon calme, rien ne me fera oublier mes devoirs. Je n'ai qu'un but, c'est de mériter l'estime de l'Assemblée, et avec cette estime, celle de tous les hommes de bien et la confiance de ce peuple magnanime qu'hier on a si légèrement traité.

» Je déclare donc à ceux qui voudraient organiser contre moi un système de provocations, que dorénavant je ne répondrai à aucune interpellation, à aucune excitation, je ne répondrai pas à ceux qui voudraient me faire parler quand je veux me taire, et fort de ma conscience, je resterai inébranlable contre toutes les attaques, impassible contre toutes les calomnies ! »

VII. — Des nouvelles de la plus haute gravité arrivèrent d'Italie. Voici dans quel état se trouvaient les affaires politiques de la péninsule. Depuis que la Lombardie avait secoué le joug insupportable de l'Autriche, Charles-Albert, roi de Piémont, à la tête d'une brillante armée, avait, par d'heureux combats, forcé l'armée autrichienne à chercher un refuge derrière ses forteresses. Le roi, mettant le siége devant Peschiéra, s'était imprudemment arrêté. Mais son habile adversaire, le maréchal Radetzki, savait joindre l'à-propos de l'offensive à la sagesse de la défensive. Plus dangereux après ses défaites que son ennemi après ses succès, il pousse en avant, et quoique battu d'abord à Goïto, prend une revanche définitive à Custoza, s'empare de nouveau de la Lombardie et force Charles-Albert à rentrer dans ses États.

Le gouvernement français, d'accord avec l'Angleterre, entama des négociations, et l'Autriche en accepta les avances au moment de ses revers; mais depuis, cette puissance parut les traîner en longueur; il lui en coûtait d'arrêter son général dans sa victoire.

VIII. — Le roi de Naples et le Pape Pie IX étaient entrés d'abord dans la ligue nationale italienne, par une alliance avec le Piémont, lorsque la révolution se déclara dans leurs États. Elle s'offrait, comme à l'ordinaire, sous la couleur trompeuse du patriotisme. Voyant que la révolution intérieure les menaçait profondément, et que la guerre d'indépendance devenait le prétexte du renversement de leur autorité, ils jugèrent qu'il était plus prudent de se défendre eux-mêmes et de protéger chez eux le bon ordre.

La révolution s'irrita des efforts qu'ils firent pour la contenir, et l'abandon de la cause de l'indépen-

dance italienne, occasionné par la révolution intérieure des États, devint, à son tour, le motif le plus
irritant de la révolution.

Le roi de Naples luttait en Sicile contre son peuple
et s'était vu forcé de réduire une révolte faite contre
sa couronne. A Rome, le Pape, entraîné par un mouvement qu'il avait favorisé, voulait s'arrêter sur une
pente souvent bien glissante. Il congédia son ministre Mamiani, progressiste trop ardent, et choisit
pour premier ministre, le comte Pellegrino Rossi, qui
n'était cependant pas rétrograde. C'était même le
promoteur de la ligue politique et nationale italienne, projet de confédération entre tous les États
italiens, sous la présidence du Pape. Dans ce projet,
Rome fût devenue le centre de cet État fédératif.
C'était le rêve de tous les esprits sages et libéraux.
Tel était l'état des choses.

IX. — Le 15 novembre, le comte Rossi, se rendant
à la Chambre des députés, descendait de voiture
lorsque, sur le péristyle du palais, il fut frappé d'un
coup de poignard, dont il mourut sur-le-champ. Il y
avait là des gendarmes, des gardes civiques; ils ont
laissé faire. Le meurtrier ne fut ni arrêté, ni recher-
ché. La foule resta froide, impassible, et le serviteur
du ministre ne trouva pas un aide pour soulever le
corps de son maître! A deux pas de là, l'Assemblée
était en séance. On y continua la lecture du procès-
verbal. Cet horrible crime, commis à sa porte, sur
la personne du premier ministre, ne l'a pas émue; il
n'en a pas même été fait mention.

Cette insensibilité, ce silence semblaient approuver un crime et signalaient un mal profond. Le soir même, les meurtriers, les complices se rendirent dans les casernes et fraternisèrent avec ceux qui s'y trouvaient. L'autorité ne se montra nulle part. Le directeur de la police refusa d'ordonner des mesures de sûreté; le ministère tout entier se retira.

X. — Le lendemain, les agitateurs reviennent, portent au Quirinal un programme, demandent la formation d'un nouveau ministère, l'appel d'une constituante et la déclaration de guerre. Les quelques suisses, formant la garde du château, des vieillards armés de hallebardes, et les gardes du corps ferment les issues. La foule tente de mettre le feu à la porte principale. Quelques coups de fusil sont tirés, les agresseurs prennent la fuite. Alors, la garde civique, la gendarmerie, la troupe se mettent en bataille sur la place, en face du palais, et commencent une fusillade contre les fenêtres. Les balles pénètrent dans l'intérieur; un prélat est tué dans son appartement; on amène un canon pour enfoncer la porte.

Le Pape, qui ne veut pas voir s'engager une horrible lutte, déclare accepter les ministres qu'on lui impose, tout en protestant contre la violence. C'en était fait de son autorité.

Ces tristes événements causèrent, dans l'immense société catholique, une bien pénible émotion. En France surtout, où le sentiment de protection due au Saint-Père est traditionnel, l'opinion publique se déclara de suite, et le général Cavaignac, en pressentant l'explosion, expédia, le jour même où parvint la nouvelle, l'ordre d'embarquer à Marseille et à Toulon, sur quatre frégates, une brigade de trois mille cinq cents hommes, qui devaient se rendre à Civita-Vecchia pour se porter au secours du Saint-Père.

Il envoya de suite et d'urgence, sauf à en rendre compte à l'Assemblée nationale, le représentant de Corcelles avec mission de se rendre à Rome, en qualité d'envoyé extraordinaire; d'intervenir, au nom de la République française, pour faire rendre à Sa Sainteté sa liberté personnelle, si elle en avait été privée; que s'il était dans son intention de se retirer momentanément sur le territoire de la République, de Corcelles devait faciliter la réalisation de ce vœu en assurant au Pape qu'il trouverait, au sein de la nation française, un accueil digne d'elle et digne des vertus dont il avait donné tant de preuves.

XI. — J'arrive au plus regrettable épisode de la Révolution. Je rapporterai les débats d'un grand procès qui se déroula devant l'Assemblée nationale, où se trouvait alors concentrée toute la vie politique de la France. Je n'ajouterai pas à une scène si dramatique, si solennelle; je la montrerai. Elle intéresse l'histoire de cette époque, et surtout la mémoire bien chère à tous les amis de la liberté, de l'un des plus honnêtes et des plus courageux citoyens qui aient manié les affaires de notre pays.

Le 25 novembre, le général Cavaignac monte à la tribune et déclare qu'il veut savoir si quelques allégations émanant des représentants Garnier-Pagès,

Duclerc, Pagnerre et Barthélemy Saint-Hilaire, ont pu donner lieu aux calomnies que la presse débite contre lui. Il dit que c'est un débat personnel avec eux, et qu'il n'a aucune raison d'appeler, devant l'Assemblée, la commission du pouvoir exécutif. Que si, par impossible, rendant hommage à la vérité, ils devaient déclarer qu'ils n'ont rien dit ni communiqué dans ce sens, le débat est arrivé à ce point que, dans ce cas même, il aurait le droit de leur demander s'ils pensent quelque chose ; entre-t-il dans leurs pensées que dans les journées de juin, il aurait trahi d'une manière quelconque ses devoirs : il les somme de le déclarer à la tribune.

XII. — Ainsi provoqué, Barthélemy Saint-Hilaire prend la parole. Après quelques explications, il annonce qu'il a écrit le récit des journées de juin ; que ce récit fait partie d'une histoire de la Révolution de 1848 sous le Gouvernement provisoire et la Commission exécutive : « Ce morceau, ajoute-t-il, le voici. »

Il donne alors lecture d'un long écrit contenant une accusation détaillée contre le général. Il incriminait sa conduite à l'occasion de l'insurrection de juin. Les reproches étaient : de n'avoir pas eu à Paris, ainsi que l'avait voulu la Commission exécutive, une armée de quarante-cinq mille hommes ; de n'avoir pas fait agir les troupes le 23 juin ; d'avoir pris part à un complot parlementaire ayant pour but de le faire parvenir au pouvoir.

Voici comment cet écrit justifiait ces trois propositions. Sur la première, il disait que : « Dans la réunion du 20 mai, l'ordre positif avait été donné au général ministre de la guerre d'avoir, comme garnison habituelle de la capitale, vingt mille hommes de troupes de ligne, quinze mille de gardes mobiles, deux mille six cents de gardes républicains, deux mille cinq cents de gardes de Paris ; de la cavalerie et de l'artillerie en proportion; en tout, une armée de quarante-cinq mille hommes toujours sous les armes. »

Sur la seconde, il disait : « Le 23 juin, à trois heures de l'après-midi, le général sortit de la présidence, il se rendit par les boulevards aux barricades qu'on élevait au faubourg du Temple. Il y resta jusqu'à huit heures passées du soir. La journée du 23 s'avançait; de toutes parts, ce n'était qu'une clameur dans la garde nationale. On appelait la ligne à grands cris, la ligne n'arrivait pas.

» Le général ne voulait agir, disait-il, que quand les forces dont il pourrait disposer seraient toutes concentrées. Ce moment ne lui semblait pas venu. Ce moment ne vint même pas de toute cette journée et de toute la nuit. C'est le lendemain seulement, et dans l'après-midi, que l'on put voir le commencement d'une lutte régulière et complète. La garde nationale, inquiète de l'absence des troupes, se livrait aux plus étranges soupçons... Au début de la lutte, il n'y avait aucun danger à répandre les troupes dans Paris et à les faire circuler par pelotons ou en masse... » Le lecteur fut ici bruyamment interrompu, on contestait son aptitude à la direction des troupes.

Il passa à la troisième proposition et reprit sa lecture : « Depuis quelques jours, le général pouvait, d'après certaines circonstances qui lui étaient connues personnellement, former des espérances d'arriver dans peu de temps au pouvoir... Au sein de l'Assemblée, l'inquiétude était violente, mais ceux qui voulaient à tout prix changer le pouvoir, n'en étaient pas moins actifs. Ils allaient, représentant partout, que le seul moyen d'en finir, c'était de renverser d'abord la Commission exécutive... » Les cris : Oui, oui, c'est vrai ! couvrent ces derniers mots de la lecture.

XIII. — Cavaignac se lève au milieu d'une assemblée tout émue de le voir contraint de repousser de pareilles attaques. Tout son passé, son honneur militaire, sa conduite dans la circonstance capitale de sa vie, l'honnêteté de ses actes et de ses intentions sont en jeu. Son cœur bondit lorsqu'il se voit l'objet d'une accusation grosse d'infamie ; toutefois, il ne s'emporte pas, son énergie comprime les élans de son âme indignée. D'une parole grave, ferme et toujours éloquente, il élève le débat à la hauteur d'une cause nationale ; il semble qu'il ne parle déjà plus à cette assemblée qui a tout vu, qui sait tout, mais que la France entière et la postérité sont là qui l'écoutent pour lui rendre justice !

Le général commence par dégager du débat la Commission exécutive ; il n'a fait qu'exécuter ses ordres ; ils étaient de nature à obtenir le résultat obtenu. Il était donc établi qu'en ce moment, et, il l'espérait, dans l'avenir, il n'y avait pas de contestation entre lui et la commission, que le débat était seulement entre lui et MM. Garnier-Pagès, Duclerc, Pagnerre et Barthélemy Saint-Hilaire.

Il discute d'abord la question de l'effectif des troupes : « Ou bien, dit-il, mes adversaires me regardent comme un ministre de la guerre fort imprévoyant, fort désobéissant, fort inepte, auquel cas, c'est une question qui intéresse mon amour-propre, rien de plus ; ou bien, j'ai voulu faire le contraire, dans un but personnel d'ambition; alors, ce n'est plus mon amour-propre, c'est mon honneur. Je discute les faits au premier point de vue, parce que je veux être calme, modéré; je parle à des gens qui ont besoin de m'entendre. Mais quand les faits seront détruits un à un, si ce n'est pas à une accusation d'incapacité que j'ai affaire, si je suis en présence d'une accusation déshonorante, alors ce sera un autre langage que j'aurai à tenir. Mais les faits seront détruits; la réponse, si je puis dire, d'avocat que je fais en ce moment sera complète; l'autre sera celle du soldat. »

XIV.—Le général explique que, depuis le 19 mai, jour où il a commencé à donner des ordres, jusqu'aux premiers jours de juin, il a, pour porter l'effectif de guerre à son maximum, changé l'usage existant de conserver à Paris et la banlieue les bataillons et escadrons de dépôt, pour les remplacer par des bataillons et escadrons de guerre. Qu'avant lui, il n'y avait dans Paris que quatorze régiments d'infanterie, et

qu'il avait violé les règles prescrites pour le placement des troupes dans les casernes, afin d'y faire
entrer seize régiments. Il prouve qu'il y avait dans
Paris trente-deux bataillons et douze dans les villes
voisines. En tout quarante-quatre bataillons de
guerre.

Dès le 20 juin, il faisait, en outre, avancer, par
les routes de Lyon, de Bourges et d'Auxerre, trois
brigades de l'armée des Alpes, formant dix-sept bataillons des meilleures troupes. Qui donc pourrait
croire que, pendant un mois entier, la Commission
exécutive fût restée en présence d'un ministre de la
guerre se refusant à lui rendre compte de l'effectif de
la garnison? Le général laisse donc cette question
d'effectif qu'il considère comme vidée. Il passe au système de défense adopté pour Paris.

Ce système, dont il déclare n'avoir pas la prétention ni le mérite d'être l'inventeur, est celui de tout
chef qui sait conduire des soldats et ménager leur
vie. Il l'a, d'avance, exposé à la Commission exécutive qui l'a trouvé bon; aux généraux Lamoricière,
Bedeau et Fouché, qui n'ont pas hésité à l'adopter.
Sans entrer dans des détails techniques sur les deux
systèmes de défense, par la concentration ou par
l'éparpillement des troupes, il affirme qu'on ne peut
s'engager, sans savoir à qui on a affaire, sur quelle
partie de la ville il faut se porter, où il faut frapper
pour obtenir le succès.

Les rapports de police constatent que partout à la
fois les barricades s'élevèrent. S'il avait, au premier
avis, engagé des troupes au delà du front de défense

de l'insurrection, elles auraient été cernées. Un pareil précédent aurait pu agir sur le moral du soldat : il fallait l'éviter. Pour prouver l'efficacité des patrouilles, on a dit qu'il avait consenti, le 23, à faire démolir la barricade de la porte Saint-Denis, et que, depuis ce moment, il n'y en avait plus eu; il répond que la porte Saint-Denis était le quartier-général de Lamoricière, il n'est pas étonnant qu'on n'y ait pas fait de barricades.

XV. — «Je croyais avoir fini pour la question de la lutte, reprit-il; le fait le plus grave m'échappait: c'est que non-seulement j'avais des idées fausses sur la manière de combattre, mais que je ne voulais pas combattre. Si ma mémoire était fidèle, si je pouvais vous reproduire la succession des phrases de l'écrit historique de M. Barthélemy Saint-Hilaire auquel je réponds, vous verriez que constamment, jusqu'au 24 à midi, moment où j'ai été enfin chargé du pouvoir à moi tout seul, j'ai refusé de combattre. Eh bien! nous allons voir. »

Il avoue que tout averti qu'il était des accusations qui se manifestaient, il n'avait pas été jusqu'à prévoir qu'on affirmerait devant l'Assemblée que la lutte n'avait commencé que le 24 à midi et non le 23. Pour qu'on se rende compte de l'énergie de la lutte ce jour-là, il montre l'état des tués et blessés appartenant à l'armée seule, dans la journée du 23. Dans cette demi-journée, il y a eu plus du quart du nombre total des blessés dans les journées suivantes. Le général Bedeau, le général Clément Thomas ont été blessés ce jour-là à trois heures. La lutte a commencé à midi, elle a fini à huit heures du soir. Il est bien démontré que le 23 l'armée s'est battue.

Venant au fait de son absence de la présidence le 23, il dit qu'il semblerait qu'il eût disparu. Voici où il était : Lamoricière n'avait encore reçu qu'une partie de son contingent. Cavaignac emmena avec lui sept bataillons qui lui étaient destinés.

Lamoricière était occupé dans le faubourg Saint-Denis. Averti que des barricades importantes s'élevaient, sur le flanc droit de ce général, dans le faubourg du Temple, Cavaignac, voulant de suite le dégager, était allé pour les enlever lui-même. La barricade de la rue du Faubourg du Temple était énergiquement défendue ; les sept bataillons furent successivement engagés ; les deux tiers des servants des pièces, tués ; il avait même dû faire appel à Lamoricière et lui demander tout un régiment commandé par le colonel Dulac qui parvint à s'emparer de la barricade. « Il y a eu, ajoute-t-il, quarante blessés dans l'armée, entre autres le lieutenant-colonel et le général Fouché. On s'est donc battu. Je déclare donc que le 23 on s'est battu et que je ne suis pas disparu ! »

XVI. — Le général, a dit M. Barthélemy Saint-Hilaire, serait rentré, puis reparti de suite et ne serait revenu qu'à deux heures du matin. Cavaignac avoue être remonté à cheval et s'être rendu d'abord à l'Hôtel de Ville pour visiter le général Bedeau blessé et Armand Marrast, puis à la place de la Sorbonne pour voir le général Damesme. Bedeau, Armand Marrast, qui préside l'assemblée, font des signes d'affirmation. Le colonel Ambert lui dit : « Général, j'étais avec vous. » Damesme, hélas! n'est plus là pour porter témoignage de ces faits.

L'Assemblée crie à l'orateur qu'il n'en a pas besoin. « Je plaide, reprend Cavaignac, je ne fais pas appel à votre confiance, mais aux faits que je cite, aux preuves que j'apporte. Je ne dirai plus rien sur la question de la lutte. »

L'orateur passe à un fait qui, pour l'historien auquel il répond, serait inexplicable : le temps mis par le convoi envoyé le 23 au soir à Vincennes. L'approvisionnement était, à Paris, de trois cent mille cartouches. Il avoue que lorsqu'il songeait aux devoirs que lui imposait cette déplorable lutte, il n'avait pas prévu qu'on en brûlerait deux millions cent mille.

Dès le 23, il envoya chercher des munitions à Vincennes, et chargea de cette difficile mission le colonel de Martinprey avec deux bataillons et un régiment de cuirassiers. Le convoi partit à onze heures du soir, fit de nombreux détours, atteignit Vincennes à quatre heures du matin et revint déboucher sur la place de la Concorde, son point de départ, à neuf heures trois quarts. Ayant parcouru pour aller, dix-huit kilomètres, et pour le retour, dix-neuf kilomètres en quatre heures, c'est la plus grande vitesse que puisse fournir l'infanterie dans ces conditions, et ces soldats s'étaient battus pendant toute la journée de la veille. Le colonel fit trois convois semblables. Ils prouvèrent qu'il n'y avait rien de plus expéditif à faire que ce qui avait été fait.

« J'arrive, dit Cavaignac, à tout ce que j'ai fait pour monter au pouvoir. L'histoire constatera que si je n'ai pas appelé de troupes à Paris, si je n'ai pas voulu combattre, avoir des munitions, si j'ai voulu que le sang des Parisiens fût versé, si j'ai fait tout cela, c'était pour devenir chef du pouvoir exécutif! »

XVII. — Le général reconnaît que beaucoup de ses collègues mécontents, à tort ou à raison, de la manière dont la Commission exécutive gouvernait la république, lui ont dit, dans des conversations à peine particulières, qu'ils désiraient le voir la remplacer; que le 22, trois de ses collègues, Ducoux, Landrin et Latrade firent une démarche officielle auprès de lui. Que le sens de cette démarche était : dans le cas où la Commission exécutive quitterait le pouvoir volontairement ou par un vote de l'assemblée, êtes-vous disposé à la remplacer?

Que sa réponse avait été : Qu'il n'entrerait dans aucune commission; qu'il ne croyait pas qu'une collection de cinq hommes, quelque dévoués qu'ils fussent, pût remplir tous ses devoirs comme chacun d'eux les comprenait, comme le voudrait la Commission exécutive elle-même. Mais que si l'assemblée, reconnaissant le vice inhérent à cette organisation du pouvoir, lui faisait l'honneur de penser à lui, il n'avait aucun engagement avec la commission qui l'empêchât d'accepter et de lui succéder.

Il déclare solennellement qu'aucune condition politique ou personnelle ne fut faite ou acceptée, et qu'il dit à ceux qui l'interrogeaient : « Vous êtes les amis des membres de la commission, je n'ai pas à vous dire ce que vous avez à faire. Je vous déclare qu'en ce qui me concerne, mon premier devoir est de leur faire savoir ce qui s'est passé entre nous. »

XVIII. — « Suis-je, dit-il en terminant, suis-je pour eux, un ministre inintelligent, désobéissant, malhabile, suis-je un traître? c'est ce qu'il faut éclaircir ici entre nous. Dans tout le cours de cette discussion, j'ai prouvé, je crois, que je savais, pour un temps, mettre de côté certains sentiments faciles à éveiller en moi: l'Assemblée a pu le reconnaître, et elle me rendra cette justice; mais il ne faut pas que l'on croie que je veuille éluder une partie de la gravité du débat. Je ne l'ai pas porté à cette tribune, pour me donner le triomphe d'une plaidoirie facile, car je n'ai fait qu'un plaidoyer. Ce sont des faits matériels, incontestables, c'est oui ou non.

» Si je n'avais d'autre projet que d'arriver ici à constater des faits, tout ce que je viens de dire serait imprimé, et le pays aurait jugé entre votre plaidoyer et le mien, votre histoire et la mienne. Mais il y a autre chose, je veux savoir ce que vous pensez. Suis-je ici, pour vous, un ambitieux qui a manœuvré pour arriver à un certain but, qui a sacrifié pour cela ses devoirs envers le pays, envers l'Assemblée, envers les soldats qu'il commandait? Eh bien ! croyez-vous que l'on combat cela avec un plaidoyer, dans les colonnes du *Moniteur?* Non, on combat cela à la tribune, on combat cela en présence de l'assemblée du pays qui écoute!

» Je n'ai pas voulu hâter ce débat. C'est là un débat solennel. Il ne s'agit plus de discuter des faits matériels, faciles à constater. Je n'ai pas passé ma vie à discuter des faits ; mais, vous le voyez, quand la vérité est là, on éprouve une très-grande facilité à la rétablir. Mais entre vous et moi, je vous le dirai tout à l'heure, il y a peut-être une question plus grave, une question d'honneur. Eh bien ! je vous le répète, quand je vous ai demandé si vous vouliez parler encore, exposer d'autres faits, c'est que je ne voulais, qu'au dernier moment, introduire dans le débat cette question si sérieuse.

» Si vous avez d'autres faits à discuter, venez ici, j'y répondrai, je plaiderai encore ce soir, toute cette nuit, demain, même. Nous arrivons au terme de la discussion sur les faits, il faudra savoir quelle signification vous leur donnerez, il faudra savoir pourquoi ce ministre a manqué à son devoir, pourquoi cet ambitieux a fait tout ce qu'il a fait, et alors, ce n'est plus l'avocat qui viendra parler ici, c'est le soldat et vous l'entendrez ! »

Des applaudissements prolongés accueillirent cette défense, si complète, si péremptoire.

XIX. — La séance, suspendue à six heures, fut reprise à huit heures. Barthélemy Saint-Hilaire répondit d'abord au général. Il ne se rétracta pas, mais il faiblit visiblement, annonça qu'il lui appartenait de faire la première réponse, mais que Garnier-Pagès prendrait la parole après lui. Cavaignac allait répliquer. L'Assemblée l'arrête, en lui disant de toutes parts de ne pas parler.

C'était le tour de Garnier-Pagès. Il parla long-temps d'un ton animé. Il n'ajouta rien aux faits produits par son ami, et somma Lamartine et François Arago de prendre la parole et de se joindre à lui : « Il faut, dit-il, que chacun parle et dise ce qu'il sait, en bien ou en mal. » Mais Lamartine et François Arago ne vinrent pas : « L'Assemblée, dit-il, se méprendrait bien si elle pensait qu'il pût y avoir en mon âme le moindre sentiment d'amertume personnelle ; non, car si ce n'avait pas été dans un moment désastreux, je disais à mes amis, dont quelques-uns malheureusement, dans ce jour, sont devenus mes adversaires : le jour où je quitterai ce pouvoir, je serai l'homme le plus heureux... » Un représentant s'écrie vivement : « Et le pays aussi ! » Le président le rappelle à l'ordre.

« Dans la journée du 23, poursuit l'orateur, êtes-vous venu, dans l'Assemblée, couvrir de votre responsabilité cette Commission exécutive dont vous étiez le ministre et l'agent ? non, vous avez gardé le silence, vous êtes resté immobile et muet. » Des voix nombreuses l'interrompent en disant : « Il combattait ! » « Et nous aussi, répond Garnier-Pagès, nous combattions, nous allions aux barricades... il est venu faire un rapport ici ! »

Après la harangue de Garnier-Pagès, et malgré l'Assemblée qui de tous côtés lui crie de ne pas répondre, Cavaignac réplique en peu de mots : « Vous me reprochez, dit-il, entre autres choses, de n'être

pas venu, le **23** juin, vous défendre à cette tribune.
Eh ! mon Dieu, si j'avais à vous défendre quelque
part, c'était à mon poste : j'étais ministre de la
guerre. Là où j'étais, je vous défendais beaucoup
mieux que par des paroles à la tribune... Dans son
discours, dit-il en terminant, il a prononcé le mot
d'ingratitude : je laisse au pays à apprécier ce que je
puis devoir à M. Garnier-Pagès ! »

XX. — L'honnête Landrin raconte ce qui s'est
passé lors de la démarche par lui faite avec ses collègues Ducoux et Latrade près du général. Rien de
plus honorable et de plus digne que l'attitude et les
réponses du général, en tout conformes au récit qu'il
vient d'en faire.

La discussion était épuisée lorsque Ledru-Rollin
prend la parole et vient en aide à son collègue Garnier-Pagès. Son discours est modéré; il ne relève que
le grief relatif à la manœuvre expectante du général
au 23 juin. Admettant le système de la concentration
de l'armée « Alors, dit-il, où étaient les troupes? »
Le général Bedeau explique comment s'était effectuée
la concentration de la division de troupes qu'il commandait à l'Hôtel de Ville, et que le 23, dès dix heures
et demie du matin, quatre bataillons étaient déjà à
leur poste.

Le général Cavaignac monte une dernière fois à la
tribune : « Aucun fait nouveau, dit-il; c'est toujours
la même chose : partout les troupes manquent; partout on en demande ; partout j'en refuse : cette concentration annoncée ne s'effectue nulle part. » Il ex-

plique en quoi consiste la concentration militaire, et pourquoi on n'a pas vu et l'on ne pouvait voir vingt mille hommes réunis quelque part.

Le général terminait ces explications, lorsque, sur une interruption, il se tourne du côté de la gauche extrême de l'Assemblée, désigne d'un geste ferme et décidé les bancs supérieurs de cette partie de la salle où siégent les membres les plus violents, et dans un langage où perçait l'indignation des sentiments méconnus, il les apostrophe en ces termes : « Toutes les fois qu'à la tribune, je prononce le mot de République, lorsqu'on dit que je la sers, que je la sers fidèlement, que je la sers utilement, quelqu'un s'élève ici, pour protester contre cette affirmation. Eh bien ! je n'ai qu'un mot à vous dire : vous croyez servir la République; je crois la servir aussi. Nous verrons qui des deux l'aura le mieux servie. Quant à moi, je vous le déclare, adressez-moi des injures, si vous voulez, adressez-moi des injures, et, croyez-le bien, si j'étais homme à tirer parti de ce que vous dites, soyez convaincus que je préférerais vos injures à vos éloges! » Ces paroles sont couvertes de nouveaux applaudissements.

XXI. — Enfin, le vénérable Dupont de l'Eure mit un terme à cette discussion : « Il ne faut rien moins que la gravité des circonstances dans lesquelles nous nous trouvons, dit-il, pour me déterminer à monter à cette tribune, et si j'y parais aujourd'hui, c'est profondément affligé des causes qui ont nécessité cette discussion; je voudrais conjurer l'Assemblée nationale de mettre un terme à des attaques et à des divisions qui ne peuvent que nuire à la République. Les explications qui vous ont été données, par le chef du pouvoir exécutif, sont tellement lumineuses et empreintes d'un tel caractère de loyauté, qu'elles ont dû porter la conviction dans tous les esprits. Elles l'ont du moins portée dans le mien, et ma conviction, j'espère que vous la partagerez aussi; c'est avec une entière confiance et dans toute la sincérité de ma conscience que j'ai l'honneur de vous proposer l'ordre du jour ainsi motivé :

» L'Assemblée nationale, persévérant dans le décret du 28 juin 1848 ainsi conçu : Le général Cavaignac, chef du pouvoir exécutif, a bien mérité de la patrie, passe à l'ordre du jour. » Cet ordre du jour fut voté à la presque unanimité des voix.

La séance avait duré jusqu'à onze heures du soir. Les ennemis de Cavaignac lui avaient ainsi préparé un grand triomphe; mais pour la République, dont les divisions éclataient au grand jour, c'était une immense et irréparable défaite.

XXII. — Le 28 novembre, le représentant Bixio interpelle le Gouvernement sur les affaires d'Italie ; il dit que le temps n'est pas aux harangues : oppression et anarchie, voilà les deux traits saillants de la situation; qu'en Lombardie, la domination autrichienne, rétablie de fait, par la fortune des armes, ne traite plus le pays en province de l'Empire, mais en pays conquis. Voilà pour les opprimés : « Je passe, dit-il, aux anarchistes. Une faction qui se dit libérale, mais qui semble prendre à tâche de faire haïr la liberté, une faction qui, de l'esprit révolutionnaire semble ne connaître que les excès, la faction démagogique, tandis que l'Autriche opprime l'Italie du nord, fait peser sur l'Italie du centre, fera bientôt peser sur celle du midi une servitude nouvelle, presque aussi effroyable que celle de l'étranger, la servitude du désordre. Des villes entières ont fêté un lâche assassinat; si nous en croyons les dernières nouvelles, Rome a été et est peut-être encore le théâtre d'une insurrection aussi impolitique que funeste.

» La papauté, qui n'est pas une institution italienne apparemment, mais une institution de droit public et religieux en Europe, et dont le maintien se lie au maintien même de l'équilibre et des croyances de l'Occident; la papauté, dans la personne d'un vénérable pontife, premier promoteur de la résurrection de l'Italie, est insultée par ceux-là même dont elle est peut-être la dernière ancre de salut. Ces nouvelles sont-elles vraies ?... Il est de l'intérêt et de l'honneur de la République que des explications aient lieu sans plus tarder. Il y va de son honneur, car elle ne peut fermer l'oreille au nouveau cri de détresse que vient de pousser la Lombardie et la papauté. Il y va de son intérêt, car il y a péril pour elle à tolérer longtemps encore à ses portes l'oppression et l'anarchie. »

XXIII. — Cavaignac répondit que des négociations étaient entamées avec l'Autriche au sujet de la Lombardie. Quant aux affaires de Rome, il dit ce qu'avait fait le gouvernement, il expliqua les instructions données à M. de Corcelles.

L'assentiment de l'Assemblée à la conduite du gouvernement semblait devoir rendre toute discussion inutile, lorsque Ledru-Rollin monte à la tribune. L'expédition, selon lui, est périlleuse pour le pape. La révolution a été faite à Rome aux cris de : A bas l'étranger! Rossi a été frappé comme étranger et comme apostat à la cause de la liberté. Vous voulez défendre l'homme; comment distinguer dans Pie IX le pontife, du prince. Respect au chef spirituel, respect au dogme; mais respect au peuple qui veut conquérir sa liberté contre un prince. Il reproche au gouvernement l'abandon de la Lombardie, de Messine, des provinces danubiennes. Le chef du pouvoir exécutif a-t-il pu, sans consulter l'Assemblée, envoyer une expédition, engager le pays malgré lui? La France s'est-elle soustraite au gouvernement du roi pour ne pas savoir comment on ferait ses affaires? Le mode alors était simple; on agissait et on répondait aux réclamations : les faits sont accomplis. Aujourd'hui, on va soutenir un prince temporel contre le peuple, quand la constitution dit que la République respecte l'indépendance des peuples. Si une Assemblée ne sait pas, à un mois de distance, faire respecter sa constitution, cette Assemblée et cette constitution sont perdues. »

Il appartenait aux opinions dont Ledru-Rollin se faisait l'organe, de défendre, d'encourager les amis de Rome et de voir là, comme ailleurs, dans une révolte contre la vraie liberté, une violence qu'il fallait laisser faire parce qu'elle disait : Je suis la révolution! Mais il y a autre chose à Rome que ce qu'y voyait l'orateur. Il y a le chef visible de l'Eglise, et jamais la France, tant qu'elle sera régie par un gouvernement régulier, ne permettra que cette autorité soit renversée par le peuple de Rome ou par d'autres.

XXIV. — De Montalembert répondit à Ledru-Rollin, et prenant courageusement les intérêts du monde catholique, laissant de côté le thème usé du respect de toutes les insurrections, il saisit l'attention de l'Assemblée et l'entraîna dans les régions supérieures qu'habite son âme. Dès le début, il fait de ce débat une question qui n'est pas italienne, ni française, ni même européenne; cette question, c'est une question catholique, la plus vaste, la plus haute qu'il soit possible de poser. Il ne s'agit pas d'un souverain ordinaire, d'un État ordinaire ; il s'agit du souverain spirituel de deux cent millions d'hommes, et du petit État, centre de cette immense souveraineté. Il s'agit de la liberté de l'idée catholique : « C'est un immense honneur pour la République française, dit-il, de pouvoir inaugurer son action politique dans le monde en appuyant, en sauvant, en consacrant cette indépendance de l'idée catholique, et je l'en félicite du fond de mon cœur. Je la félicite de pouvoir peser, du poids de l'admiration et de la reconnaissance, sur les cœurs et sur les consciences de tant de millions d'hommes répandus sur la surface du monde... Vous avez l'honneur de pouvoir soutenir et sauver ce qu'il y a de plus innocent et de plus faible. Fut-il jamais souverain plus irréprochable? On ne peut lui imputer l'ombre d'une violence, d'une perfidie, d'une mauvaise foi. Il a fait des promesses, il les a faites spontanément et les a toutes tenues et dépassées. Sa vie politique se résume en deux mots : Amnistie et réforme. Voilà pour son innocence, voilà ses titres à votre respect et à votre appui, en dehors de la souveraineté spirituelle : jamais prince ne fut plus irréprochable, plus magnanime. Voilà pour l'intérêt et l'honneur de la France, voici pour notre droit, celui de cette majorité catholique dont on a parlé :

« Comme majorité, que demandons-nous? Pas de privilége, pas de faveur. Mais ce que nous avons établi par la constitution, la liberté ! La liberté religieuse a pour condition absolue la liberté du Pape. S'il n'est pas libre, nous cessons de l'être. Nous avons donc le droit de demander à la puissance publique, au gouvernement qui nous représente et que nous avons constitué, de nous garantir à la fois notre liberté présente et la liberté de celui qui est pour nous la religion vivante. Voici ce que tous les peuples catholiques ont toujours compris : Le premier de tous les intérêts, c'est que le Pape ne porte pas le joug d'une puissance quelconque. Pas plus le joug de ses sujets que celui de l'Autriche ou de la Russie. Il ne faut pas qu'on puisse jamais suspecter l'autorité, ni la sincérité, ni la parfaite indépendance des décrets qu'il rendra. C'est de là que découle l'indépendance, la légitimité, l'inviolabilité du pouvoir temporel du Pape... Je reste dans le domaine des faits, de ce qui est l'histoire du monde depuis plus de mille ans. Je l'avoue, c'est là que j'ai trouvé défectueuse une partie des instructions que le chef du pouvoir exécutif nous a communiquées. Il limite trop étroitement la mission de l'agent français à la protection de la personne seule du Pape. La personne du Pape nous est infiniment chère et sacrée, mais il y a quelque chose de plus cher et de plus sacré pour nous, c'est son autorité... Je suppose que le Gouvernement défendra non-seulement la personne du pontife, mais son autorité; je déclare qu'il a bien fait. Je lui en sais gré et je dis que le Gouvernement républicain ne pouvait rien entreprendre qui pût lui faire plus d'honneur aux yeux de la postérité, qui pût le consolider davantage dans le cœur du peuple Français. »

XXV. — Après ce beau discours, plusieurs orateurs parlèrent encore, mais ne purent en affaiblir l'effet. L'Assemblée délibéra sur l'ordre du jour proposé par de Treveneuc : L'Assemblée nationale, approuvant les mesures de précaution prises par le Gouvernement, pour assurer la liberté du saint Père et se réservant de prendre une décision sur des faits ultérieurs encore imprévus, passe à l'ordre du jour. Il fut adopté à une immense majorité.

Le Pape quitta Rome dans la nuit du 14 novembre, se rendit à Gaëte, ville du royaume de Naples. Le Gouvernement envoya un navire pour l'y chercher et le conduire en France. Le ministre des Cultes se rendit à Marseille pour recevoir le souverain pontife. L'expédition devenait inutile ; les troupes qui se trouvaient encore en rade, prêtes à partir, furent débarquées. Le comte d'Harcourt, ambassadeur à Rome, et de Corcelles se rendirent à Gaëte, auprès de sa Sainteté, qui préféra rester en Italie, près de sa capitale, pour attendre la suite des événements.

XXVI. — Le gouvernement du général Cavaignac avait rétabli la sécurité du présent, mais non la confiance, sécurité de l'avenir. Les progrès de la reprise du travail étaient bien lents et la misère était grande. Du mois de juillet au mois de novembre, en dehors de l'immense quantité de secours privés que la religion ou la philanthropie distribuait, l'Assemblée nationale vota, tant en secours aux établissements de bienfaisance, qu'en secours à distribuer par les mairies, près de seize millions de crédits.

L'Assemblée autorisait tous les jours, sur leur demande, des villes et des départements à contracter des emprunts considérables et à s'imposer extraordinairement ; tous les jours elle votait des crédits pour l'ouverture de travaux de routes et de canaux qui n'avaient pas d'autre urgence que celle des besoins pressants d'une population affamée.

XXVII. — Une idée, des plus heureuses par son but, et sa portée économique, se fit jour enfin. Plusieurs projets de colonisation furent soumis à une commission spéciale présidée par Trelat, cet homme de bien que la République trouva toujours prêt, lorsqu'il s'agit des intérêts du pauvre ; Henri Didier, très-versé dans les affaires de l'Algérie, en était le vice-président.

L'un de ces projets émanait du représentant Brunet, officier distingué de l'armée d'Afrique : Chaque département devait avoir sa colonie, formant un village d'au moins cinquante familles. L'État aurait fourni le transport gratuit, le logement, la nourriture pendant un temps limité, les terrains nécessaires, à chaque famille un lot de terre, une barraque pouvant servir pendant cinq ans ; un jardin, une terre de quatre à dix hectares, dont un demi-hectare déjà défriché. Le département devait fournir au colon des avances en nourriture, semences, animaux et outils de travail. Une souscription aurait été ouverte dans les départements, ils auraient eu la faculté de constituer des sociétés et de créer des actions de vingt francs. Chacune de ces colonies départementales aurait formé une commune portant le nom du département.

XXVIII. — Cet ingénieux projet céda devant une idée plus large qui fut mise sur-le-champ à exécution. La présentation à l'Assemblée, le rapport, la discussion et l'adoption furent l'affaire de quelques jours. L'Assemblée nationale ouvrit un crédit de cinquante millions pour être spécialement appliqué à la création de colonies agricoles dans les provinces de l'Algérie, à une subvention au profit des colons, en matériaux, instruments, semences, bestiaux, frais d'émigration, transports, passages, séjours, frais et matériel de première installation sur le terrain.

Le nombre des colons, pour l'anné 1848, ne devait pas excéder treize mille cinq cents. Les colons cultivateurs, ou qui déclaraient vouloir le devenir, recevaient de l'État à titre gratuit, des concessions de terre de deux à dix hectares par famille, selon le nombre de ses membres, leur profession et la qualité des terres, ainsi que les subventions nécessaires à leur établissement. Les subventions de toute nature accordées pour la mise en valeur des terres, n'étaient allouées que pendant trois années, à compter du jour de la prise de possession. A cette époque, les habitations et les terres deviendraient leur propriété. Les concessionnaires ne pourraient, pendant les six premières années de leur mise en possession, aliéner, qu'en remboursant à l'État les sommes dépensées pour leur installation. Une commission nommée par le pouvoir exécutif, vérifierait les titres des colons et désignerait ceux qui seraient admis à jouir du bénéfice du décret. Les colons devaient être dirigés sur l'Algérie, dans le plus bref délai. Les frais de route, de traversée, de transport des effets et du mobilier étaient à la charge de l'État.

On avait là un territoire d'une admirable fertilité; le capital était offert; les bras ne manquèrent pas. Un grand empressement se manifesta dans les familles d'ouvriers et d'artisans. Beaucoup voulurent partir. L'administration choisit les plus intelligents, les plus moraux, les plus laborieux. Il y eut, pour les treize mille cinq cents colons, treize départs réguliers. On les plaça sur un certain nombre de grands bateaux plats, couverts de toiles, pour être remorqués sur les fleuves et les canaux de Paris à Marseille. Dans chaque convoi se trouvaient un médecin et un commandant représentant l'autorité.

XXIX. — Au jour fixé pour le départ, les familles embarquaient; les quais et les ponts se couvraient d'une foule de curieux, d'amis et de parents qui venaient faire les derniers adieux. La commission de colonisation, l'autorité municipale, le ministre de la guerre présidaient, avec des soins touchants, aux préparatifs; la religion, par la voix de ses orateurs sacrés les plus aimés, prononçait de touchantes paroles et joignait ses vœux aux sollicitudes ardentes de la patrie. Trelat adressait aux colons des conseils, des encouragements; le prêtre bénissait le drapeau de la colonie, et le village flottant s'éloignait, salué par les dernières acclamations de la foule qui l'accompagnait bien loin sur les bords du fleuve. Les colons emportaient l'espoir d'un succès qui rendrait la vie à un peuple que l'agglomération étouffe.

Cette tentative de colonisation ne fut pas infructueuse. Elle se borna aux villages créés en 1848 et n'absorba qu'une somme de dix millions. Le changement de climat et d'habitudes ne fut pas toujours favorable aux premiers émigrants. Beaucoup revinrent en France; d'autres les remplacèrent. Les villages furent fondés. L'Algérie acquit des habitants fixés au sol, les colons une position nouvelle et plus heureuse, et l'État, en fournissant des bras à sa magnifique colonie, n'eut pas à regretter les avances qu'il avait faites.

XXX. — Depuis la formation de la Commission des récompenses nationales, instituée par le gouvernement provisoire, pour examiner les titres de ceux qui avaient combattu ou souffert pour la cause républicaine sous la monarchie, plus de sept mille réclamations avaient été examinées. Des états avaient été dressés; ils étaient joints au projet de décret présenté à l'Assemblée par Senart, alors ministre de l'Intérieur. Dans les premiers jours de décembre, les journaux lancèrent dans le public quelques extraits de ces listes, et la France n'apprit pas sans horreur que sur les états des récompenses figuraient les noms de gens condamnés pour les crimes les plus graves.

Dufaure, ministre de l'Intérieur, déclare à la séance de l'Assemblée nationale du 6 décembre, qu'après avoir attentivement pesé les bases sur lesquelles reposaient le projet de décret et ses dispositions, le Gouvernement se décidait à le retirer. Le représentant de Larochejacquelein remercie le ministre du parti qu'il a pris. Il a retiré le projet parce qu'il a connu l'indignation générale de l'Assemblée. L'orateur demande le dépôt aux archives des pièces qui y sont jointes.

Le lendemain, Senart expliqua que les pièces n'avaient pas été vérifiées lors de leur envoi de l'Hôtel de Ville ; que la commission de l'Assemblée, en les examinant, avait reconnu qu'il y avait eu démence de la part de ceux qui les avaient dressées, puisqu'on y trouvait comme titres aux récompenses, des condamnations aux travaux forcés pour vol et pour assassinat ; que les membres de la Commission s'é-

taient émus d'une indignation à laquelle chacun
s'était associé de toute la force de son âme ; que cette
indignation n'avait pas besoin d'être exprimée ; que
jamais, en France, aucune cause ne légitimerait l'assassinat ; que ces listes lui étaient complétement incon-
nues ; qu'aussitôt que le Gouvernement en avait en con-
naissance, il avait retiré le projet et qu'il avait bien fait.

XXXI. — Cavaignac dit qu'il y avait certaines attaques extérieures auxquelles il n'avait voulu répondre que lorsqu'elles avaient pénétré dans l'Assemblée : « Mais, je le déclare, ajouta-t-il, avec une
émotion bien vive, bien légitime, je ne croyais pas
devoir monter à cette tribune pour me défendre
d'avoir demandé des récompenses pour le vol et l'assassinat... Oui, depuis cinq mois, j'ai déployé toute
mon énergie, toute la force de mon caractère à ne pas
me montrer accessible à certaines attaques, à certaines
impressions ; mais, je l'avoue, la dernière chose à laquelle je n'aurais jamais pensé, la dernière chose en
présence de laquelle... oui ! oui !... le calme m'é-
chappe... c'est l'obligation de dire à l'Assemblée et
au pays que moi et les hommes qui sont avec moi,
nous avons demandé... » « Non, non, s'écrie-t-on de
tous côtés, personne ne vous accuse. »

« Ce n'est pas, reprend-il, après cinq mois d'une vie
douloureuse, qu'on peut se contenter d'une demi-jus-
tification. Eh bien ! je demande à ceux qui nous attaquent, maintenant que les listes sont connues, maintenant que le vol et l'assassinat sont signalés, je les
somme de déclarer si, dans leur pensée, les accusa-

tions portent, sur ceci, que le Gouvernement aurait remis sciemment de pareilles listes à l'Assemblée nationale. »

XXXII. — On demanda une enquête pour savoir comment les journaux avaient pu se procurer ces listes. Elle ne fut pas ordonnée. L'Assemblée, adoptant son ordre du jour, passa à d'autres travaux. Les journaux qui avaient divulgué ce fait se réjouirent, et la calomnie, selon sa coutume, sans s'occuper de la réfutation, eut le temps de faire son chemin.

La séance s'était prolongée assez tard. L'élection à la Présidence avait lieu trois jours après. Trouvé Chauvel, ministre des finances, prit sur lui de retarder le départ des malles postes, pendant cinq heures, jusqu'après l'impression du *Moniteur*, pour faire connaître aux départements les détails de la discussion et le vote de l'assemblée, afin, a-t-il répondu aux interpellations qui lui furent adressées à ce sujet à la séance du 8 décembre, afin que le contre-poison arrivât en même temps que le poison. Le remède employé devait produire l'effet contraire à celui qu'on attendait.

Dans ces temps où la guerre civile était sans cesse suspendue sur le Gouvernement, où la révolte était dans l'air, on accueillait les mauvaises nouvelles avec plus d'avidité que les bonnes. Les alarmistes n'eurent pas de peine à faire croire aux plus incrédules qu'on se battait encore à Paris. Une grande et subite insurrection avait pu seule intercepter les correspondances, et comme ce retard s'était fait sentir jusque dans le moindre hameau, la panique fut générale, profonde, et l'on répéta partout que ce gouvernement, continuellement attaqué, ne pouvait protéger la nation.

XXXIII. — Depuis dix mois, la France avait éprouvé de trop fortes secousses. L'interrègne beaucoup trop prolongé du Gouvernement provisoire; la démence et le tumulte de la rue; les déclamations violentes des clubs et des journaux; l'agitation produite par les émissaires de la révolution; l'exaltation des démagogues; l'audace désordonnée des utopies de certains réformateurs et ces théories de destruction; l'effrayante facilité des manifestations; les impôts nouveaux dont l'aggravation n'était pas même compensée par l'avantage d'une protection efficace; la violation criminelle de la représentation nationale; la guerre civile; les ardeurs peu rassurantes de certains représentants; les récents débats de l'Assemblée; la misère du pauvre qui grandissait toujours; il n'y avait partout que des causes de discorde et de désunion.

On se demandait avec effroi si les hommes éprouvés qui dirigeaient les affaires du pays seraient assez forts pour assurer à la nation la jouissance de ses droits, la diriger sûrement dans ses progrès légitimes, la mettre en possession de ses franchises et de ses libertés légales, sans périls comme sans agitations nouvelles, s'ils pourraient arrêter des violences suspendues sur toutes les têtes, sur tous les intérêts.

Les uns, voyant que la loyauté, l'honneur même, d'un digne chef et des ministres les plus intègres étaient en suspicion, que leur dévouement à la république, porté jusqu'au sacrifice, n'avait pu enchaîner les attaques; que les plus honnêtes, parmi les fondateurs de ce Gouvernement, étaient divisés, se demandaient s'ils ne seraient pas désormais trop faibles à modérer une effervescence surexcitée qui, pour avoir été vaincue, n'était pas domptée.

D'autres, fatigués d'anarchie cherchaient, même au prix de la liberté, à restaurer et fortifier le principe d'autorité qui croulait et à relever les sentiments de dignité et d'honneur que l'égoïsme individuel des réformateurs avait amoindris.

Le plus grand nombre, enfin, s'attachant à une origine impériale, espérait trouver dans une sécurité présente, un gage de stabilité future.

XXXIV. — Tous voulaient quelque chose de plus puissant encore que la force matérielle, ils voulaient la force morale d'un nom héréditairement hostile à l'anarchie pour être plus sûrs de n'y pas tomber tout à fait; la force d'un nom qui porte autorité, qui commande hautement l'obéissance, d'un nom sans égal, bien au-dessus de l'envie; contre lequel aucune rivalité d'ambition ne pouvait s'élever, d'un nom qui remplissait le monde, d'un nom qui résumait toutes les grandeurs, toutes les gloires de la patrie!

Alors la France se leva. Ce fut, sur toute la surface du pays, un mouvement général, irrésistible. On vit les populations entières, grands ou petits, riches ou pauvres, habitants des villes et des campagnes, se rendre en foule aux scrutins.

Quelques jours après, on apprenait que plus de sept millions de citoyens avaient voté ; que les suffrages exprimés s'étaient élevés à 7,326,345 ; que l'élu de la volonté nationale avait obtenu 5,434,226 suffrages, contre 1,448,107 donnés à son compétiteur.

Cette chute ne diminua pas le général Cavaignac. Il descendit du pouvoir avec autant de noblesse que son concurrent heureux y monta.

FIN.

ERRATA.

Page 2, ligne 6, au lieu de *ou*, lisez : *et.*
Page 18, ligne 1re, au lieu de *un feu*, lisez : *une fusillade.*
Page 24, ligne 9, lisez : *dissensions.*

TABLE DES MATIÈRES.

LIVRE III.

LIVRE IV.

LIVRE V.

LIVRE IX.

FIN DE LA TABLE DES MATIÈRES.